Karl Kurbel
Walter Brenner | Peter Chamoni | l
Peter Mertens | Friedrich Roithmayi (ΠΙ οg.)

STUDIENFÜHRER
WIRTSCHAFTSINFORMATIK
2009 | 2010

Gabler | MLP

BERUFS- UND KARRIERE-PLANER

Souverän von der Uni in den Job: Die neuen, passgenau erstellten Ratgeber sichern Examenskandidaten und Hochschulabsolventen die beste Startposition für eine erfolgreiche Bewerbung und einen gelungenen Berufseinstieg. Sie bieten verlässliche Lern- und Schreibtipps, informieren über den aktuellen Arbeitsmarkt, erklären gefragte Soft Skills und erforderliche Zusatzqualifikationen. Ein zentraler Leitfaden behandelt alle Aspekte des Bewerbungsprozesses und lässt keine Fragen offen.

Das hochkarätige Bewerbungs-Know-how der Berufs- und Karriere-Planer bringt Sie erfolgreich vom Hörsaal durchs Auswahlverfahren zum Arbeitsvertrag für Ihren Traumjob.

Gabler | MLP
**Berufs- und Karriere-Planer
Wirtschaft 2008 | 2009**
11., vollst. überarb. u. akt. Aufl. 2008.
XVIII, 462 S. Br. EUR 19,90
ISBN 978-3-8349-0768-4

Gabler | MLP
**Berufs- und Karriere-Planer
Technik 2008 | 2009**
10., vollst. überarb. u. akt. Aufl. 20
XVI, 392 S. Br. EUR 19,90
ISBN 978-3-8349-0769-1

Gabler | MLP
**Berufs- und Karriere-Planer
IT und e-business 2008 | 2009**
9., vollst. überarb. u. akt. Aufl. 2008.
XVI, 400 S. Br. EUR 19,90
ISBN 978-3-8349-0770-7

Gabler | MLP
**Berufs- und Karriere-Planer
Life Sciences 2008 | 2009**
6., vollst. überarb. u. akt. Aufl. 20
XIV, 394 S. Br. EUR 19,90
ISBN 978-3-8349-0771-4

Einfach bestellen:
kerstin.kuchta@gwv-fachverlage.de Telefon +49(0)611. 7878-626

KOMPETENZ IN SACHEN WIRTSCHAFT

Karl Kurbel
Walter Brenner | Peter Chamoni | Ulrich Frank |
Peter Mertens | Friedrich Roithmayr (Hrsg.)

STUDIENFÜHRER WIRTSCHAFTSINFORMATIK 2009 | 2010

Studieninhalte – Anwendungsfelder – Berufsbilder
Universitäten in Deutschland | Österreich | Schweiz

GABLER

Bibliografische Information der Deutschen Nationalbibliothek
Die Deutsche Nationalbibliothek verzeichnet diese Publikation in der Deutschen Nationalbibliografie;
detaillierte bibliografische Daten sind im Internet über <http://dnb.d-nb.de> abrufbar.

1. Auflage 2009

Alle Rechte vorbehalten
© Gabler | GWV Fachverlage GmbH, Wiesbaden 2009

Lektorat/Redaktion: Irene Buttkus

Gabler ist Teil der Fachverlagsgruppe Springer Science+Business Media.
www.gabler.de

Umschlaggestaltung: KünkelLopka GmbH, Heidelberg
Bildnachweis: PhotoDisc
Satz: FROMM MediaDesign, Selters/Ts. | N & N GdBR
Druck und buchbinderische Verarbeitung: Stürtz GmbH, Würzburg
Gedruckt auf säurefreiem und chlorfrei gebleichtem Papier
Printed in Germany

ISBN 978-3-8349-1134-6

Vorwort

Wirtschaftsinformatik ist ein dynamisches Fachgebiet und ein interessantes Berufsfeld für Hochschulabsolventen. Unsere Wirtschaft funktioniert mit Hilfe von Informatik – genauer gesagt mit Informationstechnologie (IT), die gezielt auf die betrieblichen Belange ausgerichtet ist. Dies leistet die Wirtschaftsinformatik. Sie macht zum Beispiel innovative Geschäftskonzepte möglich und sorgt für die effiziente Abwicklung von Geschäftsprozessen in Betrieben der Privatwirtschaft und der öffentlichen Verwaltung.

Der Studienführer richtet sich an alle, die sich über das Studium der Wirtschaftsinformatik an einer Universität informieren wollen. Die Wahl eines Studienplatzes ist eine wichtige Entscheidung mit weitreichenden Konsequenzen. Es ist deshalb empfehlenswert, sich umfassend und differenziert zu informieren. Angesprochen sind in erster Linie Abiturienten, die ein Erststudium (zum Bachelor) aufnehmen wollen, sowie Studierende, die nach dem ersten Abschluss ein weiterführendes Studium (zum Master) planen. Weiterhin haben wir die Personalverantwortlichen der potenziellen Arbeitgeber im Auge. Darunter fallen insbesondere Beratungsunternehmen, Software- und Systemhäuser sowie alle Betriebe, die IT-Systeme einsetzen, auswählen, entwickeln, pflegen und kontrollieren müssen.

Der Studienführer beschreibt die Inhalte des Fachs, das Studienangebot, den Arbeitsmarkt und typische Berufsbilder. Die Möglichkeiten, Wirtschaftsinformatik an deutschen, österreichischen und Schweizer Universitäten zu studieren, sind in einer umfassenden Übersicht zusammengestellt. Man findet hier Informationen zu Bachelor- und Master-Studiengängen, die inhaltlichen Schwerpunkte, Kontaktadressen ebenso wie Verweise auf weiterführende Informationen im Internet.

Einen Überblick über das Fach gibt der Einführungsbeitrag „Was ist Wirtschaftsinformatik?" Wie das Berufsleben der Wirtschaftsinformatik-Absolventen aussieht, veranschaulichen die Portraits von Unternehmenspraktikern. Nützliche Informationen zur Finanzierung und zur Gestaltung des Studiums sowie Literaturquellen runden den Führer ab.

Der Studienführer wird im Auftrag der Wissenschaftlichen Kommission Wirtschaftsinformatik im Verband der Hochschullehrer für Betriebswirtschaft e. V. herausgegeben. 1981 wurde er von J. Griese, U. Pape, P. Schmitz, D. Seibt, und R. Thome als „Studien- und Forschungsführer Betriebs- und Wirtschaftsinformatik" begründet. Über bisher insgesamt acht Auflagen hinweg erfuhr er diverse Veränderungen. Nunmehr beschränkt er sich im Wesentlichen auf das Studium und das Lehrangebot und konzentriert sich damit auf die Hauptzielgruppe.

Die Herausgeber danken allen, die als Autoren an diesem Studienführer mitgewirkt oder Informationen für die Übersicht über die Studienorte beigesteuert haben.

Dem Gabler-Verlag, der nach der Neuordnung der Verlagsgruppe die Veröffentlichung des Studienführers vom Vieweg-Verlag übernommen hatte, und vor allem Frau Irene Buttkus, die die Fertigstellung dann zügig beförderte, gebührt unser besonderer Dank.

Prof. Dr. Walter Brenner, Universität St. Gallen
Prof. Dr. Peter Chamoni, Universität Duisburg-Essen
Prof. Dr. Ulrich Frank, Universität Duisburg-Essen
Prof. Dr. Karl Kurbel, Universität Frankfurt (Oder)
Prof. Dr. Peter Mertens, Universität Erlangen-Nürnberg
Prof. Dr. Friedrich Roithmayr, Universität Linz

Inhalt

1

EINFÜHRUNG:
WAS IST WIRTSCHAFTSINFORMATIK?

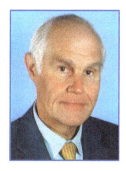

Prof. Dr. Dr. h. c. mult. Peter Mertens

Peter Mertens arbeitet als Professor der Wirtschaftsinformatik an der Universität Erlangen-Nürnberg. Vor seiner Rückkehr an die Universität war er leitender Mitarbeiter, zuletzt Geschäftsführer eines größeren Softwarehauses.

Seine Hauptarbeitsgebiete sind Planungs- und Kontrollsysteme für die obere Führungsebene, Anwendungen der IT in Produktion, Logistik und Lieferkettenmanagement sowie internationale Standortfragen der IT.

Er ist Autor zahlreicher Bücher. Das Werk „Integrierte Informationsverarbeitung" liegt in der 16. Auflage vor. Bücher von ihm sind ins Chinesische, Englische, Italienische und Russische übersetzt worden.

1.1   Gegenstand und Wesen

Gegenstand der Wirtschaftsinformatik (WI) sind **Informations- und Kommunikationssysteme (IKS)** in Wirtschaft und öffentlicher Verwaltung. IKS umfassen menschliche und maschinelle Komponenten (Teilsysteme). Der Begriffsbestandteil „Information" verdeutlicht, dass es wichtigster Zweck der Systeme ist, Aufgabenträger, seien es Menschen oder Maschinen, mit Informationen zu versorgen und das betriebliche Geschehen mithilfe von Informationen zu lenken. Das Wort „Kommunikation" soll aussagen, dass Information kommuniziert werden muss, damit eine Koordination zwischen den Aufgabenträgern erfolgen kann.

Im Mittelpunkt stehen die Konzeption, Entwicklung, Einführung, Nutzung und Wartung von Anwendungssystemen sowie generell das Management des Produktionsfaktors Information. Dabei baut der Wirtschaftsinformatiker auf den Informationstechniken auf, die von Fachleuten anderer Disziplinen (Mathematik, Physik, Informatik, Elektrotechnik, Fertigungstechnik) entwickelt und in kurzen Abständen weiterentwickelt werden. Umgangssprachlich wird zunehmend die Abkürzung IT (Informationstechnik) als Sammelbegriff verwendet.

1.2   Anwendungssysteme und typische Anwendungsfelder

Die folgenden Beispiele sollen einen Eindruck von der Vielfalt von Anwendungssystemen (AS) in unterschiedlichen Wirtschaftszweigen geben, die von Damen und Herren mit guten WI-Kenntnissen entwickelt und betreut werden (entnommen aus Mertens, P. u. a.: *Grundzüge der Wirtschaftsinformatik*, 9. Aufl. 2005):

1. Der Verkäufer eines Lkw-Herstellers besucht einen Transportunternehmer und führt einen Laptop mit sich. In diesen gibt er eine Beschreibung des Betriebs und speziell des Transportvolumens ein. Die Maschine ermittelt einen geeigneten Lkw mit allem Zubehör, kalkuliert den Preis, schätzt die Kosten beim Betrieb des Fahrzeuges in der Spedition ab und stellt eine passende Finanzierung des Kaufes zusammen. Nachdem sich der Kunde aufgrund des sorgfältig ausgearbeiteten Angebots zum Kauf entschieden hat, übermittelt das Gerät die Bestellung zu einem Rechner in der Zentralverwaltung des Lkw-Produzenten.

2. Ein AS im Werk hilft, die Produktion der georderten Lkw in den einzelnen Kalenderwochen zu disponieren, und sorgt für die Bestellung der Materialien, die von Fremdlieferanten bezogen werden, etwa der Reifen oder der so genannten On Board Units für die elektronische Maut-Erfassung.

3. In der Fertigung des Lkw-Produzenten steuert ein AS die Bohrautomaten, Drehbänke und andere Werkzeugmaschinen, die Schweißroboter sowie die Geräte, welche die Qualität kontrollieren, und koordiniert den Antransport der Werkstücke ebenso wie die Einlagerung der produzierten Teile.

4. Ein rechnergestütztes Planungssystem wirkt bei der Prognose des Lkw-Absatzes für die nächsten Jahre und des Bedarfs an Fertigungskapazitäten sowie des für deren Aufbau notwendigen Kapitals mit.

5. In einem Unternehmen der pharmazeutischen Industrie steuert ein AS die Zuführung der Rohstoffe zu den chemischen Reaktoren, reguliert Stellgrößen (Parameter) wie zum Beispiel Druck und Temperatur, führt die entstandene Substanz einem Automaten zu, der daraus Pillen presst, und stellt sicher, dass die zueinander passenden Pillen, Verpackungsfolien, Beipackzettel und Kartons zum richtigen Zeitpunkt an der Verpackungsmaschine eintreffen.

6. In einem Unternehmen der Luft- und Raumfahrtindustrie setzt man ein multimediales System zur Weiterbildung der Mitarbeiter ein. Diese können von allen weltweiten Standorten aus Kurse über innovative Technologien absolvieren. Die neuen Lösungen werden mithilfe von Grafiken, animierten Bildern, Videofilmen und Geräuschen veranschaulicht. Geschriebener und gesprochener Text wechseln sich ab.

7. An der Kasse eines Supermarktes erfasst ein AS mithilfe des auf der Verpackung angebrachten Funketiketts die gekauften Artikel. Es sucht aus dem Speicher der Rechenanlage die zugehörigen Bezeichnungen und Preise, druckt einen Kundenbon und bucht die verkaufte Ware vom Vorrat ab.

8. In einem Speditionsbetrieb ermittelt ein Tourendispositionsprogramm eine günstige Zuteilung der zu versendenden Ware zu Rundreise-Routen sowie Fahrzeugen und gibt Verladeanweisungen für das Versandpersonal aus. Die Fahrer erhalten Informationen zum Ziel und zum Abladen auf ihr Bordgerät.

9. Ein Paketversandunternehmen eröffnet seinen Kunden die Möglichkeit, zu jeder Zeit im Internet zu erkennen, welche Strecke die Sendung bereits zurückgelegt und welchen Knotenpunkt sie passiert hat.

10. In einer Bank führt ein AS die Konten der Kunden. Es bucht Einzahlungen und erhaltene Überweisungen zu, Auszahlungen und ausgehende Überweisungen ab, berechnet Zinsen und erstellt Kontoübersichten.

11. Ein Versicherungsunternehmen benutzt ein AS zur Einschätzung des Risikos aus den abgeschlossenen Versicherungsverträgen und informiert die Unternehmensleitung in knapper Form.

12. In einer städtischen Baubehörde leitet ein AS einen Bauantrag mit Elektronischer Post (*Electronic Mail*) auf die Bildschirme der beteiligten Referenten, holt deren Stellungnahmen ein und mahnt überfällige Entscheidungen an.

13. Ein Reisebüro benutzt den Computer, um freie Plätze auf einem bestimmten Flug anzuzeigen, einen Sitz und gleichzeitig auch ein Hotel sowie einen Mietwagen am Zielort zu reservieren. Anschließend erstellt die Maschine die Rechnung und bucht die Reise. Darüber hinaus macht das Reisebüro interessante Last-Minute-Angebote im Internet bekannt.

14. In der Hochschule erfasst ein AS die Daten der Studienanfänger, druckt den Studentenausweis und Berechtigungsscheine für die Bibliothek sowie zur verbilligten Benutzung von öffentlichen Verkehrsmitteln. Ferner stellt es die Studentenstatistik für die Universitätsleitung zusammen.

1.3 Fachliche Einordnung

Die WI versteht sich als **interdisziplinäres Fach** zwischen Betriebswirtschaftslehre (BWL) und Informatik und enthält auch informations- bzw. allgemein-technische Lehr- und Forschungsgegenstände. Sie bietet mehr als die Schnittmenge zwischen diesen Disziplinen, beispielsweise besondere Methoden zur Abstimmung von Unternehmensstrategie und Informationsverarbeitung (Abbildung 1).

Konnte man ursprünglich die WI zumindest teilweise als eines von mehreren Gebieten der BWL oder der Informatik begreifen, so deuten in jüngerer Zeit viele Anzeichen darauf hin, dass sich das Fach zu einer gleichberechtigten Disziplin entwickelt. Solche Anzeichen sind unter anderen eigene Studiengänge mit speziellen akademischen Abschlüssen und wachsenden Studierendenzahlen, eigene nationale und internationale Fachgesellschaften, Tagungen, Fachzeitschriften und Universitätsinstitute. Die WI gewinnt einen zunehmenden Anteil am Spektrum der Informatik-Disziplinen im weitesten Sinn.

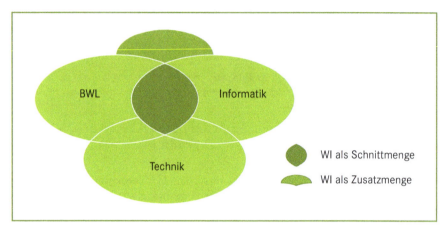

Abbildung 1: Einordnung der WI

Der führende internationale Verband der WI, die AIS (Association for Information Systems), weist der WI die „Verantwortung für die Ressource Information" zu, so wie die Volkswirtschaftslehre und die BWL für die „Ressource Kapital" und die Verhaltenswissenschaften (Soziologie, Psychologie, Organisationswissenschaft) für die „Ressource Mensch" zuständig sind (*AIS Policy Statements, Draft: The Role of IS in American Business Schools*, Mai 1999)

Die Rolle der Wirtschaftsinformatik im Unternehmen wandelte sich zunehmend: Ursprünglich half sie, Rationalisierungserfolge auf den ausführenden Ebenen des Unternehmens zu holen. Dann wandte sie sich der Herausforderung zu, menschliche Dispositionen zu ersetzen, beispielsweise mit Methoden der Mathematik, der Statistik oder der so genannten Künstlichen Intelligenz. Anschließend begann die WI zu helfen, die strategische Position des Unternehmens zu halten und zu verbessern. Gegenwärtig spielt sie auch die Rolle des „Enablers", das heißt, sie ermöglicht völlig neue Geschäftsmodelle und Unternehmen; hier sind vor allem Betriebe zu nennen, die sich die Möglichkeiten des Internets zu Nutze machen.

1.4   Entwicklung und heutiger Stand

Die WI ist wie die Informatik ein relativ junges Fachgebiet, das sich mit dem raschen Fortschritt in der Informatik, in den Wirtschaftswissenschaften und in der Technik ständig weiterentwickelt.

Das Fach hat eine wechselvolle Geschichte hinter sich. Der Durchbruch zur unbestrittenen akademischen Disziplin kam, als der Bedarf der Wirtschaftspraxis und des Arbeitsmarktes an interdisziplinär ausgebildeten Informationsverarbeitern nicht mehr zu übersehen war. Einen erneuten Schub erfuhr die WI, als viele Funktionen und Prozesse im betrieblichen Geschehen mit dem Internet verknüpft wurden, es entstand der leider sehr unscharf abgegrenzte Begriff „Electronic Business" („E-Business"). Inzwischen ist an fast allen Universitäten das Fach vertreten (vgl. Abschnitt „Lehrangebote und Forschungsschwerpunkte der Wirtschaftsinformatik" in diesem Studienführer) und hat seinen Platz auch in der Forschungslandschaft. Die WI dient auch hier und da als Vorbild ähnlicher Studienmodelle in den USA (dort „Information Systems" genannt) und anderen Ländern.

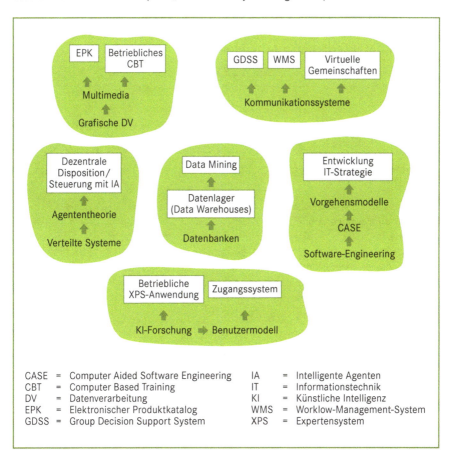

CASE	=	Computer Aided Software Engineering	IA	=	Intelligente Agenten
CBT	=	Computer Based Training	IT	=	Informationstechnik
DV	=	Datenverarbeitung	KI	=	Künstliche Intelligenz
EPK	=	Elektronischer Produktkatalog	WMS	=	Worklow-Management-System
GDSS	=	Group Decision Support System	XPS	=	Expertensystem

Abbildung 2: WI als Fortsetzung der Informatik

Die Arbeitsteilung mit der Informatik (die amerikanische Bezeichnung lautet „Computer Science") liegt im Wesentlichen darin, dass die Informatiker die Rechenanlagen, Kommunikationsnetze und die so genannte Dienst-Software (z. B. Programmiersprachen, Betriebssysteme, Datenbank-Verwaltung) entwickeln. Informatiker befassen sich auch mit grundlegenden Methoden (Algorithmen), wie z. B. zur Verschlüsselung, Komprimierung, Übertragung, zum Abspeichern und Wiederfinden von Daten, mit Verfahren der so genannten Künstlichen Intelligenz oder zur Erkennung von Mustern durch Roboter.

Die WI baut auf methodischen Vorarbeiten der Informatik auf. Beispiele zeigt Abbildung 2. Die Informatiker stellen ihre Ergebnisse nicht nur der WI zur Nutzung in betrieblichen Anwendungen zur Verfügung, sondern auch Schwesterdisziplinen der WI, wie z. B. der Medizinischen Informatik, der Rechtsinformatik oder der Linguistischen Informatik.

2.5   Charakteristische Arbeitsplätze

Es lassen sich eine Reihe von Arbeitsplätzen beschreiben, an denen WI-Wissen benötigt wird. Charakteristische Beispiele für wichtige Aufgaben von Wirtschaftsinformatikern sind:

1. A entwickelt und pflegt AS, z. B. zur Kundenberatung, für das Unternehmen, in dem er beschäftigt ist. Er hat darauf zu achten, dass diese AS nicht isoliert im Raum stehen, sondern miteinander verbunden sind, auf gleiche Datenbestände zugreifen bzw. Daten austauschen (integrierte Informationsverarbeitung bzw. integrierte Datenverarbeitung).

2. Frau B ist Mitarbeiterin eines Softwarehauses und arbeitet an Standard-AS, die in mehr oder weniger modifizierter Form in verschiedenen Kundenunternehmen dieses Softwarehauses zum Einsatz kommen sollen (oft etwas unglücklich als „Enterprise Resource Planning Systems" (ERP-Systeme) bezeichnet). Die Herausforderung besteht einerseits darin, die Systeme so allgemein zu bauen, dass sie in vielen Betrieben verwendet werden können; andererseits müssen sie flexibel an die Besonderheiten dieser Betriebe anpassbar sein.

3. C verkauft als Vertriebsberater Maschinen (Hardware) und Programme (Software) für einen Hersteller von Informationstechnik (IT).

4. D ist Mitarbeiter einer Fachabteilung in einem Fertigungsunternehmen, das die Produktion mithilfe von Computern plant und steuert. D muss in besonderem Maße betriebswirtschaftliches, fertigungstechnisches und informatisches Wissen verbinden. Aus einer Fachabteilung heraus fungiert D als Verbindungsmann zur IT-Abteilung.

5. Frau E gehört der Controlling-Abteilung einer bedeutenden Bank an und prüft speziell die Sicherheit und Wirtschaftlichkeit der Informationsverarbeitung.

6. F ist DV-Spezialist in einer großen Steuerkanzlei, die die Buchhaltung und die Steuerberatung für die Mandanten abwickelt und deren Abläufe mittlerweile so stark mit IT durchdrungen sind, dass man sich diese gar nicht mehr wegdenken kann. Bei der Gestaltung der Geschäfte so, dass legal Steuern gespart werden, helfen teilautomatische Beratungssysteme.

7. G betreibt zusammen mit Partnern ein kleines Softwarehaus. Dieses hat sich darauf spezialisiert, für mittelgroße Betriebe den Auftritt im Internet zu gestalten.

8. H unterhält als selbstständiger Unternehmer eine externe Datenbank, in der er Informationen zur Beratung von mittelständischen Unternehmen bereitstellt, z. B. solche zur staatlichen Wirtschaftsförderung. Er betätigt sich darüber hinaus als Information Broker, das heißt, er berät seine Kundinnen und Kunden, wie sie beim Surfen im weltweiten Internet die gewünschten Informationen finden, und führt für seine Kundschaft einschlägige Recherchen durch.

9. Frau I arbeitet als Dozentin für Informationsverarbeitung an einer Weiterbildungseinrichtung.

10. Frau J ist Informationsmanagerin („CIO", Chief Information Officer) in einem großen Unternehmen und berichtet unmittelbar dem Vorstand. Sie führt nicht nur eine Reihe von Abteilungen, wie z. B. die Systemanalyse und -entwicklung oder das Daten- und Rechenzentrum; vielmehr ist sie verantwortlich dafür, dass in enger Abstimmung mit der Unternehmensleitung und deren Langfriststrategie immer wieder Wege gefunden werden, die IT zur Verbesserung der Kundenbedienung einzusetzen und so die Marktposition ihres Unternehmens zu festigen.

Dazu kommen viele ganz unterschiedliche Positionen, z. B. in der wissenschaftlichen Forschung und Lehre, in Datenschutzbehörden usw. (siehe auch Kapitel 6 „Berufsbilder, Tätigkeitsfelder und Arbeitsmarkt für Wirtschaftsinformatiker" und Kapitel 7 „Praktikerporträts" in diesem Studienführer).

Quellen

Mertens, P. u. a., *Grundzüge der Wirtschaftsinformatik*, 9. Aufl., Berlin u. a. 2005.
AIS Policy Statements, Draft: *The Role of IS in American Business Schools*, Mai 1999,
www.aisnet.org/policy.shtml (im Web nur für AIS-Mitglieder zugänglich).

Bachelor (6 Semester) | Master (4 Semester)

Wirtschaftsinformatik
an der Universität Duisburg-Essen

Zukunft planen und mitgestalten
- an der Schnittstelle von BWL und Informatik

Studieren und leben in der Kulturhauptstadt

Das Institut für Informatik und Wirtschaftsinformatik (ICB) der Universität Duisburg-Essen bietet Ihnen hervorragende Bedingungen für Studium und Karriere. Am ICB forschen und lehren Informatiker, Wirtschaftsinformatiker und Betriebswirte gemeinsam. Das ICB am Campus Essen ist eine der größten Einrichtungen seiner Art in Deutschland. Es eröffnet Ihnen eine Vielzahl von Vertiefungsoptionen und bietet Ihnen eine intensive fachliche Betreuung. Die Stadt Essen ist Sitz von vielen renommierten Unternehmen, so dass unseren Studenten eine große Auswahl interessanter Praktika zur Verfügung steht.

Ausgezeichnete Studienbedingungen

- interdisziplinär: enge Verzahnung mit Informatik und Betriebswirtschaftslehre
- Freude am Lernen: interaktive Lernformen, praktische Übungen, persönliche Betreuung und hervorragende Ausstattung

Fit für Europa ... und die Welt

- international anerkannte Abschlüsse
- Austauschprogramme mit vielen Universitäten weltweit
- ausgeprägte Praxisnähe durch Vielzahl von Industriekontakten
- hervorragende Aussichten am Arbeitsmarkt

Forschung und Lehre auf hohem Niveau

- große Bandbreite in Forschung und Lehre
- praxisorientiert und wissenschaftlich fundiert
- ausgewählte Lehrveranstaltungen in englischer Sprache
- hohe Reputation in Forschung und Lehre

Kontakt

- Web: **www.wi-portal.de**
  www.icb.uni-duisburg-essen.de
- E-Mail: wi.bachelor@uni-due.de
  wi.master@uni-due.de

UNIVERSITÄT
DUISBURG
ESSEN

Akkreditiert
durch ASIIN

Institut für Informatik und Wirtschaftsinformatik (ICB)
Fachbereich Wirtschaftswissenschaften

2

BERUFSBILDER, TÄTIGKEITSFELDER UND ARBEITSMARKT FÜR WIRTSCHAFTS-INFORMATIKER

Prof. Dr. Peter Chamoni

ist Professor für Wirtschaftsinformatik und Operations Research an der Universität Duisburg-Essen und lehrt an der Mercator School of Management am Campus Duisburg. Seit dem Beginn seiner akademischen Laufbahn an der Ruhr-Universität Bochum arbeitet er auf dem Gebiet der Management Support Systeme und hat zahlreiche Publikationen zu den Themen Business Intelligence sowie Data Warehousing veröffentlicht. Auf einschlägigen nationalen und internationalen Tagungen ist er Organisator, Autor und Gutachter. Neben der Wissenschaft und Lehre nimmt die Arbeit in Praxisprojekten einen hohen Stellenwert ein. Er ist Präsident des The Data Warehousing Institute Germany e. V.

2.1   Berufsbilder

Berufsbilder haben die Aufgabe, kennzeichnende Tätigkeiten und Elemente eines Berufes bzw. einer Berufsgruppe darzustellen. Im Folgenden wird das Aufgabenspektrum eines Wirtschaftsinformatikers mit den notwendigen Standardabschlüssen dargestellt, um dem Leser grundlegende Informationen über das Berufsbild zur Verfügung zu stellen. Weiterhin wird auf die verschiedenen Tätigkeitsfelder sowie auf die derzeitige Arbeitsmarktsituation und Verdienstmöglichkeiten eingegangen.

2.1.1   Aufgabenspektrum

Für die Beschreibung der Berufsbilder eines Wirtschaftsinformatikers soll zunächst das von der Bundesagentur für Arbeit fixierte Aufgabenspektrum aufgezeigt werden. Dabei werden im Einzelnen die folgenden Punkte genannt [2]:

- Entwurf und Einführung betrieblicher Anwendungs- und Kommunikationssysteme,

- Fortentwicklung und Einführung von Organisationskonzepten,

- Entwicklung, Anpassung und Einführung von Anwendungs- und Kommunikationssystemen (besonders für betriebswirtschaftliche Problemstellungen),

- Durchführung theoretischer und angewandter Forschung zur Anwendung der Informationstechnologie (IT),

- Ausarbeitung neuer Methoden und Verfahren zur Entwicklung von Informationssystemen (IS),

- Vertrieb von Hard- und Softwareprodukten und Anwenderunterstützung bei der Produktplanung,

- Produktimplementierung sowie Produkteinsatz,

- Gestaltung und Durchführung von Schulungen für die Benutzung betrieblicher Informationssysteme. Dies beinhaltet auch Aus- und Weiterbildungsmaßnahmen für Hersteller, Anwender und private oder öffentliche Bildungseinrichtungen,

- Wahrnehmen von Führungsaufgaben für IT-Abteilungen, Fachabteilungen, Projekte oder für IT-Unternehmen und Beratungsfirmen.

Die Berufsbezeichnungen für die oben genannten Aufgaben sind von Unternehmen zu Unternehmen unterschiedlich. Eine Analyse aktueller Stellenanzeigen zeigt, dass die Aufgaben eines Wirtschaftsinformatikers unter Bezeichnungen wie IT-Consultant, IT-Projektmanager, Software Engineer, Security Engineer, System Analyst oder Software Architect zusammengefasst werden.

2.1.2 Abschlüsse

Auf dem Arbeitsmarkt konkurrieren Absolventen mit akademischer und nicht-akademischer Qualifikation. Die anerkannten Abschlüsse – Diplom (Universität und Fachhochschule), Magister und Staatsexamen – werden derzeit im Rahmen des Bologna-Prozesses[1] durch die Abschlüsse Bachelor und Master ersetzt. Der Wechsel in das zweistufige Bachelor-/Master-Studiensystem ist in einigen Universitäten und Fachhochschulen bereits abgeschlossen, ein Teil befindet sich jedoch in der Übergangsphase [13]. Die Universitäts- und Fachhochschulausbildung kann als

- Bachelor/Master of Science (B.Sc./M.Sc.), Fachrichtung Wirtschaftsinformatik,
- teilweise als Bachelor/Master of Arts (B.A./M.A.), Fachrichtung Wirtschaftsinformatik
- sowie vereinzelt noch als Diplom-Wirtschaftsinformatiker/in (Dipl.-Wirt.Inf.)

abgeschlossen werden, wobei die Einschreibung an einigen Hochschulen nur noch für Bachelor- und Master-Studiengänge möglich ist und die Diplom-Studiengänge auslaufen [2, 15].

---

1   Der Bologna-Prozess umfasst eine Reform der Hochschulen und ihrer Studienangebote in derzeit 46 europäischen Ländern. Weitere Informationen zum Bologna-Prozess: www.bmbf.de/de/3336.php

Weiterhin besteht für Studierende in der Regel die Möglichkeit, im Rahmen von Studiengängen der Betriebswirtschaftslehre oder Informatik, Wirtschaftsinformatik als Vertiefungs- oder Schwerpunktfach zu wählen. An Berufs- sowie Verwaltungs- und Wirtschaftsakademien ist es möglich, nicht-universitäre Abschlüsse im Bereich der Wirtschaftsinformatik zu erlangen.

2.1.3   Anforderungen an Studienanfänger

Logisches Denk- und Abstraktionsvermögen sind gute Voraussetzungen für das Grundstudium der Wirtschaftsinformatik. Auf Grund der Interdisziplinarität und des breiten Einsatzspektrums der Wirtschaftsinformatik (als Schnittstellendisziplin zwischen Betriebswirtschaftslehre und Informatik) sollten Interessenten für die oben genannten Studiengänge fachübergreifend arbeiten wollen. Studienanfänger sollten eine ausgeprägte Orientierung zu formalen Techniken haben. Dies muss sich nicht zwingend auf eine Informatik-Ausbildung beziehen. Zur Einschätzung der Einsatzfähigkeit von technischen Informations- und Kommunikationssystemen ist ein ingenieurwissenschaftliches Interesse von Vorteil. Um organisatorische und technische Problemlösungen in Unternehmen zu implementieren, sind Teamfähigkeit sowie die Beherrschung der englischen Sprache unerlässlich. Wenig Erfolg im Studium und im späteren Berufsleben werden die Studierenden haben, die als Einzelgänger die Technologie im Vordergrund sehen und nicht die Systemkonzeption und -implementierung als Teil eines ganzheitlichen Entwicklungsprozesses auffassen [2, 12].

2.2   Berufsfelder

Die Berufsfelder in der Wirtschaftsinformatik lassen sich in drei Gruppen unterscheiden: IT-Kernberufe, IT-Mischberufe und IT-Randberufe [3]. Im weiteren Verlauf werden durch die Darstellung der Einsatzgebiete und der geforderten Qualifikationen die Tätigkeitsfelder eines Wirtschaftsinformatikers weiter spezifiziert sowie aktuelle Stellenbezeichnungen aufgezeigt

2.2.1   Klassifikation von IT-Berufen

Grundlegend lassen sich die Tätigkeiten eines Wirtschaftsinformatikers in drei Kategorien klassifizieren. Dabei werden IT-Kernberufe, IT-Mischberufe wie auch IT-Randberufe unterschieden [3].

In die Klasse der **IT-Kernberufe** fallen Tätigkeiten, die primär von IT-Spezialisten und Systemanalytikern durchgeführt werden. Diese haben die Aufgabe, Hard- und Softwaresysteme zu planen, zu entwickeln, zu dokumentieren und einzuführen sowie die Auswirkung auf die Organisationsform zu erfassen. Dies beinhaltet die Unterstützung bei Problemen sowie ggf. Modifikationen oder Neuentwicklungen von Konzepten [1]. Als Beispiele für aktuelle Berufsbezeichnungen aus dem Bereich der IT-Kernberufe können Network Operator, Application/Web Developer, System Analyst, Softwareentwickler J2EE, Software Architect oder Systems Engineer genannt werden.

In der Klasse der **IT-Randberufe** reduzieren sich datenverarbeitende Tätigkeiten. Im Vordergrund steht hier die Benutzung fertiger Anwendungsprogramme, welche den Mitarbeitern in Schulungen vermittelt wurden [1].

Zwischen den beiden zuvor genannten Klassen sind die **IT-Mischberufe** einzuordnen. Arbeitnehmer dieser Klasse werden häufig als **Hybrid-Fachleute** bezeichnet, da sie auf Grund ihrer Ausbildung in der Lage sein müssen, Aspekte der Kern- und Randberufe zu berücksichtigen. Dabei übernimmt der Beschäftigte i. d. R. eine koordinierende Funktion zwischen der Seite der IT-Spezialisten und der Anwendungsseite. Häufig stehen Beratungs- und Organisationsleistungen im Vordergrund der **IT-Mischberufe** [1]. In den Bereich der IT-Mischberufe fallen Stellenanzeigen mit Titeln wie IT-Berater, Inhouse Consultant, IT-Projektmanager oder IT-Controller.

Die Bedarfsentwicklung der IT-Kern-, IT-Rand- und IT-Mischberufe im Zeitverlauf und im Feld aller Stellenangebote zeigt, dass diese einen Zuwachs zu verzeichnen haben, während Tätigkeiten ohne computerbezogene Qualifikation deutlich abnehmen.

2.2.2   Einsatzgebiete

Wirtschaftsinformatiker können vielseitig in allen Unternehmensbereichen und Branchen eingesetzt werden, in denen ein hoher IT-Bezug gegeben ist. Allgemein können zwei Einsatzgebiete unterschieden werden. Zum einen ist ein Einsatz innerhalb der IT-Abteilung möglich. Dies beinhaltet Tätigkeiten der Systementwicklung oder Systemanalyse, Benutzerberatung, IT-Controlling und IT-Organisation. Zum anderen ist ein Einsatz außerhalb der IT-Abteilung an verschiedenen Schnittstellen möglich. Hierbei handelt es sich primär um betriebswirtschaftlich orientierte Fachabteilungen mit ausgeprägtem IT-Bezug, wie bspw. Controlling, Logistik, Beschaffung, Vertrieb und Marketing [7, 12, 14].

2.2.3   Qualifikation

Bei der Analyse von Stellenanzeigen fällt auf, dass neben verschiedenen fachlichen Qualifikationen vorrangig personengebundene Qualifikationen (so genannte Soft Skills) gefordert werden. Hier sind Eigenschaften wie Kommunikationsfähigkeit, Eigeninitiative, Verantwortungsbewusstsein, Leistungsfähigkeit, Flexibilität, Kreativität, soziale Kompetenz, Teamfähigkeit und hohe Belastbarkeit. Weiterhin sind Sprachkenntnisse in Englisch und anderen europäischen, unter Umständen auch osteuropäischen Sprachen, zu nennen [2, 4, 8, 12].

Zusätzlich existieren tätigkeitsbezogene Anforderungen. Diese beinhalten unternehmerisches Denken und Handeln, Kundenorientierung sowie die Fähigkeit, Probleme zu lösen und Entscheidungen zu treffen. Hierbei ist allerdings zu beachten, dass die Anforderungen in der Regel unternehmensspezifisch formuliert werden und sich an der jeweiligen Firmenkultur orientieren. In Abbildung 3 sind die in Stellenangeboten aufgeführten Soft Skills dargestellt.

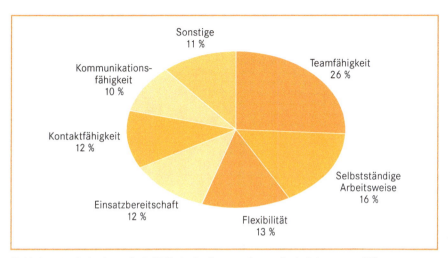

Abbildung 3: Geforderte Soft Skills in Stellenangeboten (in Anlehnung an [4])

Bei den fachlichen Qualifikationen werden insbesondere Fähigkeiten in der Softwareentwicklung gesucht. Weiterhin ist die Nachfrage nach Datenbank-, System- und Netzwerkspezialisten gestiegen [11]. Hinzuweisen ist des Weiteren auf das sich ständig wechselnde berufliche Umfeld, in dem sich permanent neue Aufgaben und Tätigkeitsfelder entwickeln, so dass lebenslanges Lernen die Voraussetzung für ein erfolgreiches Berufsleben darstellt [12, 15].

2.3   Arbeitsmarkt

IT-Dienstleister und Softwareunternehmen rechnen mit deutlich steigenden Umsätzen. Dies spiegelt sich bereits an der heutigen Arbeitsmarktsituation durch eine hohe Nachfrage nach IT-Kräften wider. Nachdem sich die Zahl der Stellenangebote seit dem Jahr 2000 bis zum Jahr 2004 mehr als halbiert hat, nimmt die Zahl der Stellenanzeigen für IT-Fachleute und somit auch für Wirtschaftsinformatiker seit 2005 deutlich zu [4].

Die Anzeigenauswertung auf Basis von 40 Printmedien liefert eindeutige Ergebnisse. Die Zahl der Jobofferten im Zeitraum von März 2006 bis Februar 2007 erhöhte sich um 30 Prozent gegenüber dem vergleichbaren Vorjahreszeitraum. Im ersten Halbjahr 2007 gab es über 15.000 offene Stellen im IT-Bereich. Insbesondere Softwareentwickler und IT-Berater werden aktuell gesucht, aber auch IT-Mischberufe wie CAD/CAM-Spezialisten und Maschinenprogrammierer werden in den Unternehmen benötigt. Ein Viertel der Angebote entfallen auf IT-Service- und Softwareunternehmen. Die Branche mit dem größten Anstieg an Stellenangeboten stellte in dem oben genannten Zeitraum der Maschinen- und Fahrzeugbau dar [9, 11]. In Abbildung 4 sind die nachfragenden Branchen mit ihrem jeweiligen prozentualen Anteil dargestellt.

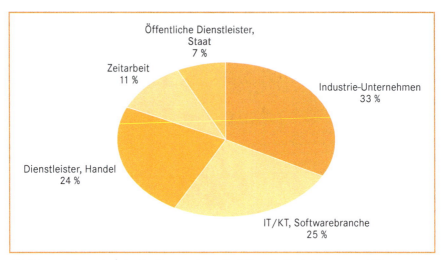

Abbildung 4: Branchen der Stellenangebote für IT-Berufe (in Anlehnung an [9])

Ein rasch wachsender Arbeitsmarkt hat sich im Zusammenhang mit der Entwicklung der weltweit stark verbreiteten betriebswirtschaftlichen Standardsoftware des großen deutschen Softwarehauses SAP herausgebildet. Gesuchte Mitarbeiter im SAP-Umfeld verfügen über ein abgeschlossenes Studium mit Fachrichtung Betriebswirtschaft, Wirtschaftsinformatik, Informatik oder Wirtschaftsingenieurwesen sowie zusätzlich über eine SAP-Fachausbildung oder in der Praxis erworbenes SAP-Know-how. Eine Klassifizierung der aktuellen Stellenangebote kommt zu den folgenden Kategorien innerhalb des SAP-Umfeldes: SAP-Beratung, -Programmierung, -Systemadministration und -Organisation/-Koordination.

2.3.1   Geforderte Abschlüsse

Eine Untersuchung der IT-Stellenangebote unterschiedlicher Zeitungen zeigt, dass vorrangig Hochschulabsolventen gesucht werden. Namentlich gefordert werden in der Regel Abschlüsse der Informatik und Wirtschaftsinformatik, aber auch andere technische und naturwissenschaftlichen Fachrichtungen. Eine genauere Betrachtung der in solchen Anzeigen geforderten Qualifikationen verdeutlicht allerdings auch, dass häufig Wirtschaftsinformatiker gesucht werden, ohne dass diese Bezeichnung ausdrücklich erscheint. Auch Quereinsteiger sind gefragt, wenn spezielles Branchenwissen für eine Position erforderlich ist.

Es ist empfehlenswert, bereits während des Studiums aktuelle Stellenangebote zu verfolgen, um flexibel auf veränderte Arbeitsmarktsituationen und Anforderungen reagieren zu können.

2.3.2 Gehaltssituation

Die Einstiegsgehälter für Hochschulabsolventen im IT-Bereich bleiben stabil. Aktuelle Jahreseinstiegsgehälter liegen etwa bei 41.500 Euro, können aber abhängig von der jeweiligen Branche und dem zuständigen Aufgabenbereich schwanken. Es ist anzumerken, dass Mitarbeiter im SAP-Umfeld sowie im Bereich IT-Sicherheit und Netzwerke überdurchschnittlich vergütet werden. Auch Zusatzqualifikationen wie Promotion, Auslands- oder Praxiserfahrungen können das Einkommen erhöhen [5, 6].

Die Jahresbezüge für IT-Fach- und Führungskräfte sind gegenüber dem Jahr 2006 durchschnittlich um 3 Prozent gestiegen. IT-Fachkräfte verdienen im Jahr zwischen 49.000 und 71.000 Euro, während Führungskräfte mit Jahresgehältern zwischen 84.000 und 117.000 Euro vergütet werden. Der variable Anteil des Gehalts wächst bei IT-Fach- und Führungskräften weiter und liegt bei 10 Prozent bei IT-Fachkräften (im Durchschnitt 6.800 Euro pro Jahr) und bei 18 Prozent bei IT-Führungskräften (im Durchschnitt 17.900 Euro pro Jahr). Weiterhin gehören zu diesen Gehaltsklassen in der Regel betriebliche Zusatzleistungen wie Zusatzversicherungen, betriebliche Altersvorsorge oder Firmenwagen [10].

2.4 Abschlussbetrachtung

Wirtschaftsinformatiker verfügen über die am Arbeitsmarkt häufig gesuchte Mischqualifikation aus den Bereichen Betriebswirtschaft und Informatik. Wirtschaftsinformatiker können somit in verschiedenen Unternehmensbereichen und Branchen eingesetzt werden. Die Abdeckung des breiten fachlichen Aufgabenspektrums und die interdisziplinäre Ausrichtung sichern den qualifizierten Absolventen der Wirtschaftsinformatik langfristig hoch dotierte Stellen auf dem IT-Arbeitsmarkt.

Quellen

[1] Abts, D.; Mülder, W.: *Grundkurs Wirtschaftsinformatik*, 4. Auflage, Wiesbaden, 2002.

[2] Bundesagentur für Arbeit (Hrsg.): *BERUFENET – ein Angebot der Bundesagentur für Arbeit* – Dipl.-Informatiker/in (Uni) – Wirtschaftsinformatik, Stand: 29.05.2007.

[3] Dostal, W., *Arbeitsmarkt Informationstechnologie*. In: *Berufsplanung für den IT-Nachwuchs* (Hrsg.: Staufenbiel, v. J. E., Giesen, B.) Köln, 1999, S. 24–64.

[4] Hohn, B., *IT-Fachleute – Arbeitsmarkt kompakt 2007*, Zentralstelle für Arbeitsvermittlung (ZAV) der Bundesagentur für Arbeit (2007), www.arbeitsagentur.de/zentraler-Content/Veroeffentlichungen/AM-Kompakt-Info/AM-Kompakt-IT-Fachleute.pdf, 2007-09-06.

[5] Holzapfel, N., *Gesucht: Erfahrene Einsteiger*, sueddeutsche.de, Ressort: Job & Karriere, 2005, www.sueddeutsche.de/jobkarriere/berufstudium/artikel/106/49057/, 2007-07-23.

[6] Koch, J., Mohr, J., *Gute Fächer, schlechte Fächer*, Spiegel Special – Was studieren?, Nr. 2 (2007), S. 6–19.

[7]   Mertens, P., Knolmayer, G., *Organisation der Informationsverarbeitung*, 3. Aufl., Wiesbaden 1998.

[8]   Ohne Autor, *Anzeigenanalyse Wirtschaftsinformatik – Schnittstellenwissen gesucht*, Uni Magazin 2 (2006), S. 41, www.uni-magazin.de/200602/pdf/anzeigenanalyse.pdf, 2007-09-06.

[9]   Ohne Autor, *Adecco Stellenindex Deutschland – Die Angebote für Computerberufe – März 2006 bis Februar 2007*, Adecco Personaldienstleistungen, www.adecco.de/resources/00deutschlandcomputerberufer.pdf, 2007-09-06.

[10]   Ohne Autor, *Kienbaum-Vergütungsstudie IT: Viel Geld für Leistung*, Kienbaum-Studie „Führungs- und Fachkräfte in der Informationstechnologie 2007“, Kienbaum Consultants International GmbH, www.kienbaum.de/cms/de/presse/pressemitteilungen/pressemitteilung_detail.cfm?&ObjectID=E2DDB876-08F1-4AC7-A7B805F0EF2D59DF, 2007-09-06.

[11]   Ohne Autor, *IT-Arbeitsmarkt: Gute Aussichten für Vollzeitbeschäftigte*, Computerwoche, www.computerwoche.de/job_karriere/595847/index.html, 2007-09-06.

[12]   Ohne Autor, *Wolkig bis heiter – Arbeitsmarkt Wirtschaftsinformatiker*, Uni Magazin 7 (2003), S. 60–64, www.uni-magazin.de/200307/pdf/arbeitsmarkt.pdf, 2007-09-06.

[13]   Ohne Autor, *Internetseiten des Bologna-Zentrums der Hochschulrektorenkonferenz (HRK)*, www.hrk-bologna.de/bologna/de/home/index.php, 2007-09-06.

[14]   Padtberg, C., *Zwischen Mensch und Maschine – Wirtschaftsinformatik echt*, spiegel online.de, 2005, www.spiegel.de/schulspiegel/abi/0,1518,372310,00.html, 2007-09-06.

[15]   Stahlknecht, P., Hasenkamp, U., *Einführung in die Wirtschaftsinformatik*, 11. Aufl., Berlin, Heidelberg u. a. 2004.

3

DAS STUDIUM DER WIRTSCHAFTSINFORMATIK

Prof. Dr. Karl Kurbel

ist Professor für Wirtschaftsinformatik an der Europa-Universität Viadrina Frankfurt (Oder). Davor hatte er Lehrstühle an den Universitäten Bielefeld, Dortmund und Münster inne. Er ist Autor mehrerer Lehrbücher und leitete seit 1988 überregionale Studienplankommissionen, die Rahmenempfehlungen für die Universitätsausbildung in Wirtschaftsinformatik erarbeiteten. Seine Arbeitsschwerpunkte sind Informationssystementwicklung, E-Learning, Enterprise Resource Planning und Supply Chain Management. Er ist Initiator der Virtual Global University (www.vg-u.de), die Wirtschaftsinformatik-Ausbildung im Internet anbietet.

Wer sich für ein Wirtschaftsinformatik-Studium an der Universität interessiert – oder für einen Wirtschaftsinformatik-Schwerpunkt im Rahmen eines anderen Studiengangs –, hat mehrere Möglichkeiten zur Auswahl. Diese reichen von Studiengängen mit einem sehr großen Anteil an Wirtschaftsinformatik-Themen bis hin zu Studiengängen mit einem relativ kleinen, aber doch noch signifikanten Anteil im Rahmen des Studiums. Manche Ausprägungen sind mehr betriebswirtschaftlich orientiert, andere stärker informationstechnisch.

In den Anfängen des Fachs wurde Wirtschaftsinformatik (WI) meist im Rahmen eines betriebswirtschaftlichen Studiums gelehrt. Später kamen eigenständige Diplom-Studiengänge Wirtschaftsinformatik hinzu, die gegenwärtig weitgehend durch Bachelor- und Master-Studiengänge abgelöst werden. Daneben wird WI auch als Wahlfach in anderen Studiengängen angeboten.

3.1 Studienformen und Abschlüsse

Typische Formen eines Wirtschaftsinformatik-Studiums sind die folgenden:

1. **WI-Bachelor:** Studiengang mit dem Abschluss Bachelor of Science (B.Sc.) oder Bachelor of Arts (B.A.) in Wirtschaftsinformatik. Die Studiendauer beträgt i.d.R. sechs Semester; es gibt aber auch Programme mit längeren Dauern. Das Studium beinhaltet

einen großen Anteil an WI-Themen, aber auch Betriebswirtschaftslehre, Informatik und andere Themenbereiche.

2. **BWL-Bachelor:** Betriebswirtschaftlicher Studiengang (Abschluss B.Sc. oder B.A. in BWL), innerhalb dessen WI als Schwerpunkt oder Vertiefung gewählt werden kann. Der Umfang variiert von Universität zu Universität, so dass ein Blick in die jeweilige Studienordnung lohnt.

3. **Informatik-Bachelor:** Ähnlich wie 2., aber im Rahmen eines Informatik-Studiengangs. Dementsprechend sind betriebswirtschaftliche Inhalte manchmal verkürzt oder gar nicht enthalten.

4. **Konsekutiver WI-Master:** Master-Studiengang in Wirtschaftsinformatik mit Abschluss Master of Science (M.Sc.) oder Master of Arts (M.A.), der auf einem vorausgegangenen Bachelor-Studium der Wirtschaftsinformatik aufsetzt. Die typische Dauer beträgt vier Semester, sofern das Bachelor-Studium sechs Semester umfasste. Der Anteil an Kernthemen der Wirtschaftsinformatik ist höher als im Bachelor.

5. **Nicht-konsekutiver WI-Master:** Eigenständiger Master-Studiengang mit Abschluss M.Sc. oder M.A. in Wirtschaftsinformatik, der kein Bachelor-Studium in WI voraussetzt und i.d.R. Absolventen beliebiger Fachrichtungen offen steht.

6. **BWL-, Informatik- und andere Master:** WI kommt als Bestandteil von Master-Studiengängen anderer Fachrichtungen, insbes. BWL und Informatik, vor.

7. **WI-Diplom:** Studiengänge mit Abschluss Diplom-Wirtschaftsinformatiker(in) gibt es noch an zahlreichen Universitäten; sie werden aber zunehmend durch Bachelor- und Master-Programme ersetzt.

Diese Aufstellung ist nicht erschöpfend, deckt aber die wichtigsten Formen eines Wirtschaftsinformatik-Studiums ab. Für Studienanfänger sind vor allem die beiden ersten Formen von Bedeutung. Wer sich von vornherein für ein durchgängiges Bachelor- und Master-Programm in Wirtschaftsinformatik (konsekutiv, s. Punkt 4) interessiert, kann in der Übersicht in Kapitel 4 nachsehen, ob die Universität seiner Wahl dieses anbietet.

3.2 Studieninhalte: Die „Rahmenempfehlung für die Universitätsausbildung in Wirtschaftsinformatik"

Die Inhalte des Studiums sind angesichts des schnellen Fortschritts der Informations- und Kommunikationstechnologie und der ebenso raschen Veränderung von Managementkonzepten (Management-„Moden") einem permanenten Wandel unterworfen. Damit die Studienpläne stets aktuell sind und die Absolventen sich erfolgreich den Herausforderungen des Berufslebens stellen können, wenn sie die Universität verlassen, gibt die Wissenschaftliche Kommission Wirtschaftsinformatik im Verband der Hochschullehrer für Betriebswirtschaft gemeinsam mit der Gesellschaft für Informatik regelmäßig Studienplanempfehlungen für die Wirtschaftsinformatik-Ausbildung heraus.

Die im Jahr 2007 verabschiedete Fassung ist nachfolgend abgedruckt. Im Kapitel 4 der Empfehlung findet man die inhaltlichen Themen, die in einem Wirtschaftsinformatik-Studium vermittelt werden. Da der Themenkatalog sehr umfassend ist und nicht vollständig gelehrt werden kann, wird von den Verantwortlichen an der Universität in der Regel eine Auswahl getroffen, die mit dem übrigen Studienangebot zusammenpasst.

Neben den Ausbildungsinhalten findet man in der Empfehlung auch wichtige Ausführungen zum Gegenstand der Wirtschaftsinformatik, zu Ausbildungsformen und zu den BWL- und Informatikanteilen im Studium.

Rahmenempfehlung für die Universitätsausbildung in Wirtschaftsinformatik

Von einer Fachkommission im Auftrag der Wissenschaftlichen Kommission (WK) Wirtschaftsinformatik im Verband der Hochschullehrer für Betriebswirtschaft erarbeitet; von der WK am 1.3.2007 und vom Präsidium der Gesellschaft für Informatik am 28.6.2007 genehmigt

0 Vorbemerkung

Studienplanempfehlungen für die Ausbildung in Wirtschaftsinformatik (WI) gibt es seit 1984. Damals rief die Schmalenbach-Gesellschaft/Deutsche Gesellschaft für Betriebswirtschaft e.V. einen Fachausschuss ins Leben, der unter Leitung von P. Mertens eine Empfehlung erarbeitete. Der Ausschuss wurde von der Wissenschaftlichen Kommission (WK) Betriebsinformatik im Verband der Hochschullehrer für Betriebswirtschaft e.V. und der Gesellschaft für Informatik e.V. mitgetragen. Die Empfehlung trug den Titel „Anforderungsprofil für die Hochschulausbildung im Bereich der betrieblichen Datenverarbeitung (Betriebsinformatik)" [1].

Die rasche Weiterentwicklung im technologischen Umfeld der WI, verbunden mit einer fort-schreitenden Konsolidierung des Fachs, machten im Abstand mehrerer Jahre Überarbeitungen erforderlich. 1989 und 1996 wurden unter Leitung von K. Kurbel durchgängig revidierte Fassungen der Empfehlung erstellt [2, 3]. Da sich zwischenzeitlich eigenständige Diplom-Studiengänge Wirtschaftsinformatik etabliert hatten, wurden 1992 Empfehlungen für die inhaltliche Ausgestaltung dieser Studiengänge verabschiedet [4]. Neue Entwicklungen, Paradigmen und methodische Ansätze schlugen sich 2002 in einer komplett revidierten Fassung nieder [5]. Diese beschrieb im Wesentlichen die Inhalte der Wirtschaftsinformatik-Ausbildung, unabhängig von unterschiedlichen Ausprägungen und Ausbildungsformen (Präsenzlehre, E-Learning, virtuelle Ausbildung und anderes).

Mit der Überführung des Ausbildungssystems von Diplom-Studiengängen in Bachelor- und Master-Programme und einer weiteren Verbreitung von Wirtschaftsinformatik-Komponenten in Studiengängen anderer Disziplinen entstand der dringende Bedarf nach einer Empfehlung, die diese neuen Strukturen reflektiert. Darüber hinaus mussten wiederum Ausbildungsinhalte aktualisiert werden. Beides erfolgte in der jetzt vorliegenden Empfehlung.

Der Kommission, die die Empfehlung erarbeitete, gehörten folgende Personen an: Prof. Dr. Hans-Jürgen Appelrath (Universität Oldenburg), Prof. Dr. Jörg Becker (Universität Münster), Dr. Michael Frank (Deutsche Lufthansa AG), Helmut Grohmann (Deutsche Bahn AG), Dr. Jörg Heistermann (KarstadtQuelle Konzern-Einkauf GmbH), Dr. Peter Korevaar (IBM Global Business Services), Prof. Dr. Helmut Krcmar (TU München), Prof. Dr. Karl Kurbel (Universität Frankfurt/Oder – Sprecher der Kommission), Frank Mang (Accenture GmbH), Prof. Dr. Peter Mertens (Universität Erlangen-Nürnberg), Prof. Dr. Erich Ortner (TU Darmstadt), Prof. Dr. Bodo Rieger (Universität Osnabrück), Dr. Olaf Röper (Uhde GmbH, Dortmund), Dr. Frank Schönthaler (Promatis Software GmbH), Prof. Dr. Elmar Sinz (Universität Bamberg), Thomas Sommer-Dittrich (DaimlerChrysler AG), Prof. Dr. Dieter Steinbauer (SCHUFA Holding AG), Prof. Dr. Leena Suhl (Universität Paderborn), Prof. Dr. Rainer Unland (Universität Duisburg-Essen), Dr. Andre Warner (PSI AG, Berlin), Dr. Raoul Wild (Mittelbrandenburgische Sparkasse).

1   Gegenstand der Empfehlung

Universitätsausbildung im Fach Wirtschaftsinformatik wird unter unterschiedlichen Rahmenbedingungen hinsichtlich der Zielgruppen, des Umfangs, der institutionellen Verankerung und der inhaltlichen Schwerpunkte praktiziert. Die verschiedenen Ausprägungen umfassen Wirtschaftsinformatik als eigenständigen Bachelor-, Masteroder Diplom-Studiengang, als Wahlpflichtfach oder Nebenfach in anderen Studiengängen (z. B. Betriebswirtschaftslehre, Informatik, Wirtschaftsingenieurwesen), als Studienschwerpunkt (z. B. Doppelwahlfach) und andere. Eine Minimalversion, die in betriebswirtschaftlichen Studiengängen manchmal vorzufinden ist, vermittelt Wirtschaftsinformatik in Form eines oder mehrerer Pflicht- und/oder Wahlpflichtmodule.

Mit der vorliegenden Empfehlung werden die essentiellen Inhalte der Wirtschaftsinformatik-Ausbildung und ihre Bezüge zu Ausbildungsinhalten der Nachbardisziplinen, insbesondere der Betriebswirtschaftslehre und der Informatik, beschrieben. Angesichts der Vielfalt von Ausbildungsvarianten ist es zwar nicht möglich, eine einheitliche und generell gültige Verteilung der Inhalte auf Lehrveranstaltungen, Kreditpunkte und Stundenzahlen zu definieren. In Abschnitt 6 werden jedoch Vorgaben für die am häufigsten anzutreffenden Varianten definiert.

2 Gegenstand und Ziele der Ausbildung

Gegenstand der Wirtschaftsinformatik sind Informations- und Kommunikationssysteme (IKS) in Wirtschaft und Verwaltung, die zunehmend auch in die privaten Haushalte hineinwirken; sie werden kurz als Informationssysteme (IS) bezeichnet. IS sind sozio-technische Systeme, d.h., die Aufgaben werden von personellen und maschinellen Aufgabenträgern kooperativ durchgeführt.

Von IS zu unterscheiden sind betriebliche Anwendungssysteme (AS). Anwendungssysteme sind automatisierte Teilsysteme von IS. Im weiteren Sinne umfassen sie die zugehörige Hardware, Systemsoftware, Kommunikationseinrichtungen und Anwendungssoftware. Im engeren Sinne wird mit dem Begriff die Anwendungssoftware bezeichnet.

Aufgabe der Wirtschaftsinformatik ist die Entwicklung und Anwendung von Theorien, Konzepten, Modellen, Methoden und Werkzeugen für die Analyse, Gestaltung und Nutzung von Informationssystemen. Dabei greift die Wirtschaftsinformatik auch auf Ansätze der Betriebswirtschaftslehre (und gelegentlich der Volkswirtschaftslehre) sowie der Informatik zurück, die sie erweitert, integriert und um eigene spezifische Ansätze ergänzt. Die gesellschaftlichen Wirkungen der Informations- und Kommunikationstechnologie werden ebenfalls thematisiert.

Aus der Sicht betrieblicher Systeme arbeitet die Wirtschaftsinformatik querschnittsbezogen, aus der Sicht der Wissenschaftsgebiete interdisziplinär. Gerade die Wirtschaftsinformatik kann einen Beitrag dazu leisten, das Denken in integrierten Systemen zu schulen. Wichtige Voraussetzung für das Hochschulstudium der Wirtschaftsinformatik sind daher gute analytische und konstruktive Fähigkeiten im Hinblick auf ganzheitliche, integrative Ansätze.

Die Berufstätigkeit in der Wirtschaftsinformatik bringt es mit sich, dass an bestimmte Schlüsselqualifikationen (z. B. Arbeiten in interdisziplinären und ggf. verteilten Projektteams, auch länder-/kontinentübergreifend; Präsentation und Diskussion von Arbeitsergebnissen, auch in Fremdsprachen; Erstellung von Dokumentationen) hohe Anforderungen zu stellen sind. Lehrveranstaltungen, in denen einschlägige Fähigkeiten dazu vermittelt und geübt werden, müssen einen hohen Stellenwert erhalten. Hierzu zählen beispielsweise Projektseminare und Hauptseminare. Die Wahrnehmung der gestalterischen Aufgaben bei der Entwicklung von Informationssystemen setzt das Verständnis der Wirkungsmechanismen von Softwaresystemen voraus; dementsprechend ist es unabdingbar, dass Studierende auch selbst Programme entwickeln.

Ein Hochschulstudium soll die Studierenden mit der wissenschaftlichen Durchdringung ihres Fachgebiets vertraut machen. Demgemäß sollen mit dem Wirtschaftsinformatik-Studium die Ansätze vermittelt werden, die Absolventinnen und Absolventen in die Lage versetzen, IS in Organisationen und organisationsübergreifend zu analysieren, zu gestalten, zu implementieren und zu nutzen. Als zukünftige Entscheidungsträger und Akteure sollen sie befähigt werden, die Nutzenpotenziale der zielgerichteten Informationsversorgung insbesondere zur inner- und zwischenbetrieblichen Gestaltung von Informations-, Güter- und Geldflüssen zu verstehen und durch geeigneten Einsatz von IS zu realisieren.

Das wissenschaftliche Studium der Wirtschaftsinformatik ist konzeptionell-methodisch fundiert und gleichzeitig berufs- und arbeitsmarktorientiert. Das Erwerben von Problemlösungskompetenz ist ein wichtiges Teilziel der Ausbildung. Konkrete Produkte und Fallstudien werden herangezogen, um Problemlösungsansätze zu verdeutlichen bzw. umzusetzen. Die Wirtschaftsinformatik-Ausbildung trägt der Tatsache Rechnung, dass die Informationsverarbeitung die Strategien, Strukturen, Funktionen und Prozesse von Unternehmen und Unternehmensverbünden stark beeinflusst oder überhaupt erst ermöglicht.

3   Schnittstellen zur Betriebswirtschaftslehre und Informatik

Die Wirtschaftsinformatik als interdisziplinäres Fach integriert Wissensgebiete der Betriebswirtschaftslehre und der Informatik, wie Abbildung 1 veranschaulicht.

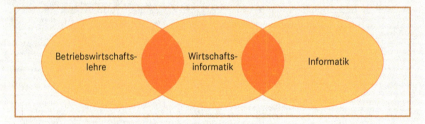

Abbildung 1: Wirtschaftsinformatik als interdisziplinäres Fach

Bei der Festlegung der Inhalte in einem konkreten Fall muss berücksichtigt werden, ob bzw. in welchem Ausmaß Ausbildungsgegenstände dieser beiden Disziplinen außerhalb des Fachs Wirtschaftsinformatik gelehrt werden. Zwei typische Szenarien sind die folgenden:

a) Wenn die Wirtschaftsinformatik-Ausbildung von einer wirtschaftswissenschaftlichen Fakultät getragen wird, kann in der Regel davon ausgegangen werden, dass die betriebswirtschaftlichen Komponenten bereits abgedeckt sind. Es ist dann sicherzustellen, dass auch die relevanten Teile der Informatik vermittelt werden. Letzteres kann, wenn eine Informatik-Fakultät vorhanden ist, durch diese erfolgen; andernfalls müssen die Informatikteile im Rahmen der Wirtschaftsinformatik-Ausbildung gelehrt werden.

b) Wenn eine Informatik-Fakultät das Fach Wirtschaftsinformatik anbietet, kann in der Regel davon ausgegangen werden, dass die relevanten Informatikkomponenten des Wirtschaftsinformatik-Studiums bereits abgedeckt sind. In diesem Fall muss sichergestellt werden, dass auch die relevanten Teile der Betriebswirtschaftslehre im Rahmen der Ausbildung vermittelt werden.

4 Inhalte des Studiums

4.1 Vorkenntnisse

Allgemeine Kenntnisse und Fertigkeiten für den Umgang mit einem vernetzten Personal Computer werden nicht als Bestandteile der Wirtschaftsinformatik-Ausbildung angesehen, sondern vorausgesetzt. Es wird erwartet, dass Studierende mit einem Betriebssystem, Browser, Textverarbeitungssystem, Präsentationswerkzeug, Tabellenkalkulationssystem etc. sowie mit einer Suchmaschine und Electronic Mail umgehen können.

Studienanfängern, die über diese Kenntnisse noch nicht verfügen, sollten Vorbereitungskurse angeboten werden, z. B. im Umgang mit Office-Programmen. Dies sollte anhand von betriebswirtschaftlichen Beispielen erfolgen.

Gute Kenntnisse der englischen Sprache sollten vorhanden sein, da einerseits die Themenstellungen in der Wirtschaftsinformatik globale Dimensionen haben (z. B. Offshoring, Supply Chain Management) und andererseits große Teile der relevanten Literatur englischsprachig sind.

4.2 Hauptausbildungsbereiche

Die im Folgenden aufgeführten Themen werden von den Fachvertreterinnen und Fachvertretern der Wirtschaftsinformatik als essentiell und typisch für die Wirtschaftsinformatik-Ausbildung angesehen. Es wird indessen nicht erwartet, dass alle genannten Themen in jedem konkreten Studiengang vollständig abgedeckt werden. Individuelle Schwerpunktsetzungen sind möglich. Wenn solche getroffen werden, sollte dennoch angestrebt werden, auch die anderen Themengebiete überblicksmäßig zu behandeln, um den Studierenden ein charakteristisches Bild der Fragestellungen in der Wirtschaftsinformatik zu vermitteln.

Teilweise brauchen die nachfolgenden Themengebiete nicht im Rahmen des Fachs Wirtschaftsinformatik gelehrt zu werden, sofern sie an anderer Stelle im Studienplan verpflichtend vorgeschrieben sind. Dies gilt etwa für den Themenbereich (0) sowie den Bereich (3), falls er im Fach Informatik gelehrt wird, und den Bereich (8), der durch Lehrveranstaltungen in Betriebswirtschaftslehre und Informatik abgedeckt sein kann.

(0) Hilfs- und Grundlagenfächer

a) Mathematik für Wirtschaftsinformatiker, vor allem diskrete Mathematik, lineare Algebra, Graphentheorie, Kombinatorik, stochastische Modelle, ausgewählte Kapitel der Logik und andere.

b) Quantitative Modelle und Methoden aus dem Operations Research und der Statistik: Methoden der deduktiven und induktiven Statistik, Wahrscheinlichkeitstheorie, Warteschlangentheorie, lineare Programmierung, Netzplantechnik, Entscheidungsbäume, Nutzwert-, Risikoanalyse und andere.

c) Verhaltenswissenschaftliche Grundlagen: Organisationspsychologie, Kommmunikation, Akzeptanz, Durchsetzungsstrategien, Entscheidungsfindung in Gruppen; Mitarbeitermotivation und Mitarbeiterführung

d) Wirtschaftsrecht: Privatrecht, Arbeitsrecht, Urheberrecht, gewerblicher Rechtsschutz und andere.; jeweils mit besonderer Betonung der Informationsverarbeitung (z. B. Datenschutz, Produkthaftung und Urheberrechtsschutz bei Software, Mitbestimmung bei Automatisierungsprojekten)

(1) Allgemeiner Teil

a) Gegenstand der Wirtschaftsinformatik, Überblick über Teilgebiete, Arten von Informationssystemen

b) Bezüge zwischen Wirtschaftsinformatik und Unternehmensführung; Management Information Systems; Globalisierung, Outsourcing, Offshoring und deren Implikationen für die Wirtschaftsinformatik

c) Informatik-Industrie (Produktpolitik, Softwaremarketing, Standardisierung, Innovationsmanagement); Markt für Informatik-Produkte

(2) Wirtschaftswissenschaftliche Grundlagen

a) Betriebswirtschaftliche Grundlagen: Produktentwicklung, Absatz und Marketing (einschl. Marktformen), Investition und Finanzierung (einschl. Verfahren der Investitionsrechnung, Liquiditätsrechnung, Finanzierungsformen), Rechnungswesen (einschl. doppelte Buchführung, Kosten- und Leistungsrechnung, Jahresabschluss), Beschaffung, Produktion und Logistik (einschl. Produktionsplanung und -steuerung), Personal und Organisation (einschl. Systemtheorie, Aufbau-, Ablauf-, Projekt- und Prozessorganisation), Institutionen und Branchen, Geschäftsprozesse

b) Ausgewählte Grundlagen der Volkswirtschaftslehre mit WI-Relevanz: Volkswirtschaftliche Gesamtrechnung, Finanz- und Wirtschaftspolitik; Märkte (Güter-, Finanz-, Arbeitsmärkte); internationale Wirtschaftsbeziehungen; Schlüsselbegriffe (z. B. Konjunktur, Wechselkurs, Zinssatz)

c) Betriebswirtschaftliche Vertiefungen, z. B. Entscheidungstheorie, internationale Rechnungslegung, internationales Management, Produktions- und Dienstleistungsmanagement, Controlling, kennzahlenbasierte Unternehmensführung

(3) Informations- und Kommunikationstechnologie

a) Modellierungsmethoden der Informatik: Formale Sprachen, Logik; Bäume, Graphen, Netzwerke; kommunizierende Automaten und Grundlagen nebenläufiger Programme; Berechenbarkeits- und Komplexitätstheorie, Algorithmik

b) Funktionsweise und Nutzungsformen von Rechner- und Betriebssystemen: Rechnerarchitekturen, Hardwarekomponenten (einschl. stationärer und mobiler Endgeräte), Systemsoftware

c) Hardware- und Softwareplattformen, Middleware: Plattformarchitektur und Beispiele wie MS Windows/PC, Sun Solaris/Workstation, Java-Plattform (z. B. Java EE/EJB), Microsoft .NET, IBM Websphere und andere.

d) Rechnernetze und Netzwerktechnologien; lokale Netze, Weitverkehrsnetze; Internet, Intra-net; kabelgebundene und drahtlose Netze; Datenkommunikation: Dienste (z. B. WWW, E-Mail, Telnet, SMS) und Protokolle (z. B. TCP/IP, HTTP, SMTP, FTP)

e) Vernetzung von Dingen, Diensten und Menschen; Technik, Anwendungen und Implikationen von Ubiquitous Computing und Ambient Intelligence

f) Sprachen: Programmiersprachen (z. B. Java, Visual Basic), Auszeichnungssprachen (z. B. HTML, XML), Modellierungssprachen (z. B. UML); visuelle Sprachen (z. B. GUI-Builder)

(4) Informationsmanagement

a) Produktionsfaktor Information; Gestaltung der Informationsfunktion in Unternehmen; Nutzen von Information; Informationsbedarfsanalyse; Planung, Steuerung und Kontrolle der Ressourcen Hardware und Software (insbes. Infrastruktur und Anwendungssysteme), Information, Wissen, Menschen; Produktlebenszyklus der Informationssysteme (Portfoliomanagement, wertorientierte Steuerung des IT-Einsatzes und andere.)

b) Informationsversorgungsstrategie; Qualität der Informationsversorgung; Risikomanagement; Kosten-Nutzen-Betrachtungen; Controlling der Informationsversorgung; IT-Governance und Compliance (und andere. Sarbanes Oxley Act, KontraG); Informationsversorgung als Dienstleistung, ITIL (Information Technology Infrastructure Library); GDPdU (Grundsätze zum Datenzugriff und zur Prüfbarkeit digitaler Unterlagen), GoBS (Grundsätze ordnungsmäßiger DV-unterstützter Buchführungssysteme), CobIT (Control Objectives for Information and

Related Technology); IT-Aufbauorganisation, Outsourcing (einschl. Offshoring) der Informationsversorgung; Informationsmarkt, Attention Economy

c) Gestaltung und Betrieb von Informationsnetzen; Diffusion von Standards, Interoperabilität; unternehmensinterne und -übergreifende Integration von Geschäftsprozessen und von Anwendungssystemen (z. B. Enterprise Application Integration); Systeme zur Unterstützung der Kooperation (CSCW – Computer Supported Cooperative Work, z. B. Groupware, Workflowsysteme); Vernetzung im privaten Lebensumfeld (soziale Netzwerke, Communities), kontextbezogene Informationsverarbeitung und Kommunikation

d) Sicherheit in der Informationsverarbeitung (IV); Datenschutz, Schutz der Privatsphäre; Digital Rights Management (DRM); Informationssicherheit (und andere. Sarbanes Oxley Act, KontraG); Prüfung von IT-Systemen; Archivierung, Records Management

e) Enterprise Architecture Management: Informationssystem-Architektur als „Generalbebauungsplan" des Unternehmens; Modelle, Methoden und Werkzeuge zur Gestaltung von IS-Architekturen; technologische Infrastruktur; Integrationskonzepte; Software-Architekturen: 3-Ebenen-, n-Ebenen-Architektur, Service Oriented Architecture (SOA) einschl. Web Services und Enterprise Services

f) Prozessmanagement: Grundlagen des Prozessmanagements und der systematischen Prozessverbesserung; Geschäftsprozessmanagement, prozessorientierte Reorganisation, Leistungs- und Planungsprozesse der IT, Reifegradmodelle wie CMMI (Capability Maturity Model Integration); Modelle und Methoden des Qualitätsmanagements, z. B. EFQM (European Foundation for Quality Management)-Modell für Excellence, Six Sigma (6σ)-Methode für fehlerfreie Geschäftsprozesse

g) Informationsmodellierung: Modellierungsmethoden, Metamodellierung, Methodenkonstruktion, Referenzmodellierung

(5) Inner- und überbetriebliche Informationssysteme

a) Enterprise Resource Planning (ERP): Funktionsorientierte ERP-Module (z. B. Personalwirtschaft, Finanzwirtschaft), Abbildung und Integration von Geschäftsprozessen im ERP (z. B. Auftragsabwicklung); wirtschaftszweig- bzw. branchenunabhängige und -abhängige ERP-Systeme

b) Supply Chain Management (SCM): Strategische Planung von Lieferketten und -netzwerken, netzwerkweite Planung, Steuerung, Kontrolle und Überwachung von Lieferketten (Supply Chain Event/Performance Management), Advanced Planning & Scheduling (APS)

c) Customer Relationship Management (CRM): Informationstechnische Hilfsmittel zum Aufbau und zur Pflege von Kundenbeziehungen; Teilsysteme (z. B. SFA – Sales Force Automation, Call Center, Kundenservice) und ihre Integration

d) Product Lifecycle Management (PLM) einschl. Product Data Management (PDM): Modellierung und Strukturierung von technischen und workflowbezogenen Produktdaten; strategische Planung von Prozessen zur Erzeugung, Verwaltung, Verteilung und Nutzung der Produktdaten in Wertschöpfungsnetzwerken für den gesamten Produktlebenszyklus, beginnend mit Produktidee und -entwicklung; Integration mit anderen inner- und überbetrieblichen Informationssystemen

e) Wirtschaftszweigorientierte Informationssysteme, insbesondere in Industrie (z. B. MES – Manufacturing Execution Systems, Betriebssteuerung), Handel (z. B. Warenwirtschaftssysteme), Dienstleistungssektor (z. B. Service-Data-Management-, Yield-Management-Systeme), Finanzsektor (z. B. Zahlungsverkehrs-, Handels-, Bestandsverwaltungs-, Risikomanagementsysteme); öffentliche Verwaltung (z. B. E-Government)

f) Elektronische Marktplätze und Auktionssysteme; Electronic Shops, Systeme zum Verkauf und Tausch digitaler Produkte; Web-Portale

g) Führungsinformationssysteme (FIS): Analyse des Informationsbedarfs und -angebots für Führungsaufgaben, Bereitstellung interner und externer Informationen, Issue Management und Frühwarnsysteme, Berichts-, Kontroll- und Planungssysteme

(6) Entwicklung und Management von Informationssystemen

a) Management des Lebenszyklus von Informationssystemen und des organisatorischen Wandels: Makrophasen (Entwicklung, Einführung, Migration, Abschaffung); Total Cost of Ownership (TCO) für IS; Change Management (technisch und organisatorisch), Kommunikations-, Qualifikations-, Motivations- und Organisationsmaßnahmen im Rahmen von organisatorischen Veränderungen; Beziehungen zwischen AS- und Organisationsgestaltung, Modellierungsansätze

b) Vorgehensmodelle für die IS-Entwicklung: Sequentielle Modelle (z. B. Wasserfallmodell), evolutionäre Modelle, Prototyping; Rational Unified Process (RUP), Agile Development, Extreme Programming und andere.

c) Projektmanagement für IS-Projekte: Projektplanung, -steuerung und -organisation; Prinzipien, Methoden und Werkzeuge für das Projektmanagement; Zielorientierung, Mechanismen des Projektcontrolling (einschl. Budgetmanagement), Arbeitspakete und Meilensteine; Vorgehensmodelle für das Projektmanagement, z. B. IPMA Competence Baseline (ICB), Guide to the Project Management Body of Knowledge (PMBoK Guide); Management und Organisation von Offshoring-Projekten

d) Problemanalyse und problemorientierte Modellierung: Analyse von Aufgaben, Daten, Funktionen, Vorgängen und Prozessen; Requirements Engineering; Modellierung auf Basis der Unified Modeling Language (UML), des semantischen Objektmodells (SOM) und andere., geschäftsprozessorientierte Modellierung (z. B. ARIS); Modellierungswerkzeuge und -sprachen

e) Softwareentwicklung im engeren Sinn: Entwicklung der Softwarearchitektur, Softwareentwurf; softwareorientierte Modellierung; testorientierte Entwicklung; Entwicklungswerkzeuge, automatische und teilautomatische Überführung von Softwaremodellen in Code (Codegeneratoren und andere.)

f) Programmierung und Test: Programmiersprache als Ausdrucksmittel für Klassen, Objekte, Algorithmen, Datenstrukturen; Programmierprinzipien und -stil; Testprinzipien, -methoden und -werkzeuge; Qualitätssicherung

g) Auswahl, Anpassung und Einführung von Standardanwendungssoftware (z. B. von Enterprise-Resource-Planning-Systemen): Vorgehensmodelle, Customizing, Parametrisierung, Generierung und andere. einschließlich modellbasierter Ansätze

h) Systemintegration und -migration: Integration von Individual- und Standardsoftware; Integration und Migration von Neu- und Altsystemen; Software-Reengineering; Schnittstellen und Integration von Standardsoftware unterschiedlicher Hersteller; Schnittstellen zu technischen Systemen (z. B. CAx); Vorgehensmodelle zur Beherrschung des Integrationsprozesses

(7) Daten- und Wissensmanagementsysteme

a) Datenmodelle und Datenbanksysteme: Unternehmensdatenmodelle, konzeptuelle Datenmodellierung (insbes. mittels ERM – Entity-Relationship-Modell, SOM – Semantisches Objektmodell, UML); logische Datenmodelle bzw. Datenbankschemata; Datenbankmanagementsysteme; Datenbanksprachen (insbesondere SQL); XML-Schnittstellen von Datenbanksystemen

b) Metadaten-Management, Repository-Systeme, Ontologien, Semantic Web

c) Content-Management-Systeme (CMS): Enterprise Content Management (ECM), Workflow und Content Lifecycle, Content Management in Learning-Management-Systemen (LMS)

d) Data Warehousing: Datenbewirtschaftung (ETL – Extraktion, Transformation, Loading), mehrdimensionale Datenmodelle, Architekturen (z. B. Hub & Spoke), Data Marts, Datenqualitätsmanagement

e) Methoden der teilautomatisierten Datengewinnung, -analyse, -generierung und -präsentation (Business Intelligence) und des Wissensmanagements: Online Analytical Processing (OLAP), Knowledge Discovery in Databases (KDD, z. B.

Data und Text Mining), Visualisierung; Wissensakquisition und -verteilung, organisationales Lernen; Berichtswesen, Dashboards und andere.

(8) Modelle und Methoden zur Entscheidungsunterstützung

a) Mathematisch-statistische Modelle und Methoden, z. B. Prognose, Klassifikation, Clustering, Regression

b) Modelle und Methoden des Operations Research: Typische Optimierungs- und Simulationsmodelle aus Industrie, Handel und Dienstleistungen, z. B. für Produktion, Logistik, Marketing, Investition, Personalwesen; Lösungsmethoden aus der linearen und (gemischt-) ganzzahligen Optimierung, Heuristiken und Metaheuristiken, diskrete und kontinuierliche Simulation und andere.

c) Modelle und Methoden der Künstlichen Intelligenz und des Softcomputing, z. B. evolutionäre Algorithmen, künstliche neuronale Netze, Fuzzy-Systeme, Expertensysteme; Agententechnologie und Multiagentensysteme

d) Hilfsmittel für das strategische Management, z. B. Risikoanalysen, Balanced Scorecard, Szenariomanagement.

5 Wesentliche Ausbildungsinhalte aus den Nachbardisziplinen

Für das Studium der Wirtschaftsinformatik sind betriebswirtschaftliche Kenntnisse und Informatik-Kenntnisse unverzichtbar. Sie müssen im jeweiligen Studiengang verpflichtend vorgesehen sein. Es wird davon ausgegangen, dass jeweils eine dieser Voraussetzungen durch den Aufbau des Studiums hergestellt wird, wenn Wirtschaftsinformatik Bestandteil eines wirtschaftswissenschaftlichen Studiengangs bzw. eines Informatik-Studiengangs ist.

5.1 Wirtschaftsinformatik für Nicht-Wirtschaftswissenschaftler

Wenn Wirtschaftsinformatik im Rahmen oder als Ergänzung eines nicht-wirtschaftswissenschaftlichen Studiengangs (z. B. Informatik, Ingenieurwissenschaften) angeboten wird, so ist es unabdingbar, dass auch die betriebswirtschaftlichen Komponenten in der Ausbildung verankert werden. Sofern dies nicht außerhalb des Fachs WI im engeren Sinne erfolgt, müssen die betriebswirtschaftlichen Komponenten in die Wirtschaftsinformatik-Ausbildung mit aufgenommen werden. Dies erfordert ein entsprechend höheres Stundenvolumen für das Fach WI.

Als wesentlich und unabdingbar werden die in Abschnitt 4.2 (2) a) genannten betriebswirtschaftlichen Teilgebiete betrachtet, insbesondere:

a) Entlang der Wertschöpfungskette: Forschung und Entwicklung, Marketing und Vertrieb, Beschaffung und Lagerhaltung, Produktion, Versand, Kundendienst

b) Querschnittsfunktionen: Personalwesen, Rechnungswesen/Controlling, Finanzwirtschaft

c) Unternehmensführung, Organisation

5.2 Wirtschaftsinformatik für Nicht-Informatiker

Wenn Wirtschaftsinformatik nicht im Rahmen oder als Ergänzung eines Informatik-
Studiengangs angeboten wird, so ist es unabdingbar, dass die relevanten Informa-
tik-Komponenten verpflichtend in der Ausbildung verankert werden. Sofern dies
nicht außerhalb des Fachs WI im engeren Sinne erfolgt, müssen die Informatik-
Komponenten in die Wirtschaftsinformatik-Ausbildung mit aufgenommen werden.
Dies erfordert ein entsprechend höheres Stundenvolumen für das Fach WI.

Als wesentlich und unabdingbar werden die in Abschnitt 4.2 (3) genannten Teilgebiete betrachtet, ergänzt um Teile aus Abschnitt 4.2 (6) wie Softwareentwicklung
und Programmierung, die meist im Rahmen von WI-Veranstaltungen gelehrt werden.

6   Curricula

In diesem Abschnitt werden Empfehlungen zur quantitativen Ausgestaltung der Cur-
ricula gegeben. Angesichts der Vielfalt von Varianten der Wirtschaftsinformatik-
Ausbildung beschränkt sich die Darstellung auf typische Varianten im Rahmen von
Bachelor- und Master-Studiengängen in Wirtschaftsinformatik, Betriebswirtschaftslehre und Informatik. Bei interdisziplinären Studiengängen wie dem Wirtschaftsingenieurwesen sollten die Empfehlungen bezüglich der Wirtschaftsinformatik- und
Informatik-Anteile analog umgesetzt werden.

6.1 Wirtschaftsinformatik-Studiengänge

Für eigenständige Studiengänge, die zu einem Hochschulabschluss in Wirtschaftsinformatik führen, gilt weiterhin das Grundmodell, dass Inhalte der Wirtschaftswissenschaften, der Informatik und der Wirtschaftsinformatik im engeren Sinne
etwa mit gleichem Anteil vertreten sein sollten, ergänzt um eine vierte Säule vergleichbaren Umfangs mit Grundlagen aus Mathematik, Operations Research, Statistik, Recht und Verhaltenswissenschaften [4].

Als *Wirtschaftsinformatik im engeren Sinne* werden Lehrinhalte bezeichnet, die sich
aus der Stellung des Fachs zwischen den Mutterdisziplinen Betriebswirtschaftslehre und Informatik ergeben (vgl. Abbildung 5). Typisch für solche Lehrinhalte ist, dass
sie Erkenntnisgegenstände der Betriebswirtschaftslehre und der Informatik miteinander verbinden, dass sie in den Mutterdisziplinen nicht gelehrt werden oder dass
sie dort zwar auch gelehrt werden, aber nicht aus der integrativen Perspektive der
Wirtschaftsinformatik.

Neben der Fachkompetenz soll das Studium der Wirtschaftsinformatik auch in hinreichendem Umfang Sozialkompetenz vermitteln. Dies kann durch geeignete Lehr-/Lernformen im Rahmen von fachwissenschaftlichen Modulen oder durch spezielle Module erfolgen. Im letzteren Fall sind die dafür benötigten ECTS-Punkte im Gesamtkontingent zu reservieren.

(1) Bachelor-Programme

Die Module eines Bachelor-Programms in Wirtschaftsinformatik sollten alle unter Abschnitt 4.2 genannten Inhalte abdecken. Entsprechend dem 4-Säulen-Modell gilt, dass – nach Abzug des für die Abschlussarbeit und Praktikum vorgesehenen Arbeitsvolumens – die Module in den Fächern im Umfang näherungsweise mit folgenden Anteilen zu bemessen sind:

	Wirtschafts-wissenschaften	Wirtschafts-informatik i.e.S.	Informatik	Grundlagen
Anteil	25 %	25 %	25 %	25 %

Wenn man als Maßeinheit Kreditpunkte lt. ECTS (European Community Course Credit Transfer System) verwendet, ergeben sich aus der prozentualen Verteilung – in Abhängigkeit von der Dauer des an der jeweiligen Universität praktizierten Bachelor-Programms – die in der nachfolgenden Tabelle beispielhaft angegebenen Punktezahlen. Dabei ist angenommen, dass die Gesamtzahl der ECTS-Punkte bei einem 6-semestrigen Programm 180, bei einem 7-semestrigen 210, bei einem 8-semestrigen 240 beträgt und dass der Vorwegabzug sich auf 20 ECTS-Punkte beläuft (z. B. Bachelor-Arbeit 12, Praktikum 8).

Dauer (Semester)	Wirtschafts-wissenschaften	Wirtschafts-informatik i.e.S.	Informatik	Grundlagen
6	40	40	40	40
7	47,5	47,5	47,5	47,5
8	55	55	55	55

[Angaben in ECTS]

(2) Konsekutive Master-Programme

Konsekutive Master-Programme bauen inhaltlich auf einem vorausgegangenen Bachelor-Studium auf. Die Gesamtdauer für beide ist entsprechend den Vorgaben der Kultusministerkonferenz auf 10 Semester beschränkt. In Abhängigkeit von der gewählten Dauer des Bachelor-Programms beträgt die Dauer des Master-Programms dann 4, 3 oder 2 Semester.

Da bereits das Bachelor-Programm zu einem berufsqualifizierenden Abschluss führen und nach der obigen Empfehlung auch alle Teilgebiete aus 4.2 abdecken soll, müssen einem konsekutiven Master-Programm fortgeschrittene Themenstellungen aus den selben Teilgebieten zugrundegelegt werden. Eine disjunkte Aufteilung von Teilgebieten auf das Bachelor- und Masterstudium wird wegen des Erfordernisses eines berufsqualifizierenden Bachelorabschlusses als nicht sinnvoll angesehen.

Es wird empfohlen, im Master-Teil die gleichgewichtige Verteilung der Lehrveranstaltungen auf die 4 Säulen zugunsten einer Schwerpunktsetzung im Bereich Wirtschaftsinformatik i.e.S. zu verschieben. Weiterhin ist es möglich, dass von den Fachvertretern im konkreten Fall Spezialisierungen in Teilbereichen der Wirtschaftsinformatik verfolgt werden.

Die Fächeranteile in einem konsekutiven Master-Programm sollten näherungsweise wie folgt bemessen werden:

	Wirtschafts-wissenschaften	Wirtschafts-informatik i.e.S.	Informatik	Grundlagen
Anteil	20 %	50 %	20 %	10 %

(3) Nicht-konsekutive Master-Programme

Nicht-konsekutive Master-Programme sind eigenständige Studiengänge, bei denen nicht ein Bachelor-Studium im gleichen Fach vorausgesetzt wird. Da sie prinzipiell Absolventen beliebiger Fachrichtungen offen stehen, insbesondere auch Nicht-Wirtschaftswissenschaftlern und Nicht-Informatikern, ist das eingangs genannte 4-Säulen-Modell anzuwenden.

Grundsätzlich darf die Dauer eines eigenständigen Master-Programms nach den Vorgaben der Kultusministerkonferenz 2, 3 oder 4 Semester betragen. Da in dieser Zeit indessen alle wesentlichen Inhalte der Wirtschaftsinformatik vermittelt werden müssen, wird eine regelmäßige Auslegung des Programms auf 4 Semester empfohlen. Kürzere Dauern kommen nur in Betracht, wenn das Programm auf eine Zielgruppe ausgelegt wird, die bereits Kenntnisse eines Teils der Lehrinhalte mitbringt, z. B. ein WI-Master-Programm für Studierende mit einem Bachelor-Abschluss in Betriebswirtschaftslehre oder Informatik.

Für ein eigenständiges Master-Programm mit 4 Semestern sollten die Fächeranteile näherungsweise wie folgt bemessen werden:

	Wirtschafts-wissenschaften	Wirtschafts-informatik i.e.S.	Informatik	Grundlagen
Anteil	25 %	25 %	25 %	25 %

6.2 Wirtschaftsinformatik in wirtschaftswissenschaftlichen Studiengängen

Wirtschaftsinformatik-Komponenten im Rahmen von wirtschaftswissenschaftlichen Studiengängen haben eine lange Tradition. In den ehemaligen Diplom-Studiengängen waren sie häufig in Form von Pflichtveranstaltungen im Grundstudium und Wahlpflichtfächern im Hauptstudium („Spezielle BWL" und andere) anzutreffen. In früheren Studienplanempfehlungen wurden dafür auf der Basis einer Differenzierung nach Grundlagen-, Schwerpunkt- sowie Vertiefungs- und Spezialisierungsstudium stundenmäßige Festlegungen getroffen [3].

- Der Teil **Grundlagenstudium** beinhaltet die Breitenausbildung, die alle Studierenden der Wirtschaftswissenschaften durchlaufen sollten.

- Zum Teil **Schwerpunktstudium** gehören die Kerninhalte, welche die Studierenden bei einer Schwerpunktsetzung in Wirtschaftsinformatik erlernen sollten.

- Das **Vertiefungs- und Spezialisierungsstudium** enthält Themengebiete, welche das Schwerpunktstudium erweitern, punktuell ergänzen oder teilweise ersetzen können.

(1) Wirtschaftsinformatik im BWL-Bachelor

Überträgt man den Grundgedanken der Aufteilung in Grundlagen-, Schwerpunkt- sowie Vertiefungs- und Spezialisierungsstudium auf ein betriebswirtschaftliches Bachelor-Programm, dann sollten die Teile –in Abhängigkeit vom Programmumfang (Dauer des Bachelor-Programms) – näherungsweise wie folgt bemessen werden:

Dauer (Semester)	Grundlagen- studium	Schwerpunkt- studium	Vertiefungs- und Spezialisierungsstudium
6	6 – 12	18 – 24	8 – 12
7	9 – 15	21 – 27	10 – 15
8	12 – 18	24 – 30	12 – 18

[Angaben in ECTS]

Das **Grundlagenstudium** umfasst das Themengebiet 4.2 (1) sowie ausgewählte Teile der Themengebiete (3), (5), (6) und (7), inbesondere:

(1) Allgemeiner Teil
(3) Funktionsweise und Nutzungsformen von Rechner- und Betriebssystemen; Hardware- und Softwareplattformen; Sprachen
(5) Inner- und überbetriebliche Informationssysteme [Überblick / Auswahl]
(6) Programmierung [optional im Rahmen des Grundlagenstudiums]
(7) Datenmodelle und Datenbanksysteme

Im **Schwerpunktstudium** sollten im Rahmen der verfügbaren ECTS-Anteile die wesentlichen Inhalte der Themengebiete 4.2 (3), (4), (5), (6) und (7) im Überblick behandelt werden, soweit sie nicht schon Gegenstand des Grundlagenstudiums sind. Wenn das verfügbare ECTS-Kontingent Schwerpunktsetzungen erzwingt, dann sollten diese auf den Gebieten

(4) Informationsmanagement
(5) Inner- und überbetriebliche Informationssysteme
(6) Entwicklung und Management von Informationssystemen

liegen. Das Erlernen und der Umgang mit einer Programmiersprache ist obligatorisch vorzusehen, wenn dies nicht schon im Grundlagenstudium erfolgt.

Im **Vertiefungs- und Spezialisierungsstudium** können nach den Möglichkeiten und Präferenzen der Lehrenden und/oder Studierenden weitere Schwerpunkte gesetzt oder Inhalte aufgenommen werden, die aufgrund beschränkter Kontingente nicht mehr in das Schwerpunktstudium passen. Die Themengebiete (7) und (8) bieten sich darüber hinaus für das Vertiefungs- und Spezialisierungsstudium an.

(2) Wirtschaftsinformatik im BWL-Master

Die Ausprägung der Wirtschaftsinformatik-Ausbildung im Rahmen eines betriebswirtschaftlichen Master-Programms hängt und andere. davon ab, ob dieses konsekutiv oder eigenständig ist und auf welche Dauer es ausgelegt ist.

Bei einem **konsekutiven Master-Programm** wird davon ausgegangen, dass das unter (1) beschriebene Grundlagenstudium absolviert wurde.

Das Lehrangebot im Fach Wirtschaftsinformatik muss abhängig davon, ob die Studierenden auch das Schwerpunktstudium und ggf. das Vertiefungs- und Spezialisierungsstudium absolvierten, aus den Themengebieten 4.2 (1) bis (8) konfiguriert werden.

Bei einem **eigenständigen Master-Programm** sollten die Inhalte eines Bachelor-Grundlagenstudiums in WI vorausgesetzt werden. Sofern Studierende diese Voraussetzung nicht erfüllen, können die wesentlichen Inhalte des Grundlagenstudiums im Sinne einer Propädeutik vermittelt werden.

Sofern das konsekutive oder eigenständige Master-Programm Schwerpunktsetzungen vorsieht, sollten die Anteile näherungsweise wie folgt bemessen werden:

Dauer (Semester)	Pflichtkurse WI	Schwerpunktkurse WI
4	18	24
3	15	18
2	12	12

[Angaben in ECTS]

6.3 Wirtschaftsinformatik in Informatik-Studiengängen

Wirtschaftsinformatik ist in Informatik-Studiengängen überwiegend in Form eines Wahlpflichtfachs oder Nebenfachs anzutreffen. Wie in Abschnitt 5.1 ausgeführt wurde, muss in nicht-wirtschaftswissenschaftlichen Studiengängen darauf geachtet werden, dass betriebswirtschaftliche Komponenten in ausreichendem Umfang in der Ausbildung verankert werden. Da weiterhin davon ausgegangen wird, dass die Informatik-Anteile durch den Aufbau des Studiums ohnehin abgedeckt sind, liegt das Augenmerk zum zweiten auf den Wirtschaftsinformatik-Anteilen i.e.S.

(1) Wirtschaftsinformatik im Informatik-Bachelor

Als betriebswirtschaftliche Komponenten eines Informatik-Studiums müssen die in Abschnitt 4.2 (2) a) genannten betriebswirtschaftlichen Grundlagen vorgesehen werden.

Als Themengebiete für das Fach **Wirtschaftsinformatik im engeren Sinn** sind insbesondere die folgenden abzudecken:

(1) Allgemeiner Teil
(4) Informationsmanagement
(5) Inner- und überbetriebliche Informationssysteme
(8) Modelle und Methoden der Entscheidungsunterstützung

Dabei wird angenommen, dass die Bereiche 4.2 (3), (6) und (7) im Informatikteil des Studiums überwiegend abgedeckt sind. Andernfalls müssen sie im Rahmen von Wirtschaftsinformatik im engeren Sinn behandelt werden.

Für das Wahlpflicht- oder Nebenfach Wirtschaftsinformatik in einem Informatik-Bachelor-Programm gilt, dass in Abhängigkeit von der gewählten Dauer des Programms die Fächeranteile näherungsweise wie folgt zu bemessen sind:

Dauer (Semester)	Betriebswirtschaftslehre	Wirtschaftsinformatik i.e.S.
6	24	24
7	27	27
8	30	30

[Angaben in ECTS]

(2) Wirtschaftsinformatik im Informatik-Master

Wenn Wirtschaftsinformatik als Schwerpunkt oder Wahlfach in einem Master-Programm der Informatik vorgesehen wird, dann ist der Wirtschaftsinformatik-Teil in Übereinstimmung mit den Rahmenbedingungen aus Abschnitt 5.1 zu gestalten.

Sofern Studierende nicht über ausreichende Kenntnisse der Betriebswirtschaftslehre und der Wirtschaftsinformatik aus einem vorhergehenden Studium oder einer einschlägigen Berufstätigkeit verfügen, dürfen die Anteile der Fächer Betriebswirtschaftslehre und Wirtschaftsinformatik i.e.S. jeweils 18 ECTS nicht unterschreiten.

7 Organisationsformen der Ausbildung

Die Wirtschaftsinformatik-Ausbildung ist neben Vorlesungen mit einem hohen Anteil an Übungen und Praktika innerhalb und außerhalb der Hochschule auszustatten.

Veranstaltungen mit Rechnereinsatz wie Softwarepraktika, Projektseminare, Workshops, Programmierkurse, Übungen in Rechnerpools etc. sind typisch. Diese Veranstaltungen, für die ein Anteil von mindestens 40 % anzustreben ist, verlangen eine sehr hohe Betreuungsintensität. Sie sollten zur Gewährleistung der erforderlichen Ausbildungsqualität möglichst in Gruppen von nicht mehr als 20 Studierenden abgehalten werden. Internetbasierte Ausbildungsformen (E-Learning, virtuelle Kurse) können sinnvoll angewendet werden, da Studierende der Wirtschaftsinformatik im Allgemeinen eine Technikaffinität aufweisen.

In einem Bachelor-Programm oder einem Master-Programm in Wirtschaftsinformatik muss mindestens eine der Veranstaltungen ein **Projektseminar** im Umfang von 12–24 ECTS sein, bei dem eine Integration der Lehrinhalte erfolgen soll. Wenn Wirtschaftsinformatik Bestandteil eines anderen Studiengangs ist, sollte ein Projektseminar nach Maßgabe des verfügbaren ECTS-Kontingents vorgesehen werden. Weiterhin wird es zur Stärkung der Kompetenzen hinsichtlich Präsentation und schriftlichem Ausdruck als sinnvoll erachtet, wenn mindestens ein Seminar mit schriftlicher Ausarbeitung, Vortrag und Diskussion verpflichtend im Studienplan verankert ist.

Im Hinblick auf die spätere Berufstätigkeit sollte bis zum Erwerb des Bachelorgrads ein **Betriebspraktikum** von mindestens 12 Wochen abgeleistet worden sein. In einem Master-Programm sollte ein Praktikum in der Industrie vorgesehen werden, sofern ein solches nicht im Rahmen des Bachelorstudiums absolviert wurde.

Die Rahmenbedingungen für die Anfertigung der **Abschlussarbeiten** (Bachelorarbeit bzw. Masterarbeit) sind in Deutschland durch die Vorgaben der Kultusministerkonferenz weitgehend fixiert. Sofern Öffnungsklauseln in Prüfungsordnungen verankert werden können, wird empfohlen, diese auszuschöpfen und insbesondere im Hinblick auf Abschlussarbeiten in der Praxis eine Dauer von sechs Monaten vorzusehen.

In Anbetracht der besonderen Bedingungen eines interdisziplinären Fachs und der hohen Anforderungen, die gute Hochschulen im internationalen Raum an Studierende vergleichbarer Fächer richten, ist anzustreben, dass die in Deutschland erlaubten niedrigen Werte für die Summe der Arbeitsstunden eines Studenten (1800 pro Jahr) beträchtlich angehoben werden. Damit kann ein über Europa hinaus international konkurrenzfähiges Wissen vermittelt werden.

Anmerkung

Alle in der Empfehlung genannten System- oder Produktbezeichnungen sind als Beispiele anzusehen, bezogen auf das Stichjahr 2007.

Literatur

[1] Vgl. Mertens, P. (Berichterstatter): „Anforderungsprofil für die Hochschulausbildung im Bereich der Betrieblichen Datenverarbeitung (Betriebsinformatik)"; in: Informatik-Spektrum 7 (1984) 4, S. 256–258.

[2] Vgl. „Anforderungsprofil für die Universitätsausbildung in Wirtschaftsinformatik in wirtschaftswissenschaftlichen Studiengängen"; in: Informatik-Spektrum 12 (1989) 4, S. 225–228, und Wirtschaftsinformatik 32 (1990) 5, S. 472–475.

[3] Vgl. „Anforderungsprofil für die Universitätsausbildung in Wirtschaftsinformatik in wirtschaftswissenschaftlichen Studiengängen"; in: Wirtschaftsinformatik 39 (1997) 5, S. 514–517.

[4] Vgl. „Rahmenempfehlungen für Diplom-Studiengänge Wirtschaftsinformatik an Universitäten"; in: Informatik-Spektrum 15 (1992) 2, S. 101–105, und Wirtschaftsinformatik 34 (1993) 4, S. 446–449.

[5] Vgl. „Rahmenempfehlung für die Universitätsausbildung in Wirtschaftsinformatik"; in: Informatik-Spektrum 26 (2003) 2, S. 108–113.

4

WIRTSCHAFTSINFORMATIK–STUDIENGÄNGE AN UNIVERSITÄTEN IN DEUTSCHLAND, ÖSTERREICH UND DER SCHWEIZ

Prof. Dr. Ulrich Frank

Ulrich Frank ist Inhaber des Lehrstuhls für Wirtschaftsinformatik und Unternehmensmodellierung an der Universität Duisburg-Essen am Campus Essen. Er ist zur Zeit Sprecher des Fachbereichs Wirtschaftsinformatik in der Gesellschaft für Informatik, Hauptherausgeber der Zeitschrift *Enterprise Modelling and Information Systems Architectures* und Mitglied der Herausgebergremien der Zeitschriften *Information Systems and E-Business Management* und *Wirtschaftsinformatik*.

4.1   Die Erhebung

Das in diesem Kapitel dargestellte Verzeichnis von Universitäten in deutschsprachigen Ländern, an denen Studiengänge mit wesentlichen Wirtschaftsinformatik-Inhalten angeboten werden, wurde im Rahmen einer Erhebung ermittelt, die im Herbst 2007 abgeschlossen wurde. An der Erhebung beteiligten sich insgesamt 69 Universitäten, davon 59 aus Deutschland, sechs aus Österreich und vier aus der Schweiz. Im Sommer 2008 wurden die erhobenen Daten durch eine weitere Umfrage aktualisiert.

Im Sommersemester 2008 werden an den 69 befragten Universitäten insgesamt 99 WI-spezifische Studiengänge angeboten. Daneben gibt es 155 Studiengänge, in denen WI als Wahl- oder Vertiefungsfach gewählt werden kann. Die Tabelle auf Seite 40 listet die Anzahl Studiengänge differenziert nach verschiedenen Abschlussgraden. Knapp 40 Prozent der WI-spezifischen Studiengänge führen zu einem Bachelor-Abschluss. Mehr als 52 Prozent der dedizierten WI-Studiengänge führen zu einem Master-Abschluss. Von den nicht WI-spezifischen Studiengängen bieten 13 einen Diplom-Abschluss. Zudem ist hier der Anteil derer mit Bachelor-Abschluss (45 Prozent) geringfügig höher als derer mit Master-Abschluss (42 Prozent).

WI-spezifische Studiengänge			Nicht WI-spezifische Studiengänge		
Abschluss	Anzahl	Anteil	Abschluss	Anzahl	Anteil
Diplom	1	1,01 %	Diplom	13	8,39 %
Bachelor	39	39,39 %	Bachelor	70	45,16 %
Master	52	52,53 %	Master	65	41,94 %
Ph.D./Dr.	2	2,02 %	Ph.D./Dr.	5	3,23 %
Magister	5	5,05 %	Magister	2	1,29 %
Insgesamt	**99**	100,00 %	**Insgesamt**	**155**	100,00 %

Aktuelle Abschlüsse mit Fach Wirtschaftsinformatik, d. h. Studiengänge, für die im Sommersemester 2008 (beginnend am 1. April 2008) Neueinschreibungen möglich waren

Dabei ist zu berücksichtigen, dass die Zahl der WI-Studiengänge noch in Bewegung ist. Im Studienführer sind alle Studiengänge aufgeführt, für die im WS 08/09 noch eine Einschreibung möglich ist bzw. die bereits geplant sind und ggf. erst in einem späteren Semester anlaufen. Daher wird für jeden Studiengang das Attribut „seit/bis" genannt, welches angibt, ab wann bzw. bis wann eine Neueinschreibung möglich ist bzw. ob der Studiengang noch/schon läuft.

Die Umstellung auf konsekutive Studiengänge ist bereits abgeschlossen (es gibt bis auf eine Ausnahme keine Diplomstudiengänge mehr). Es laufen aber auch noch nach dem aktuellen Sommersemester 2008 weitere Bachelor-/Master-Studiengänge an.

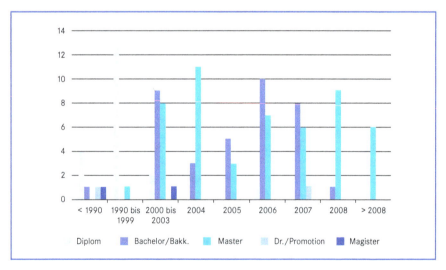

Übersicht neu angelaufener WI-spezifischer Studiengänge nach Abschlüssen (entsprechend verfügbarer Daten: bei 15 von insgesamt 127 Studiengängen fehlt diese Angabe)

Dedizierte WI-Studiengänge sind zwar vorwiegend, aber nicht ausschließlich mit „Wirtschaftsinformatik" bezeichnet. Auffällig ist insbesondere bei den Master-Studiengängen die hohe Zahl rein englischsprachiger Bezeichner.

Arten von Bezeichnern	Bachelor		Master		Bachelor + Master	
„Wirtschaftsinformatik"	26	66,67 %	25	48,08 %	51	56,04 %
„Wirtschaftsinformatik" + englischsprachiger Zusatz	4	10,26 %	7	13,46 %	11	12,09 %
Rein englischsprachiger Bezeichner	2	5,13 %	8	15,38 %	10	10,99 %
„Informatik" + „Wirtschaftsinformatik"	3	7,69 %	1	1,92 %	4	4,40 %
„Informationsmanagement/-wirtschaft" (Fokus Information)	4	10,26 %	8	15,38 %	12	13,19 %
Sonstige (Grenz-/ Teilbereiche der WI)	0	0,00 %	3	5,77 %	3	3,30 %
Summe	*39*	*100,00 %*	*52*	*100,00 %*	*91*	*100,00 %*

Vergleichende Übersicht der Arten von Bezeichnern für WI-spezifische Bachelor- und Master-Studiengänge

 Web-Link

Eine ausführlichere, fortwährend aktualisierte Beschreibung des erfassten Studienangebots findet sich im Wirtschaftsinformatik-Portal unter www.wirtschaftsinformatik.de.

RWTH Aachen
Templergraben 55
52056 Aachen
www.rwth-aachen.de

RHEINISCH-
WESTFÄLISCHE
TECHNISCHE
HOCHSCHULE
AACHEN

Auskunftsstelle:
www.wiwi.rwth-aachen.de

Kurzbeschreibung

Das Fach Wirtschaftsinformatik wird an der RWTH Aachen in dieser Form nicht angeboten, sondern lediglich einzelne Module der Wirtschaftsinformatik im Rahmen unterschiedlicher Studiengänge

Professuren und Organisationseinheiten

Prof. Dr. Michael Bastian; Lehrstuhl für Wirtschaftsinformatik und Operation Research; Lehr- und Forschungsgebiet für Wirtschaftsinformatik

(www.wiwi.rwth-aachen.de)

Prof. Dr. Kai Reimers; Lehr- und Forschungsgebiet Wirtschaftsinformatik

(www.wiwi.rwth-aachen.de)

Studiengänge und Abschlüsse

Betriebswirtschaftslehre

Abschluss: Wirtschaftswissenschaftliches Zusatzstudium

Betriebswirtschaftslehre/Business Administration

Abschluss: Bachelor of Science (B. Sc.); Studienplätze pro Semester (ca.): 200

Internationales Wertschöpfungsmanagement

Abschluss: Master of Science (M.Sc.); Studienplätze pro Semester (ca.): 100

Universität Augsburg
Universitätsstraße 2
86159 Augsburg
www.uni-augsburg.de

Universität Augsburg

Auskunftsstelle:

Studienberatung zu den Studiengängen „Wirtschaftsinformatik" und „Informatik und Informationswirtschaft":

Prof. Dr. Marco C. Meier
Tel.: 0049 (0)821 598 4403
marco.meier@wiwi.uni-augsburg.de

Studienberatung zu den Studiengängen „Informationsorientierte Betriebs-/Volks-wirtschaftslehre"
studienberatung@wiwi.uni-augsburg.de

Studienberatung zum vom Elitenetzwerk Bayern geförderten Studiengang „Finanz- & Informationsmanagement (FIM)"
fim@wiwi.uni-augsburg.de

Informationen bzgl. allgemeiner Bewerbungsmodalitäten:

Universität Augsburg
Studentenkanzlei
86135 Augsburg
Tel.: 0049 (0)821 598 5208
Fax: 0049 (0)821 598 5024

Kurzbeschreibung

Die Hauptträger der Wirtschaftsinformatik-Ausbildung verfügen über ein dichtes Netz an hochrangigen Praxiskontakten, insbesondere über das Kernkompetenzzentrum Finanz- & Informationsmanagement. Ein Fokus der Ausbildung liegt dementsprechend auch im stark nachgefragten und weiter wachsenden Dienstleistungssektor – hier insbesondere in den Bereichen Finanz- und Logistikdienstleistungen.

Den Studierenden wird ein breites Spektrum an individuellen Wahlmöglichkeiten mit unter-schiedlicher Intensität der Themenbereiche Wirtschaftsinformatik, Betriebswirtschaftsleh-re, Informatik und methodische Grundlagen geboten:

Informationsorientierte Betriebswirtschaftslehre/Volkswirtschaftslehre (Bachelor)

a) Grundlagen der Wirtschaftsinformatik

b) Vertiefungsangebote in den Clustern „Finance & Information", „Logistics & Information" sowie „Strategy & Information"

Vom Elitenetzwerk Bayern (ENB) geförderter Studiengang „Finanz- & Informationsmanagement (Master with honors)"

a) Zusammenarbeit mit der TU München

b) Vertiefungsmöglichkeiten „Finanzmanagement" und „Informationsmanagement"

Wirtschaftsinformatik (Bachelor)

a) Der Grundlagenbereich (Dauer: drei Semester) umfasst die Modulgruppen Grundlagen der Wirtschaftsinformatik, Grundlagen der Betriebswirtschaftslehre, Grundlagen der Informatik, methodische Grundlagen sowie Soft Skills (d.h. Präsentations- und Rhetoriktraining sowie Projektmanagement)

b) Der Spezialisierungsbereich (Dauer: drei Semester) bietet die drei alternativen Vertiefungsrichtungen Informatik, Dienstleistungsorientiertes Operations & Information Management und Dienstleistungsorientiertes Finance & Information Management

Professuren und Organisationseinheiten

(www.wiwi.uni-augsburg.de)

Prof. Dr. Hans Ulrich Buhl (Ordinarius); Lehrstuhl für Betriebswirtschaftslehre, Wirtschaftsinformatik und Financial Engineering; Institut für Betriebswirtschaftslehre

Prof. Dr. Klaus Turowski (Ordinarius); Lehrstuhl für Wirtschaftsinformatik und Systems Engineering; Institut für Betriebswirtschaftslehre

Prof. Dr. Marco C. Meier (Extraordinarius); Professur für Wirtschaftsinformatik und Management Support; Institut für Betriebswirtschaftslehre

Studiengänge und Abschlüsse

Finanz- & Informationsmanagement (FIM)*

Abschluss: Master of Science with honors (M. Sc. with honors); Studienplätze pro Semester (ca.): 30

Wirtschaftsinformatik*

Abschluss: Bachelor of Science (B. Sc.); Studienplätze pro Semester (ca.): 60

Abschluss: Master of Science (M. Sc.); Studienplätze pro Semester (ca.): 30; Einschreibung erstmals möglich im Wintersemester 2011/2012

Informatik (Angewandte)

Abschluss: Diplom Informatiker/in

Informatik und Informationswirtschaft

Abschluss: **Bachelor of Science** *(B. Sc.); Studienplätze pro Semester (ca.): 70*

Abschluss: **Master of Science** *(M. Sc.); Studienplätze pro Semester (ca.): 20*

Informationsorientierte Betriebswirtschaftslehre

Abschluss: **Bachelor of Science** *(B. Sc.)*

* Dedizierter Wirtschaftsinformatik-Studiengang

Otto-Friedrich-Universität Bamberg
96045 Bamberg
www.uni-bamberg.de

Auskunftsstelle:
Dekanat der Fakultät Wirtschaftsinformatik
und Angewandte Informatik
96045 Bamberg

UNIVERSITÄT BAMBERG

www.uni-bamberg.de/fakultaeten/wiai
dekanat@wiai.uni-bamberg.de

Kurzbeschreibung

Das Wirtschaftsinformatikstudium an der Universität Bamberg umfasst eine methodenori-entierte, auf ein anspruchsvolles berufliches Umfeld und eine Befähigung zum lebenslan-gen Lernen ausgerichtete wissenschaftliche Ausbildung.

Seit dem Wintersemester 2001/02 wird das Fachgebiet Wirtschaftsinformatik von der neu errichteten Fakultät Wirtschaftsinformatik und Angewandte Informatik angeboten, in der außerdem die Fachgebiete Angewandte Informatik (Kulturinformatik, Medieninformatik, Kognitive Systeme) und Informatik (Grundlagen der Informatik, Kommunikationssysteme und Rechnernetze sowie Praktische Informatik) beheimatet sind. In enger Kooperation mit dem Fachgebiet Betriebswirtschaftslehre der Fakultät Sozial- und Wirtschaftswissenschaf-ten wird für die Studierenden ein breites Spektrum an Wahlmöglichkeiten zur individuellen Ausdifferenzierung des Studiums bereitgestellt.

Ein besonderes Bamberger Merkmal ist die Möglichkeit zur internationalen Ausrichtung des Wirtschaftsinformatikstudiums durch Einbeziehung von Auslandsstudienaufenthalten. So werden z. B. mehrere Studiengänge im Rahmen eines Verbunds europäischer Hoch-schulen auch in der Studienrichtung European Master of Business Sciences (E.M.B.Sc) angeboten.

Professuren und Organisationseinheiten

(www.uni-bamberg.de/fakultaeten/wiai/faecher)

Prof. Dr. Otto K. Ferstl; Lehrstuhl für Wirtschaftsinformatik insbes. Industrielle Anwen-dungsysteme; Wirtschaftsinformatik

Prof. Dr. Elmar J. Sinz; Lehrstuhl für Wirtschaftsinformatik, insbes. Systementwicklung und Datenbankanwendung; Wirtschaftsinformatik

Prof. Dr. Tim Weitzel; Lehrstuhl für Wirtschaftsinformatik, insbes.Informationssysteme in Dienstleistungsbereichen; Wirtschaftsinformatik

Studiengänge und Abschlüsse

Wirtschaftsinformatik*

Abschluss: Bachelor of Science (B.Sc.)

Abschluss: Master of Science (M.Sc.)

Wirtschaftsinformatik (Virtuelle Aus- und Weiterbildung)*

Abschluss: Master of Science (M.Sc.)

Wirtschaftspädagogik mit dem Schwerpunkt Wirtschaftsinformatik*

Abschluss: Master of Science (M.Sc.)

* Dedizierter Wirtschaftsinformatik-Studiengang

Universität Bayreuth
Universitätsstraße 30 | 95440 Bayreuth
www.uni-bayreuth.de

Auskunftsstelle: Zentrale Studienberatung
für Studierende und Studienbewerber
Studienberaterinnen:
Dr. Gisela Gerstberger und Iris Schneider-Burr
Zentrale Universitätsverwaltung
Büro 1.04 und 1.05 | 95440 Bayreuth
Tel.: 0049 (0)921 55 5245
studienberatung@uni-bayreuth.de

UNIVERSITÄT
BAYREUTH

Kurzbeschreibung

Wirtschaftsinformatik kann an der Universität Bayreuth derzeit als Spezialisierung im Rahmen des Bachelor- und Masterstudiums der Betriebswirtschaftslehre oder der Wirtschaftsmathematik studiert werden.

Im Bachelorstudium steht die Berufsfähigkeit im Vordergrund der Ausbildung. Wirtschaftsinformatikern kommt in der Praxis meist die Aufgabe zu, zwischen Fach- und Führungskräften mit betriebswirtschaftlichem Problembezug und Informatikern mit ausgeprägtem Spezialwissen zu vermitteln. Um diesen Anforderungen entsprechen zu können, werden Werkzeuge und theoretische Grundlagen der Wirtschaftsinformatik im allgemeinen Teil des Betriebswirtschaftsstudiums kombiniert mit einer Spezialisierung auf Methoden zur Analyse betrieblicher Prozesse und Daten sowie zur Implementierung und zur Einführung betrieblicher Informationssysteme.

Im Masterstudium werden Kenntnisse über Wirkungszusammenhänge und ökonomische Konsequenzen elektronisch unterstützter Wirtschaftsprozesse sowie Methoden und Techniken des Managements der Informationsverarbeitung in den Vordergrund gestellt. In Kombination mit Fächern wie Dienstleistungsmanagement, Produktionswirtschaft oder Internationales Management können die Studierenden ein eigenes Fachportfolio zusammenstellen.

Professuren und Organisationseinheiten

Prof. Dr. Torsten Eymann; Lehrstuhl für Wirtschaftsinformatik; Betriebswirtschaftslehre

www.bwl.uni-bayreuth.de

Studiengänge und Abschlüsse

Betriebswirtschaftslehre

Abschluss: Bachelor of Science (B.Sc.); Studienplätze pro Semester (ca.): 230

Unternehmensführung

Abschluss: Master of Science (M.Sc.)

Freie Universität Berlin
Garystraße 21 | 14195 Berlin
www.fu-berlin.de

Auskunftsstelle:
Lehrstuhl für Wirtschaftsinformatik
Prof. Dr. Uwe H. Suhl
Freie Universität Berlin
Fachbereich Wirtschaftswissenschaft
Garystraße 21 | 14195 Berlin
www.wiwiss.fu-berlin.de/suhl

Kurzbeschreibung

Das Fach Wirtschaftsinformatik richtet sich an Studierende eines wirtschaftswissenschaftlichen Studienganges mit abgeschlossenem Grundstudium und kann in der Diplomprüfung entweder als eine Besondere Betriebswirtschaftslehre oder als Wahlfach gewählt werden.

Aus dem Katalog der Wahlpflichtveranstaltungen müssen für das Prüfungsfach Wirtschaftsinformatik Prüfungsleistungen im Umfang von mindestens 10 Bonuspunkten erbracht werden. Insgesamt müssen für das Prüfungsfach Wirtschaftsinformatik Prüfungsleistungen im Umfang von mindestens 14 Bonuspunkten erbracht werden.

- Programmierkurs mit Computerpraktikum (2)
- Betriebliche Informationssysteme (4)
- Datenbanksysteme (4)
- Entwicklung Web-basierter Anwendungssysteme (4)
- Projekt IT-Beratung (6)
- Data Mining und Data Warehousing (2)
- IT-gestützte Logistik (2)
- Wissensbasierte Systeme (2)
- Optimierungssysteme (Modelle, Software, Anwendungen) (4)

Professuren und Organisationseinheiten

Prof. Dr. Uwe H. Suhl; Lehrstuhl für Wirtschaftsinformatik; Institut für Produktion, Wirtschaftsinformatik und Operations Research

(www.wiwiss.fu-berlin.de)

Prof. Dr. Hans-Joachim Lenz; Lehrstuhl für Wirtschaftsinformatik und Statistik; Institut für Produktion, Wirtschaftsinformatik und Operations Research

(www.wiwiss.fu-berlin.de)

Studiengänge und Abschlüsse

Betriebswirtschaftslehre

Abschluss: Diplom Kaufmann/frau

Humboldt Universität zu Berlin
Unter den Linden 6 | 10099 Berlin
www.hu-berlin.de

Auskunftsstelle:
Prüfungsamt:
Wirtschaftswissenschaftliche Fakultät der
Humboldt-Universität zu Berlin
Leiterin: Frau Andrea Kath
Spandauer Straße 1 | 10178 Berlin
Tel.: 0049 (0)30 20935607
kath@wiwi.hu-berlin.de

Masterstudiengang für Wirtschaftsinformatik

Institut für Wirtschaftsinformatik
Humboldt-Universität zu Berlin
Prof. Oliver Günther, Ph.D.; PD Dr. Bernd Viehweger
Ansprechpartner: Frau Anna-Lena Bujarek
Spandauer Straße 1
10178 Berlin
Tel.: 0049 (0)30-20935806

bujarek@wiwi.hu-berlin.de, bv@wiwi.hu-berlin.de

Kurzbeschreibung

Das Institut für Wirtschaftsinformatik der Humboldt-Universität zu Berlin bedient in der Lehre den Master-Studiengang Wirtschaftsinformatik, die Bachelor- und Master-Studierenden in BWL und VWL sowie den Masterstudiengang MEMS. Im Master-Studiengang Wirtschaftsinformatik (iwi.wiwi.hu-berlin.de/mwi) werden jährlich zum Wintersemester 20 Master-Studierende immatrikuliert.

Professuren und Organisationseinheiten

Prof. Oliver Günther Ph.D; Institut für Wirtschaftsinformatik

(http://iwi.wiwi.hu-berlin.de)

Studiengänge und Abschlüsse

Wirtschaftsinformatik*

Abschluss: Master of Science (M.Sc.); Studienplätze pro Semester (ca.): 20

Betriebswirtschaftslehre

Abschluss: Bachelor of Science (B.Sc.)

Abschluss: Master of Science (M.Sc.)

Economics and Management

Abschluss: Master of Science (MEMS)

Volkswirtschaftslehre

Abschluss: Bachelor of Science (B.Sc.)

* Dedizierter Wirtschaftsinformatik-Studiengang

Technische Universität Berlin
Straße des 17. Juni 135
10623 Berlin
www.tu-berlin.de

Auskunftsstelle:
Erste, allgemeine Informationen zu den angegeben
Studiengängen:
www2.tu-berlin.de/zuv/asb/studium/studium.
html

Wirtschaftsingenieurwesen:

Allgemeine Informationen:
www.gkwi.tu-berlin.de

Studienberatung:
www.gkwi.tu-berlin.de

Economics/Betriebswirtschaftslehre:

Allgemeine Informationen:
www.economics.tu-berlin.de

Studienberatung:
www.economics.tu-berlin.de

Informatik:

Allgemeine Informationen:
http://iv.tu-berlin.de/teaching/informatik

Studienberatung:
http://iv.tu-berlin.de/teaching/StudBera-
tung/informatik.html

Technische Informatik:

Allgemeine Informationen:
http://iv.tu-berlin.de/teaching/TechInf/

Studienberatung:
http://iv.tu-berlin.de/teaching/StudBera-
tung/TechInf

Kurzbeschreibung

Die TU Berlin bietet keinen eigenständigen Studiengang Wirtschaftsinformatik. Stattdessen können einschlägige Veranstaltungen wie das Fach Wirtschaftsinformatik im Bachelor/ Grundstudium oder das vielfältige Angebot des Instituts für Wirtschaftsinformatik und Quantitative Methoden und des Fachgebiets Informations- und Kommunikationsmanagement im Master/Hauptstudium in verschiedenen Studiengängen belegt werden.

Das Fach Wirtschaftsinformatik wird an der TU Berlin durch das Fachgebiet Systemanalyse und EDV als Schnittstelle zwischen Informatik und Wirtschaft vertreten. Die Forschungsschwerpunkte sind die Bereiche Systemanalyse, Enterprise Architecture (EA/EAI), Wissensmanagement, E-Learning, Information Security Management, Prozessmodellierung, Geschäftsprozessmanagement, serviceorientierte Architekturen und Net-Business. Das Fachgebiet ist Mitglied des Zentrums für innovative Gesundheitstechnologie ZIG.

Durch Kooperation mit einer Vielzahl von Unternehmen, kann eine praxisnahe Ausrichtung des Lehrangebots im Modul Systemanalyse gewährleisten werden.

Professuren und Organisationseinheiten

Prof. Dr. Hermann Krallmann; Lehrstuhl für Systemananlyse und EDV;
Institut für Wirtschaftsinformatik und Quantitative Methoden
(http://iv.tu-berlin.de/iv/groups/#we0435)

Prof. Dr. rer. pol. habil. Rüdiger Zarnekow; Lehrstuhl für Informations- und
Kommunikationsmanagement; Institut für Technologie und Management
(www.itm.tu-berlin.de)

Studiengänge und Abschlüsse

Economics
Abschluss: Bachelor of Science (B. Sc.); Studienplätze pro Semester (ca.): 100

Industrial and Network Economics
Abschluss: Master of Science (M.Sc.)

Informatik
Abschluss: Bachelor of Science (B. Sc.); Studienplätze pro Semester (ca.): 200
Abschluss: Master of Science (M.Sc.)

Technische Informatik
Abschluss: Bachelor of Science (B. Sc.); Studienplätze pro Semester (ca.): 100
Abschluss: Master of Science (M.Sc.)

Wirtschaftsingenieurwesen
Abschluss: Bachelor of Science (B. Sc.); Studienplätze pro Semester (ca.): 180
Abschluss: Master of Science (M.Sc.); Studienplätze pro Semester (ca.): 180;
Einschreibung erstmals möglich im Wintersemester 2009/2010

Universität Bielefeld
Postfach 100131 | 33501 Bielefeld
www.uni-bielefeld.de

Universität Bielefeld

Auskunftsstelle:
Allgemeine Beratung der Universität:
Zentrale Studienberatung
Universität Bielefeld
33501 Bielefeld
Bauteil R, 5. Stock, Raum 151;
Tel.: 0049 (0)521 106 3017, -3018, -3019

Fakultät für Wirtschaftswissenschaften:

U3-134
Tel.: 0049 (0)521 106 3819

Kurzbeschreibung

Im Grundstudium des Bachelor Wirtschaftswissenschaften ist eine Einführung in die Informatik Pflicht für Alle, also keine „Einführung in die WI" wie sonst üblich. Dabei werden informatik-spezifische Grundlagen gelehrt, die auch in den Wirtschaftswissenschaften von Bedeutung sind, wie z. B. Komplexität von Algorithmen, Schichtenmodelle, Verfeinerung, Programme, Datenstrukturen und Prozesse. Programmieren in einer einfachen Sprache wird als Mittel benutzt, diese Konzepte und Techniken zu erlernen.

Informationswirtschaft ist als Teil eines Profilmoduls in Bachelor und Master wählbar im Studiengang Wirtschaftswissenschaften.

Professuren und Organisationseinheiten

Prof. Dr.-Ing. Thorsten Spitta; Lehrstuhl für Angewandte Informatik/Wirtschaftsinformatik; Wirtschaftswissenschaften

(www.wiwi.uni-bielefeld.de)

Studiengänge und Abschlüsse

Wirtschaftswissenschaften

Abschluss: Bachelor of Science (B.Sc.)

Abschluss: Master of Science (M.Sc.)

Technische Universität Carolo-Wilhelmina
zu Braunschweig
Pockelsstraße 14 | 38106 Braunschweig
www.tu-braunschweig.de

Auskunftsstelle:
Ansprechpartner: Herr Thorsten Goje
Rebenring 58A | 38106 Braunschweig
Tel.: 0049 (0)531 391 2837
wi-studium@tu-bs.de
www.tu-braunschweig.de/fk1/service/wi/studium

Kurzbeschreibung

Das technologie-geprägte Umfeld der TU Braunschweig erlaubt eine praxisorientierte Wirtschaftsinformatikausbildung auf hohem wissenschaftlichen Niveau. Der Studiengang wird in Kooperation der Fächer Wirtschaftswissenschaften und Informatik angeboten. Studienschwerpunkte sind über die genannten Fächer hinaus auch in den Ingenieurwissenschaften möglich. Absolventen sollen vorrangig leitende Stellen in der Anwendungssystem-Entwicklung sowie im IT-Prozessmanagement besetzen.

Seit dem Wintersemester 07/08 werden konsekutive Bachelor/Master-Studiengänge Wirtschaftsinformatik angeboten.

Professuren und Organisationseinheiten

Prof. Dr. Dirk C. Mattfeld; Institut Wirtschaftsinformatik, Abteilung Decision Support; Wirtschaftswissenschaften

(www.tu-braunschweig.de/fk1/forschung/institute/wiwi)

Prof. Dr. Susanne Robra-Bissantz; Institut Wirtschaftsinformatik, Abteilung Informationsmanagement; Wirtschaftswissenschaften

(www.tu-braunschweig.de/fk1/forschung/institute/wiwi)

Studiengänge und Abschlüsse

Wirtschaftsinformatik*

Abschluss: Bachelor of Science (B.Sc.); Studienplätze pro Semester (ca.): 84

Abschluss: Master of Science (M. Sc.); Studienplätze pro Semester (ca.): 52

Finanz- und Wirtschaftsmathematik

Abschluss: Bachelor of Science (B.Sc.); Studienplätze pro Semester (ca.): 50

Abschluss: Master of Science (M.Sc.); Studienplätze pro Semester (ca.): 50

Informatik

Abschluss: Bachelor of Science (B.Sc.)

Abschluss: Master of Science (M.Sc.)

Wirtschaftsingenieurwesen (Schwerpunkt Maschinenbau)
Abschluss: Diplom Wirtschaftsingenieur/in

Wirtschaftsingenieurwesen, Studienrichtung Bauingenieurwesen
Abschluss: Bachelor of Science (B.Sc.)

* Dedizierter Wirtschaftsinformatik-Studiengang

Technische Universität Chemnitz
Professur Wirtschaftsinformatik I/II
09107 Chemnitz
www.tu-chemnitz.de/isym

Auskunftsstelle:
Für allgemeine und administrative Informationen
zum Studiengang:
www.tu-chemnitz.de/studium/schueler/studien-
gaenge/bachelor/ba_wirtschaftsinformatik.php

TECHNISCHE UNIVERSITÄT
CHEMNITZ

Für den Bereich Wirtschaftsinformatik:

www.tu-chemnitz.de/isym
winfo@wirtschaft.tu-chemnitz.de

Fachstudienberatung:

Technische Universität Chemnitz
Fakultät für Wirtschaftswissenschaften
Prof. Dr. Peter Gluchowski
Thüringer Weg 7
Zimmer 224
09126 Chemnitz
Tel.: 0049 (0)371 531 34227

peter.gluchowski@wirtschaft.tu-chemnitz.de

Kurzbeschreibung

Der Studiengang Bachelor of Science (B.Sc.) der Wirtschaftsinformatik bietet eine fundierte wissenschaftliche und praxisorientierte Ausbildung im Bereich der inner-, zwischen- und überbetrieblichen Informationsverarbeitung in Wirtschaft und öffentlicher Verwaltung. Dies wird vor allem durch die Vermittlung eines grundlegenden Verständnisses betriebswirtschaftlicher Zusammenhänge, grundlegender Kenntnisse der Informatik sowie eines umfassenden Verständnisses von Methoden und Verfahren der Wirtschaftsinformatik gewährleistet. Der Studiengang ist mit verschiedenen Praktika und einem Projektpraktikum in der Wirtschaft praxisorientiert angelegt.

Professuren und Organisationseinheiten

Prof. Dr. Bernd Stöckert; Lehrstuhl für Wirtschaftsinformatik I, insbes. Geschäftsprozess- und Wissensmanagement; Wirtschaftsinformatik

(www.tu-chemnitz.de/isym)

Prof. Dr. Peter Gluchowski; Lehrstuhl für Wirtschaftsinformatik II, insbes. Systementwicklung und Anwendungssysteme in Wirtschaft und Verwaltung; Wirtschaftsinformatik

(www.tu-chemnitz.de/isym)

Studiengänge und Abschlüsse

Wirtschaftsinformatik*

Abschluss: Bachelor of Science (B.Sc.)

* Dedizierter Wirtschaftsinformatik-Studiengang

Technische Universität Clausthal
Adolph-Roemer-Straße 2a | 38678 Clausthal-Zellerfeld
www.tu-clausthal.de

Auskunftsstelle:
Studienfachberater Bachelor und Diplom Wirtschaftsinformatik:
Prof. Dr. Jörg Müller | TU Clausthal
Institut für Informatik
Julius-Albert-Straße 4 | 38678 Clausthal Zellefeld
http://winf.in.tu-clausthal.de
fachberatung-winf-bsc@in.tu-clausthal.de

TU Clausthal

Studienfachberater M.Sc. Wirtschaftsinformatik:

Prof. Dr. Niels Pinkwart
fachberatung-winf-msc@in.tu-clausthal.de

Zentrale Studienberatung:

Dipl-Ing. Katrin Balthaus
Katrin.Balthaus@tu-clausthal.de

TU Clausthal
Adolph-Roemer-Straße 2a
38678 Clausthal-Zellerfeld

Kurzbeschreibung

Die TU Clausthal bietet einen Bachelorstudiengang Informatik/Wirtschaftsinformatik an,
der den existierenden Diplom-Studiengang Wirtschaftsinformatik abgelöst hat. Darüber
hinaus wurden zum Wintersemester 2007/2008 erstmals Studienanfänger im konsekutiven
Masterstudiengang Wirtschaftsinformatik angenommen. In diesem Masterstudiengang ist
die Wahl eines Schwerpunktes „Energiemanagement" möglich.

Professuren und Organisationseinheiten

(www.in.tu-clausthal.de)

Prof. Dr. Jörg P. Müller; Wirtschaftsinformatik, Forschungsgruppe: Mobile and Enterprise
Computing; Institut für Informatik

Prof. Dr. Niels Pinkwart; Interoperable betriebliche Informationssysteme, Forschungsgruppe „Interoperable Collaboration Systems and CSCW"; Institut für Informatik

N.N.; Human-Centered Information Systems; Institut für Informatik

Studiengänge und Abschlüsse

Informatik/Wirtschaftsinformatik (Computer Science/ Business Information Systems)*

Abschluss: Bachelor of Science (B.Sc.); Studienplätze pro Semester (ca.): 60

Abschluss: Master of Science (M.Sc.); Studienplätze pro Semester (ca.): 30

Masterstudiengang Operations Research

Abschluss: Master of Science (M.Sc.); Studienplätze pro Semester (ca.): 30

* Dedizierter Wirtschaftsinformatik-Studiengang

Technische Universität Darmstadt
Hochschulstraße 1
64289 Darmstadt
www.tu-darmstadt.de

Auskuftsstelle:
Dekanat Fachbereich 01 - Informationen für
Studieninteressenten
www.bwl.tu-darmstadt.de/fb/cms/front_content.
php?idcat=50
dekanat@bwl.tu-darmstadt.de

**TECHNISCHE
UNIVERSITÄT
DARMSTADT**

Kurzbeschreibung

An der TU Darmstadt wird der Studiengang Wirtschaftsinformatik als konsekutiver Bachelor-/ Masterstudiengang angeboten.

Im Bachelorstudiengang erwartet die Studierenden eine grundlegende Basisausbildung in den Bereichen BWL, Informatik, Recht und VWL, wie sie für die betriebliche Tätigkeit heutzutage unerlässlich ist. Mit dem Abschluss dieses Studiengangs erhalten Sie einen international anerkannten Studienabschluss, der bereits nach 3 Jahren einen Wechsel in die Berufspraxis oder an eine ausländische Universität problemlos ermöglicht. Im darauf aufbauenden Masterstudiengang werden die bereits erworbenen Kenntnisse durch eine Vielzahl von frei wählbaren Vertiefungsmöglichkeiten erweitert, die sich z. B. auf die Bereiche Data and Knowledge Engineering, Software Engineering, Projektmanagement, Unternehmensführung und Internationales Wirtschaften erstrecken. Der Masterabschluss entspricht hinsichtlich der Qualität der Ausbildung mindestens dem Niveau des bisherigen Diplom-Studiengangs, der zuletzt beim Hochschulranking der Wirtschaftswoche den Spitzenplatz belegte (Platz eins im Urteil von Personalverantwortlichen beim Hochschulranking 2007).

Eine Besonderheit des Darmstädter Studiums ist, dass das Studium inhaltlich zu etwa gleichen Teilen in enger Abstimmung zwischen den Fachbereichen Informatik sowie Rechts- und Wirtschaftswissenschaften entwickelt wird. Eine solche Regelung wird der Schnittstellen-funktion der Wirtschaftsinformatik besser gerecht als Alternativkonzepte, bei denen entweder die betriebswirtschaftlichen Schwerpunkte oder die Informatik dominieren.

Professuren und Organisationseinheiten

Prof. Dr. Erich Ortner; Lehrstuhl für Wirtschaftsinformatik I - Entwicklung von Anwendungssystemen; Institut für Betriebswirtschaftslehre

(www.bwl.tu-darmstadt.de)

Prof. Dr. Peter Buxmann; Fachgebiet Information Systems/Wirtschaftsinformatik; Institut für Betriebswirtschaftslehre

(www.bwl.tu-darmstadt.de)

Studiengänge und Abschlüsse

Wirtschaftsinformatik*

Abschluss: Bachelor of Science (B.Sc.); Studienplätze pro Semester (ca.): 120

Abschluss: Master of Science (M.Sc.)

* Dedizierter Wirtschaftsinformatik-Studiengang

Technische Universität Dresden
Helmholtzstraße 10 | 01069 Dresden
www.tu-dresden.de

Auskunftsstelle:
Zentrale Studienberatung der Fakultät:
Frau Katarina Stein
Mommsenstraße 7
01069 Dresden
Tel.: 0049 (0)351 463 33403
Katarina.Stein@tu-dresden.de

**TECHNISCHE
UNIVERSITÄT
DRESDEN**

Kurzbeschreibung

Gegenstand der Wirtschaftsinformatik sind Informations- und Kommunikationssysteme in Wirtschaft und Verwaltung. Studierende der Wirtschaftsinformatik sollen durch das Studium die Fähigkeit erwerben, Probleme in diesem Bereich zu erkennen sowie mit wissenschaftlichen Methoden selbständig zu analysieren und zu lösen. Darüber hinaus soll ein angemessener Beitrag zu Lösung fachübergreifender Probleme erbracht werden.

Professuren und Organisationseinheiten

(http://tu-dresden.de/die_tu_dresden/fakultaeten/fakultaet_wirtschaftswissenschaften/wi)

Prof. Dr. Eric Schoop; Lehrstuhl Informationsmanagement; Fachgruppe Wirtschaftsinformatik

Prof. Dr. Susanne Strahringer; Lehrstuhl Informationssysteme in Industrie und Handel; Fachgruppe Wirtschaftsinformatik

Prof. Dr. Werner Esswein; Lehrstuhl Systementwicklung; Fachgruppe Wirtschaftsinformatik

Prof. Dr. Andreas Hilbert; Professur Informationssysteme im Dienstleistungsbereich; Fachgruppe Wirtschaftsinformatik

Studiengänge und Abschlüsse

Wirtschaftsinformatik*

Abschluss: Master of Science (M.Sc.)

Betriebswirtschaftslehre

Abschluss: Master of Science (M.Sc.)

Volkswirtschaftslehre

Abschluss: Master of Science (M.Sc.)

Wirtschaftsingenieur

Abschluss: Master of Science (M.Sc.)

Wirtschaftsingenieurwesen

Abschluss: Bachelor of Science (B.Sc.); Studienplätze pro Semester (ca.): 150

Wirtschaftspädagogik

Abschluss: Master of Science (M.Sc.)

Wirtschaftswissenschaften

Abschluss: Bachelor of Science (B.Sc.); Studienplätze pro Semester (ca.): 350

* Dedizierter Wirtschaftsinformatik-Studiengang

Universität Duisburg-Essen
Universitätsstraße 12
45117 Essen
www.uni-duisburg-essen.de

Auskunftsstelle:
www.wi-portal.de
www.icb.uni-due.de/lehre/studiengaenge/
wiinf
wi.bachelor@uni-due.de
wi.master@uni-due.de

UNIVERSITÄT

**DUISBURG
ESSEN**

Allgemeine Studienberatung:

Universitätsstraße 2
T02 S00 L12
Tel.: 0049 (0)201 183 2014
abz.studienberatung.essen@uni-due.de

Kurzbeschreibung

Das Institut für Informatik und Wirtschaftsinformatik (ICB) bietet mit 13 Professuren und ca. 100 Mitarbeitern eine der größten Plattformen für ein Wirtschaftsinformatik-Studium im deutschsprachigen Raum. Daraus resultiert ein weites Spektrum an Forschungsthemen und eine große Vielfalt an Lehrveranstaltungen. Vor diesem Hintergrund bietet der modulare Aufbau des Curriculums den Studierenden vielfältige Möglichkeiten zur fachlichen Profilbildung. Auf diese Weise erhalten engagierte Studenten die Möglichkeit, Ihr Studium in hohem Maße auf ihre individuellen Interessen und Fähigkeiten wie auch auf die Anforderungen des Arbeitsmarktes auszurichten.

In der Lehre werden eine intensive Interaktion mit den Studierenden sowie eine ausgeprägte Praxisorientierung betont. Die Studierenden profitieren dabei von den engen Kooperationen, die das ICB mit zahlreichen Unternehmen in der Ruhrmetropole und ihrem Umfeld pflegt. Gleichzeitig werden die Studierenden darauf vorbereitet, sich in einem international geprägten beruflichen Umfeld sicher zu bewegen. Dazu tragen enge Beziehungen zu zahlreichen ausländischen Universitäten wie auch das Angebot englischsprachiger Lehrveranstaltungen bei.

Professuren und Organisationseinheiten

(www.icb.uni-due.de)

Prof. Dr.-Ing Frank-Dieter Dorloff; Beschaffung, Logistik und Informationsmanagement; Institut für Informatik und Wirtschaftsinformatik

Prof. Dr. Heimo H. Adelsberger; Fachgebiet Wirtschaftsinformatik der Produktions-unternehmen; Institut für Informatik und Wirtschaftsinformatik

Prof. Dr. T. Kollmann; Lehrstuhl für BWL und Wirtschaftsinformatik insbes. E-Business und E-Entrepreneurship; Institut für Informatik und Wirtschaftsinformatik

Prof. Dr. Stefan Eicker; Lehrstuhl für Wirtschaftsinformatik und Software-Technik; Institut für Informatik und Wirtschaftsinformatik

Prof. Dr. Ulrich Frank; Lehrstuhl für Wirtschaftsinformatik und Unternehmensmodellie-rung; Institut für Informatik und Wirtschaftsinformatik

Prof. Dr. Reinhard Jung; Wirtschaftsinformatik und Betriebliche Kommunikationssys-teme; Institut für Informatik und Wirtschaftsinformatik

Studiengänge und Abschlüsse

Wirtschaftsinformatik*

Abschluss: Bachelor of Science (B.Sc.); Studienplätze pro Semester (ca.): 180
Abschluss: Master of Science (M.Sc.); Studienplätze pro Semester (ca.): 50

Angewandte Informatik – Systems Engineering

Abschluss: Bachelor of Science (B.Sc.); Studienplätze pro Semester (ca.): 80

Betriebswirtschaftslehre

Abschluss: Bachelor of Science (B.Sc.); Studienplätze pro Semester (ca.): 208

Volkswirtschaftslehre

Abschluss: Bachelor of Arts in Economics; Studienplätze pro Semester (ca.): 200
Abschluss: Master of Arts in Economics

* Dedizierter Wirtschaftsinformatik-Studiengang

Katholische Universität Eichstätt-Ingolstadt
Auf der Schanz 49
85049 Ingolstadt
www.ku-eichstaett.de

Auskunftsstelle:
Alle Informationen zum Bewerbungsprozess finden
sich unter www.wfi.edu/interessenten

KATHOLISCHE UNIVERSITÄT

EICHSTÄTT INGOLSTADT

Katholische Universität Eichstätt-Ingolstadt

Referat III/3 M. Böheim

Auf der Schanz 49

85049 Ingolstadt

manfred.boeheim@ku-eichstaett.de

Kurzbeschreibung

Wirtschaftinformatik kann sowohl im Bachelor-, als auch im Master-Studiengang vertieft werden. Wir verstehen uns als ein Bindeglied zwischen den Teilbereichen Marketing/Vertrieb/Service und Wirtschaftsinformatik. Vor diesem Hintergrund zielen unsere Forschungsprojekte darauf ab, praxisrelevante Problemstellungen aus den Bereichen Marketing/Vertrieb/Service mit dem Instrumentarium, das uns die Wirtschaftsinformatik und verwandte Disziplinen zur Verfügung stellen, zu lösen. Insbesondere beschäftigen wir uns mit dem Thema Customer Relationship Management.

Professuren und Organisationseinheiten

Prof. Dr. Klaus D. Wilde; Lehrstuhl für ABWL und Wirtschaftsinformatik; Betriebswirtschaftslehre

(www.wfi.edu)

Studiengänge und Abschlüsse

Betriebswirtschaftslehre

Abschluss: Bachelor of Science (B.Sc.); Studienplätze pro Semester (ca.): 180

Abschluss: Master of Science (M.Sc.)

Friedrich-Alexander-Universität Erlangen-Nürnberg
Schlossplatz 4
91054 Erlangen
www.uni-erlangen.de

Auskunftsstelle: Informationen zum Bereich Wirtschaftsinformatik:
www.wi.uni-erlangen.de

Informationen zum Master-Studiengang International Information Systems/Internationale Wirtschaftsinformatik:

www.iis.uni-erlangen.de

Weitere Informationen:

Studienberatung Wirtschaftsinformatik
Lehrstuhl Wirtschaftsinformatik II
Lange Gasse 20
90403 Nürnberg
Tel.: 0049 (0)911 5302 450
Fax.: 0049 (0)911 5302 379

Kurzbeschreibung

Die Wirtschaftsinformatik verknüpft Lehr- und Forschungsgebiete der Managementlehre, der Informatik und der Technik zu einer interdisziplinären, praxisorientierten Wissenschaft. Die WI befasst sich mit der Unterstützung von Managementaufgaben sowie der Geschäftstätigkeit in Unternehmen und vernetzten Organisationen durch Informations- und Kommunikationstechnologien.

Besonders relevante Aufgabenfelder sind dabei das Innovations-, Dienstleistungs-, Wertschöpfungs-, Prozess-, Projekt- und IT-Management.

Im Mittelpunkt der IT-Unterstützung der Geschäftstätigkeit sowohl von Industrie- als auch von Dienstleistungsunternehmen stehen Informationen und Wissen. Das Management vorhandener Informations- und Wissensressourcen sowie die Schaffung neuen Wissens sind von zentraler Bedeutung für die Erlangung und Erhaltung von Wettbewerbsvorteilen.

Professuren und Organisationseinheiten

(www.wiso.uni-erlangen.de)

Prof. Dr. Kathrin Möslein; Wirtschaftsinformatik I; Fachbereich Wirtschaftswissen-schaften

Prof. Dr. Freimut Bodendorf; Wirtschaftsinformatik II; Fachbereich Wirtschaftswissen-schaften

Prof. Dr. Michael Amberg; Wirtschaftsinformatik III; Fachbereich Wirtschaftswissen-schaften

Studiengänge und Abschlüsse

International Information Systems/Internationale Wirtschaftsinformatik*

Abschluss: Master of Science (M.Sc.); Studienplätze pro Semster (ca.): 50

Wirtschaftswissenschaften

Abschluss: Bachelor of Arts (B.A.); Studienplätze pro Semster (ca.): 600

* Dedizierter Wirtschaftsinformatik-Studiengang

Europa-Universität Viadrina Frankfurt (Oder)
Große Scharrnstraße 59 | 15230 Frankfurt (Oder)
www.euv-frankfurt-o.de

Auskunftsstelle:
Europa-Universität Viadrina
Lehrstuhl für Wirtschaftsinformatik | Prof. Kurbel
Große Scharrnstraße 59 | 15230 Frankfurt (Oder)
Tel.: 0049 (0)335 5534 2320
Fax: 0049 (0)335 5534 2321
wi-sek@euv-frankfurt-o.de

EUROPA-UNIVERSITÄT
VIADRINA
FRANKFURT (ODER)

Kurzbeschreibung

Wirtschaftsinformatik an der Europa-Universität Viadrina kann als Master-Studiengang mit Schwerpunkt Information & Operations Management oder als eine Vertiefungsrichtung in den wirtschaftswissenschaftlichen Bachelor-Programmen studiert werden. Als wichtigstes Ziel der Ausbildung wird Problemlösungskompetenz vermittelt. Studierende lernen, wie Informationstechnologie zur Lösung betriebswirtschaftlicher Aufgaben eingesetzt werden kann. Schwerpunkte der Master-Ausbildung sind Entwicklungswerkzeuge und Methoden für die Entwicklung von Informationssystemen, Enterprise Resource Planning (unter anderem SAP) und Supply Chain Management sowie Management Information Systems.

In den Bachelor-Studiengängen erhalten alle Studierenden eine Grundausbildung in Methoden und Werkzeugen der Wirtschaftsinformatik. In der Profilierungsphase (4. bis 6. Fachsemester) werden als Veranstaltungen zur Wirtschaftsinformatik „SAP-Systeme zur Unterstützung von Geschäftsprozessen" und „Business Intelligence and Data Management" angeboten. Die Veranstaltungen werden teils in deutscher, teils in englischer Sprache durchgeführt.

Professuren und Organisationseinheiten

Prof. Dr. Karl Kurbel; Lehrstuhl für Allgemeine Betriebswirtschaftslehre, insbesondere Wirtschaftsinformatik; Information & Operations Management (IOM)

(www.wiwi.euv-frankfurt-o.de)

Dr. Irena Okhrin; Juniorprofessur in Information & Operations Management; Information & Operations Management (IOM)

(www.wiwi.euv-frankfurt-o.de)

Studiengänge und Abschlüsse

Business Informatics*

Abschluss: International Master of Business Informatics (MBI); Online-Studiengang in Kooperation mit der Virtual Global University (VGU)

International Business Administration mit Schwerpunkt Information & Operations Management*

Abschluss: Master of Science (M.Sc.)

Betriebswirtschaftslehre, Internationale Betriebswirtschaftslehre, Volkswirtschaftslehre

Abschluss: Bachelor of Science (B.Sc.)

International Business Administration

Abschluss: Bachelor International Business Administration (B.Sc.); Studienplätze pro Semster (ca.): 50

* Dedizierter Wirtschaftsinformatik-Studiengang

Goethe-Universität Frankfurt am Main
Senckenberganlage 31 | 60325 Frankfurt am Main
www.uni-frankfurt.de

Auskunftsstelle:
Direktor:
Prof. Dr. Roland Holten | Mertonstraße 17
60325 Frankfurt am Main
Tel.: 0049 (0)69 798 28998
Fax: 0049 (0)69 798 25073
www.wiiw.de

Für Fragen bezüglich des Masters ist folgende Adresse zu kontaktieren:

Goethe-Universität Frankfurt am Main
Fachbereich Wirtschaftswissenschaften
Master of Science in Management
Dekanat/Frau Jacoby
Mertonstraße 17/Postfach 55
60054 Frankfurt am Main
Tel.: 0049 (0)69 798 23412
Fax: 0049 (0)69 798 22678

www.wiwi.uni-frankfurt.de/msm.0.html
msm_(AT)_wiwi.uni-frankfurt.de

Kurzbeschreibung

Im Zentrum der Arbeit des Institutes für Wirtschaftsinformatik stehen die Beschreibung, Erklärung und Gestaltung von Informationserstellungs- und -verarbeitungsprozessen, insbesondere soweit sie durch moderne Informations- und Kommunikationstechniken unterstützt werden.

Diese Prozesse dienen zum einen der unmittelbaren Bedürfnisbefriedigung durch Information sowie zum anderen der Koordination physischer Wertschöpfung.

Die schnelle Fortentwicklung der IuK-Systeme sowie die rasante Verbreitung ihrer Nutzung führen vielfach zu tiefgreifenden Veränderungen der Geschäftsabläufe und darüber hinaus des gesellschaftlichen Lebens. Aufgabe des Institutes ist hierbei, die Nutzenpotenziale neuer Informations- und Kommunikationstechniken sowie deren Anwendung insbesondere in Wirtschaft und Verwaltung zu analysieren und eigene Gestaltungsvorschläge zu unterbreiten und zu erproben. Dies gilt auch für die Gestaltung und Auswahl der institutionellen Rahmenbedingungen von Informationserstellungs- und -verarbeitungsprozessen.

Professuren und Organisationseinheiten

(www.wiiw.de)

Prof. Dr. Peter Gomber; Professur für Betriebswirtschaftslehre, insbesondere e-Finance; Wirtschaftsinformatik und Informationswirtschaft

Prof. Dr. Roland Holten; Professur für Information Systems Engineering; Wirtschaftsinformatik und Informationswirtschaft

Prof. Dr. Wolfgang König; Wirtschaftsinformatik und Informationsmanagement; Wirtschaftsinformatik und Informationswirtschaft

Prof. Dr. Ingo Timm; Wirtschaftsinformatik und Simulation; Wirtschaftsinformatik und Informationswirtschaft

Prof. Dr. Kai Rannenberg; Wirtschaftsinformatik, Mehrseitige Sicherheit und M-Commerce; Wirtschaftsinformatik und Informationswirtschaft

Studiengänge und Abschlüsse

Wirtschaftsinformatik*
Abschluss: Master of Science (M.Sc.)

Betriebswirtschaftslehre
Abschluss: Master of Science in Management (MSc); Studienplätze pro Semster (ca.): 40

* Dedizierter Wirtschaftsinformatik-Studiengang

Frankfurt School of Finance & Management
Sonnemannstraße 9-11 | 60314 Frankfurt am Main
www.frankfurt-school.de

Auskunftsstelle:
Annett Kühne | Studienbetreuerin
Sonnemannstraße 9-11 | 60314 Frankfurt am Main
Tel.: 0049 (0)69 154008 274

Fax: 0049 (0)69 154008 4706
www.frankfurt-school.de/content/de/education_
programmes/academic_programmes/bachelor
a.kuehne@frankfurt-school.de

Kurzbeschreibung

Das berufsbegleitende/ausbildungsintegrierte Studium „Bachelor in Wirtschaftsinformatik"
hat zum Ziel, Fach- und Führungskräfte für die Schnittstelle von IT und Finance & Management auszubilden. Es orientiert sich konsequent an den Anforderungen der Berufspraxis.

In den ersten drei Semestern werden im Schwerpunktfach Wirtschaftsinformatik die technischen Grundlagen von Informationssystemen in den Mittelpunkt gestellt (IuK-Systeme,
Datenbanken, Software- und Systementwicklung). Dies dient als Grundlage, um in den
darauf folgenden Semestern das Management von Informationen und Informationssystemen sowie Anwendungssystemen zu diskutieren (IT-Architekturmanagement, bankbetrieb-
liche Anwendungssysteme, E-Commerce-Anwendungen, Business-Intelligence-Systeme,
CSCW-Systeme, SAP). Das fünfte Semester wird von den Studierenden an einer auslän-
dischen Partneruniversität verbracht.

Professuren und Organisationseinheiten

Prof. Dr. Matthias Goeken; Juniorprofessor für Wirtschaftsinformatik & IT-Governance-
Practice-Network; Management Research Centre
(www.frankfurt-school.de/content/de/who_we_are/faculty/information_systems.html)

Prof. Dr. Peter Rossbach; Professur für Allgemeine Betriebswirtschaftslehre, insbesondere angewandte Wirtschaftsinformatik und Informationstechnologie; Management
Research Centre
(www.frankfurt-school.de/content/de/who_we_are/faculty/information_systems.html)

Studiengänge und Abschlüsse

Wirtschaftsinformatik*
Abschluss: Master of Science (M.Sc.); Studienplätze pro Semster (ca.): 24

Master of Banking
Abschluss: Master of Science (M.Sc.); Studienplätze pro Semster (ca.): 24

* Dedizierter Wirtschaftsinformatik-Studiengang

Technische Universität Bergakademie Freiberg
Lessingstraße 45
09596 Freiberg
www.tu-freiberg.de

Auskunftsstelle:
TU Bergakademie Freiberg
Zentrale Studienberatung
Akademiestraße 6, EG 20
09599 Freiberg

Dr. Sabine Schellbach, Zi. EG 19
Tel.: 0049 (0)3731 39 3461
Fax: 0049 (0)3731 39 2418
tudium@zuv.tu-freiberg.de

Frau Silke Liebscher, Zi. EG 02
Tel.: 0049 (0)3731 39 2083
Fax: 0049 (0)3731 39 2418
Silke.Liebscher@zuv.tu-freiberg.de

Sektretariat: Frau Helga Schultze, Zi. EG 20
Tel.: 0049 (0)3731 39 2711
Fax: 0049 (0)3731 39 2418
Helga.Schultze@zuv.tu-freiberg.de

Spezielle Auskunftsstelle für das Studium
der Wirtschaftsinformatik:

Lehrstuhl für ABWL insb. Wirtschaftsinfor-
matik/Informationswirtschaft
Lessingstraße 45/1302 B
09599 Freiberg
winfo@bwl.tu-freiberg.de
Tel.: 0049 (0) 3731 39 2574
Fax: 0049 (0) 3731 39 3117

Kurzbeschreibung

Das Selbstverständnis des Lehrstuhls Informationswirtschaft/Wirtschaftsinformatik an der
TU Bergakademie Freiberg ist zum einen von der Forschung geprägt, zum anderen von den
Belangen der Lehre. Die Aufgabenstellungen in der Lehre und die damit einhergehenden
zeitlichen Belastungen stellen bedeutsame Rahmenbedingungen dar. Enger Kontakt zwischen
Wissenschaftlern und Praktikern ist sowohl für die Forschung als auch für die Lehre zwingend erforderlich. Der Einsatz moderner Informations- und Kommunikationstechnologien
ist ein Schlüsselfaktor für den Unternehmenserfolg im heutigen Wettbewerbsmarkt. Deshalb
ist eine enge Vernetzung zwischen Unternehmen und Forschungseinrichtungen auf dem
Gebiet der Informations- und Kommunikationstechnologie von großer Bedeutung. Die
daraus resultierenden Forschungsprogramme in Kompetenzzentren vereinigen Unterneh-
mensinteressen und Forschungsschwerpunkte am Lehrstuhl für Informationswirtschaft/
Wirtschaftsinformatik. So können Rahmenbedingungen für eine optimale Entwicklung von
Forschung, Lehre und Studium festgelegt und Anstöße für Neuentwicklungen gegeben
werden. Den zentralen Gegenstand der Forschungsaktivitäten bildet die Business Intelligence (BI) mit ihren Facetten Data Warehousing, Online Analytical Processing, Data Mining
und Text Mining sowie die eXtensible Business Reporting Language (XBRL).

Professuren und Organisationseinheiten

Prof. Dr. Carsten Felden; Informationswirtschaft/Wirtschaftsinformatik; Allgemeine Betriebswirtschaftslehre

(www.tu-freiberg.de/~wwwfak6)

Studiengänge und Abschlüsse

Betriebswirtschaftslehre

Abschluss: Diplom Kaufmann/frau Betriebswirtschaftslehre

Network Computing

Abschluss: Bachelor of Science (B.Sc.)

Abschluss: Master of Science (M.Sc.)

Albert-Ludwigs-Universität Freiburg
Platz der Alten Synagoge
79085 Freiburg
www.uni-freiburg.de

Auskunftstelle:
http://portal.uni-freiburg.de/wi/index.htm
sowie www.telematik.uni-freiburg.de

wirtschaftsinformatik@vwl.uni-freiburg.de

ALBERT-LUDWIGS-
UNIVERSITÄT FREIBURG

Kurzbeschreibung

Das Fach Wirtschaftsinformatik ist – als Teil des Instituts für Allgemeine Wirtschaftsforschung – an der Wirtschafts- und Verhaltenswissenschaftlichen Fakultät der Albert-Ludwigs-Universität Freiburg im Breisgau stark methodenorientiert ausgerichtet.

Neben der Mitwirkung des Faches im Bachelor- und Masterstudiengang Volkswirtschaftslehre, ist der Lehrstuhl – gemeinsam mit dem Institut für Verkehrswissenschaft und
Regionalpolitik (Prof. Knieps) und in enger Kooperation mit der Abteilung Telematik des
Instituts für Informatik und Gesellschaft (Prof. Müller) – für die Gestaltung des internationalen Masterstudiengangs „Internet Economics" verantwortlich.

Im grundständigen Bachelorstudiengang stehen die Vermittlung von methodischen Kennt-
nissen im Bereich wertorientiertes Geschäftsprozessmanagement sowie die Bezüge zwischen
Wirtschaftsinformatik und der Unternehmensführung im Vordergrund (Decision Support
Systems). Im post-gradualem Studium werden diese Gebiete – insbesondere auch im
Hinblick auf quantitative Methoden – vertieft und im Anwendungskontext des eFinance
diskutiert.

Professuren und Organisationseinheiten

PD Dr. Dennis Kundisch (Lehrstuhlvertretung); Wirtschaftsinformatik;
Institut für Allgemeine Wirtschaftsforschung
(http://portal.uni-freiburg.de/wi/index.htm)

Prof. Dr. Günter Müller; Telematik; Institut für Informatik und Gesellschaft
(URL: http://www.telematik.uni-freiburg.de)

Studiengänge und Abschlüsse

Integrated Master Program – Master of Internet Economics*
Abschluss: Master of Arts (M.A.); Studienplätze pro Semester (ca.): 30

Volkswirtschaftslehre
Abschluss: Bachelor of Science (B.Sc.); Studienplätze pro Semester (ca.): 400

Informatik

Abschluss: Bachelor of Science (B.Sc.)

Abschluss: Master of Science (M.Sc.)

Economics

Abschluss: Master of Science (M.Sc.); Studienplätze pro Semester (ca.): 200; Einschreibung erstmals möglich im Wintersemester 2010/2011

* Dedizierter Wirtschaftsinformatik-Studiengang

Justus-Liebig-Universität Gießen
Ludwigstraße 23
35390 Gießen
www.uni-giessen.de/uni

Auskunftsstelle:
Univ.-Prof. Dr. Axel C. Schwickert
http://wi.uni-giessen.de
Axel.Schwickert@wirtschaft.uni-giessen.de

Kurzbeschreibung

IT-Landschaften und IT-Systeme in Unternehmen planen, realisieren und betreiben – die Wirtschaftsinformatik bringt dabei die marktorientierten unternehmerischen Erfordernisse mit der technischen Umsetzung in Einklang. Das Lehrangebot ist darauf abgestimmt, die Studierenden wissenschaftlich fundiert vom Information Management über IT-Projektmanagement und IT-Modellierung bis hin zur Konstruktion von IT-Systemen zu führen. Im Fokus steht durchgängig Electronic Business mit Internet-Technologie. Zur ausgeprägten Praxisorientierung der Wirtschaftsinformatik in Gießen tragen in Forschung und Lehre integrierte Kooperationen mit Unternehmen aus der IT- und Finanzdienstleistungsbranche bei, an denen die Studierenden aktiv beteiligt werden.

Professuren und Organisationseinheiten

Univ.-Prof. Dr. Axel C. Schwickert; BWL und Wirtschaftsinformatik;
Betriebswirtschaftlehre
(http://wiwi.uni-giessen.de)

Studiengänge und Abschlüsse

Betriebswirtschaftslehre
Abschluss: Bachelor of Arts (B.A.) in Business Administration

Volkswirtschaftslehre
Abschluss: Master of Arts (M.A.) in Business Administration

Georg-August-Universität Göttingen
Platz der Göttinger Sieben 5 | 37073 Göttingen
www.uni-goettingen.de

Auskunftsstelle:
Institut für Wirtschaftsinformatik
Abteilung Anwendungssysteme und eBusiness
Studienberatung
Platz der Göttinger Sieben 5 | 37073 Göttingen
Tel.: 0049 (0)551 39 4442
www.wi.wiwi.uni-goettingen.de
wi2@uni-goettingen.de

Kurzbeschreibung

Die Wirtschaftsinformatik ist in Göttingen in der Wirtschaftswissenschaftlichen Fakultät
verankert und richtet sich an Studierende, die Interesse daran haben, betriebswirtschaftliche oder auch ökonomische Aufgabenstellungen mittels Informations- und Kommunikationssystemen zu unterstützen. Im Fokus der Ausbildung liegt die Gestaltung solcher
Systeme mit dem Ziel, bei den Systemanwendern einen Nutzen zu erzeugen. Basis hierfür
ist ein solides wirtschaftswissenschaftliches Grundlagenwissen, welches den Bachelor-
studierenden insbesondere in den ersten Semestern intensiv vermittelt wird. Großer Wert
wird in der Ausbildung auch auf analytisch-konzeptionelle Fähigkeiten, das Methodenwissen sowie die Projektarbeit gelegt.

Professuren und Organisationseinheiten

Prof. Dr. Matthias Schumann; Abteilung Anwendungssysteme und eBusiness;
Institut für Wirtschaftsinformatik

www.wi.wiwi.uni-goettingen.de)

Prof. Dr. Lutz Kolbe; Abteilung Informationsmanagement; Institut für Wirtschaftsinformatik

(www.wi.wiwi.uni-goettingen.de)

Studiengänge und Abschlüsse

Information Systems*

Abschluss: Master of Science (B.Sc.)

Wirtschaftsinformatik*

Abschluss: Bachelor of Science (B.Sc.)
Abschluss: Master of Science (M.Sc.)

Business

Abschluss: Bachelor of Science (B.Sc.)

Economics

Abschluss: Bachelor of Arts (B.A)

Finance, Accounting, and Taxes

Abschluss: Master of Science (M.Sc.)

International Economics

Abschluss: Master of Arts (M.A.)

Management

Abschluss: Master of Science (M.Sc.)

Marketing and Channelmanagement

Abschluss: Master of Science (M.Sc.)

* Dedizierter Wirtschaftsinformatik-Studiengang

FernUniversität in Hagen
58084 Hagen
www.fernuni-hagen.de

Auskunftsstelle:
FernUniversität in Hagen | Service-Center
Universitätsstraße 11 | 58084 Hagen
Tel.: 0049 (0)2331 987 2444
Fax: 0049 (0)2331 987 2460

 **FernUniversität in Hagen**   www.fernuni-hagen.de/studium
info@fernuni-hagen.de

Kurzbeschreibung

An der FernUniversität kann Wirtschaftsinformatik als eigenständiger Bachelor-Studiengang studiert werden. Der Studiengang wird gemeinsam von der Fakultät für Wirtschaftswissenschaft und der Fakultät für Mathematik und Informatik getragen. Voraussichtlich
ab Wintersemester 09/10 kann ein konsekutiver Master-Studiengang belegt werden.
Alternativ können in den wirtschaftswissenschaftlichen Studiengängen (Bachelor und
Master) Wahlpflichtmodule aus der Wirtschaftsinformatik belegt werden.

Professuren und Organisationseinheiten

Univ.-Prof. Dr. Lars Mönch; Lehrgebiet Unternehmensweite Softwaresysteme;
Fakultät für Mathematik und Informatik

(www.fernuni-hagen.de/mathinf)

Univ.-Prof. Dr. Ulrike Baumöl; Lehrstuhl für BWL, insb. Informationsmanagement;
Fakultät für Wirtschaftswissenschaft

(www.fernuni-hagen.de/wiwi)

Univ.-Prof. Dr. Hermann Gehring; Lehrstuhl für Wirtschaftsinformatik;
Fakultät für Wirtschaftswissenschaft

(www.fernuni-hagen.de/wiwi)

Studiengänge und Abschlüsse

Wirtschaftsinformatik*
Abschluss: Bachelor of Science (B.Sc.)

Wirtschaftswissenschaft
Abschluss: Bachelor of Science (B.Sc.)
Abschluss: Master of Science (M.Sc.)

* Dedizierter Wirtschaftsinformatik-Studiengang

Martin-Luther-Universität Halle-Wittenberg
Postfach
06099 Halle
www.uni-halle.de

Auskunftsstelle:
Martin-Luther-Universität Halle-Wittenberg
Juristische und Wirtschaftswissenschaftliche
Fakultät
Wirtschaftswissenschaftlicher Bereich

MARTIN-LUTHER-UNIVERSITÄT
HALLE-WITTENBERG

Prüfungsamt:

Dr. Dagmar Schoene
Große Steinstraße 73
06099 Halle (Saale)
Tel.: 0049 (0)345 5523310
schoene@wiwi.uni-halle.de

**Studienfachberater im Studiengang
Wirtschaftsinformatik:**

Prof. Dr. Taïeb Mellouli
Institut für Wirtschaftsinformatik und
Operations Research
(Geschäftsführender Direktor:
Prof. Dr. Rolf Rogge)
Universitätsring 3
06108 Halle (Saale)
Tel.: 0049 (0)345 55 23400
mellouli@wiwi.uni-halle.de

Master:

Dekanat
Wirtschaftswissenschaftlicher Bereich
Martin-Luther-Universität Halle-Wittenberg
06099 Halle (Saale)
Informationen zur Bewerbung unter:
http://immaamt.verwaltung.uni-halle.de

Allgemeine Studienberatung

Universitätsplatz 11 (Löwengebäude)
06108 Halle (Saale)
Tel.: 0049 (0)345 5521306, -308, -318, -322
studienberatung@uni-halle.de

Kurzbeschreibung

Die Wirtschaftsinformatik hat sich zu einem etablierten Studiengang entwickelt, der Konzepte der Betriebs- und Volkswirtschaftslehre interdisziplinär mit solchen der Informatik verbindet. Im Kern geht es darum, die Informationsversorgung und -verarbeitung in Unternehmen und Organisationen zu gestalten. Dabei kommen moderne Informations- und Kommunikationstechnologien zum Einsatz, die Geschäftsprozesse unterstützen oder neue Geschäftsfelder eröffnen. Kompetenzfelder der Wirtschaftsinformatik sind:

- Modellierung, Automatisierung und Optimierung von Geschäftsprozessen,
- Entwurf, Entwicklung, Einführung und Betrieb von Informationssystemen,
- Auswahl, Anpassung und Einführung von Standardsoftwaresystemen,
- Daten- und Wissensmanagement/-verarbeitung,

- Integration von Informationssystemen,
- Anwendungssysteme, z. B. für Produktionsplanung und -steuerung sowie Transport und Logistik
- Management von Informations- und Kommunikationssystemen und -infrastrukturen.

Professuren und Organisationseinheiten

(www.wiwi.uni-halle.de)

Prof. Dr. Taïeb Mellouli; Lehrstuhl für Wirtschaftsinformatik und Operations Research; Wirtschaftsinformatik und Operation Research

Prof. Dr. Ralf Peters; Lehrstuhl für Wirtschaftsinformatik, Electronic Business; Wirtschaftsinformatik und Operation Research

Prof. Dr. Rolf Rogge; Professur für Wirtschaftsinformatik, Entscheidungsunterstützungssysteme; Wirtschaftsinformatik und Operation Research

N.N.; Lehrstuhl für Wirtschaftsinformatik, betriebliches Informationsmanagement; Wirtschaftsinformatik und Operation Research

Studiengänge und Abschlüsse

Wirtschaftsinformatik (Business Information Systems)*

Abschluss: Bachelor of Science (B. Sc.); Studienplätze pro Semester (ca.): 60

Abschluss: Master of Science (M.Sc.); Studienplätze pro Semester (ca.): 40

* Dedizierter Wirtschaftsinformatik-Studiengang

Helmut-Schmidt-Universität/
Universität der Bundeswehr Hamburg
Holstenhofweg 85
22043 Hamburg
www.hsu-hh.de

HELMUT SCHMIDT
UNIVERSITÄT
Universität der Bundeswehr Hamburg

Auskunftsstelle:

Um an der Helmut-Schmidt-Universität studieren zu können, ist in der Regel zunächst eine Bewerbung für die Offizierslaufbahn bei der Bundeswehr erforderlich.

Kontakt: Personalamt der Bundeswehr
Kölner Straße 262
50859 Köln
Tel.: 0049 (0)2203 105 0

www.bundeswehr-karriere.de

Im Rahmen von Industriestipendien werden in begrenztem Rahmen auch zivile Studierende zugelassen.

Kontakt: Helmut-Schmidt-Universität/
Universität der Bundeswehr Hamburg

Büro des Präsidenten
Holstenhofweg 85
22043 Hamburg
Tel.: 0049 (0)40 6541 2711

www.hsu-hh.de

Kurzbeschreibung

An der Helmut-Schmidt-Universität wird Wirtschaftsinformatik insbesondere im Rahmen der Bachelor- und Masterstudiengänge (B.Sc., M.Sc.) Betriebswirtschaftslehre und Wirtschaftsingenieurwesen vermittelt. Im ersten Studienabschnitt umfasst dies die Grundlagen der Wirtschaftsinformatik sowie eine Einführung in das Programmieren und Softwareentwicklung. Anschließend können Wirtschaftsinformatik-Inhalte etwa im Zusammenhang mit dem Studienschwerpunkt Logistik-Management vertieft werden. Gegenstand entsprechender Lehrveranstaltungen sind insbesondere Datenmodellierung und Datenbanksysteme, Geschäftsprozessmodellierung und Geschäftsprozessmanagement, E-Business und Betriebliche Anwendungssysteme.

Professuren und Organisationseinheiten

Prof. Dr. Andreas Fink; Professur für Betriebswirtschaftslehre, insbesondere Wirtschaftsinformatik; Institut für Informatik

(www.hsu-hh.de/ifi)

Studiengänge und Abschlüsse

Betriebswirtschaftslehre

Abschluss: Bachelor of Science (B.Sc.); Studienplätze pro Semester (ca.): 200

Abschluss: Master of Science (M. Sc.); Studienplätze pro Semester (ca.): 150; Einschreibung erstmals möglich im Sommersemester 2010

Wirtschaftsingenieurwesen

Abschluss: Bachelor of Science (B.Sc.); Studienplätze pro Semester (ca.): 32

Abschluss: Master of Science (M. Sc.); Studienplätze pro Semester (ca.): 25; Einschreibung erstmals möglich im Sommersemester 2010

Universität Hamburg
Von-Melle-Park 5 | 20146 Hamburg
www.uni-hamburg.de

Auskunftsstelle:
Zentrum für Studienberatung und
Psychologische Beratung (ZSPB)
Edmund-Siemers-Allee 1 | 20146 Hamburg
Tel.: 0049 (0)40 42838 2522
Fax: 0049 (0)40 42838 2318
http://wiinf-campus.de
Studienberatung@uni-hamburg.de

 Universität Hamburg

Kurzbeschreibung

Das Studienfach Wirtschaftsinformatik an der Universität Hamburg ist geleitet von dem Gedanken, eine innovative Wirtschaftsinformatik mit einem erkennbaren Hamburger Profil anzubieten, die sich an der Praxis und allen dort anzutreffenden Akteuren orientiert und zugleich auf einer wissenschaftlichen Plattform abgesichertes methodisches Wissen vermittelt. Dazu wird den Studierenden neben instrumentellem Verfügungswissen auch Orientierungswissen über die Vernetzung von Informationstechniken, Wirtschaft, Umwelt und Gesellschaft vermittelt.

Leitlinien für den Studiengang Wirtschaftsinformatik

- Praxisorientierung:

Das Studium soll den Studierenden das Rüstzeug zur wissenschaftlich fundierten Bewältigung der Problemvielfalt in der Anwendungspraxis vermitteln.

- Methoden- und Theorieorientierung:

Die Vermittlung theoretischer und methodischer Grundlagen soll die Studierenden befähigen, mit der hohen Geschwindigkeit der technischen Anwendungsentwicklung umzugehen und wissenschaftlich zu arbeiten.

- Projektorientierung:

Durch die Einrichtung eines Projekts sollen die Studierenden die Möglichkeit erhalten, Methoden, Werkzeuge, Modelle und Softwareprodukte für die Lösung komplexer Aufgaben auszuwählen bzw. zu erstellen, praktisch anzuwenden und zu erproben.

- Schwerpunktbildung: Das Projekt, mehrere Wahlpflichtmodule und ein freier Wahlbereich geben den Studierenden die Chance zu einer Schwerpunktsetzung.

Professuren und Organisationseinheiten

Prof. Dr. Manfred Sommer; Wirtschaftsinformatik; Fachgebiet Betriebswirtschaftslehre
(www.wiso.uni-hamburg.de/dwp)

Prof. Dr. Gerhard Brosius; Wirtschaftsinformatik; Fachgebiet Betriebswirtschaftslehre
(www.wiso.uni-hamburg.de/dwp)

Prof. Dr. Markus Nüttgens; Wirtschaftsinformatik mit dem Schwerpunkt Betriebswirtschaftliche Standardsoftware und Informationsmanagement; Fachgebiet Betriebswirtschaftslehre
(www.wiso.uni-hamburg.de/dwp)

Prof. Dr. Stefan Voß; Wirtschaftsinformatik I; Department Wirtschaftswissenschaften
(www.wiso.uni-hamburg.de/dww)

Prof. Dr. Wilhelm Hummeltenberg; Wirtschaftsinformatik II; Department Wirtschaftswissenschaften
(www.wiso.uni-hamburg.de/dww)

Prof. Dr. Arno Rolf; Arbeitsbereich: Angewandte u. sozial-orientierte Informatik ASI; Departement Informatik
(www.informatik.uni-hamburg.de)

Prof. Dr. Ingrid Schirmer; Arbeitsgruppe Informationsgestaltung & Genderperspektive; Departement Informatik
(www.informatik.uni-hamburg.de)

Studiengänge und Abschlüsse

Wirtschaftsinformatik*
Abschluss: Bachelor of Science (B.Sc.); Studienplätze pro Semester (ca.): 85
Abschluss: Master of Science (M.Sc.); Einschreibung erstmals möglich im Wintersemester 2009/2010

Betriebswirtschaftslehre
Abschluss: Bachelor of Science (B.Sc.); Studienplätze pro Semester (ca.): 400

Informatik
Abschluss: Bachelor of Science (B.Sc.); Studienplätze pro Semester (ca.): 190
Abschluss: Master of Science (M.Sc.); Studienplätze pro Semester (ca.): 37

Sozialökonomie
Abschluss: Bachelor of Arts (B.A); Studienplätze pro Semester (ca.): 250

* Dedizierter Wirtschaftsinformatik-Studiengang

Leibniz Universität Hannover
Königsworther Platz 1
30167 Hannover
www.uni-hannover.de

Auskunftsstelle:
Institut für Wirtschaftsinformatik
der Gottfried Wilhelm Leibniz
Universität Hannover
breitner@iwi.uni-hannover.de

Kurzbeschreibung

Das Fach Wirtschaftsinformatik verbindet BWL, praktische und angewandte Informatik und Mathematik, Natur- und Ingenieurwissenschaften.

In den drei Studiengängen Wirtschaftswissenschaft, Mathematik (ggf. mit Studienrichtung Informatik) und Wirtschaftsingenieur wird die Ausbildung im entsprechenden Vertiefungs-, Anwendungs- bzw. Schwerpunktfach übernommen. Neben Grundlagenveranstaltungen werden weiterführende Spezialveranstaltungen zu den Forschungsschwerpunkten des Instituts angeboten, z. B. E-Learning, Neurosimulation, Mobile Business, Softwareengineering, betriebliche Standardsoftware und Operations Research.

Professuren und Organisationseinheiten

Prof. Dr. Michael H. Breitner; Institut für Wirtschaftsinformatik

(www.iwi.uni-hannover.de)

Studiengänge und Abschlüsse

Mathematik

Abschluss: Bachelor of Science (B.Sc.); Studienplätze pro Semester (ca.): 100

Abschluss: Master of Science (M.Sc.); Studienplätze pro Semester (ca.): 70

Ökonomie

Abschluss: Bachelor of Science (B.Sc); Studienplätze pro Semester (ca.): 400

Abschluss: Master of Science (M.Sc.); Studienplätze pro Semester (ca.): 100;
Einschreibung erstmals möglich im Wintersemester 2010/2011

Wirtschaftsingenieur

Abschluss: Bachelor of Science (B.Sc.); Studienplätze pro Semester (ca.): 100

Abschluss: Master of Science (M.Sc.); Studienplätze pro Semester (ca.): 50;
Einschreibung erstmals möglich im Sommersemester 2010

Universität Hildesheim
Marienburger Platz 22 | 31141 Hildesheim
www.uni-hildesheim.de

Auskunftsstelle:
Allgemeine Informationen:
Zentrale Studienberatung der Universität
Marienburger Platz 22
31141 Hildesheim
Tel.: 0049 (0) 51 21 883 161
studienberatung@rz.uni-hildesheim.de

Prof. Dr. Klaus Ambrosi
Institut für Betriebswirtschaft und Wirtschaftsinformatik
Samelsonplatz 1
31141 Hildesheim
Tel.: 0049 (0)51 21 883 782, -780
ambrosi@bwl-uni-hildesheim.de

Kurzbeschreibung

Ziel des Bachelor-Studiengangs Wirtschaftsinformatik ist es, die Studierenden auf diese Tätigkeit vorzubereiten und unter Beachtung der dynamischen Entwicklung des Berufsfeldes den Erwerb eines fundierten, zukunftsorientierten Basiswissens zu gewährleisten. Die Bachelor-Studierenden erwerben Kompetenzen in den Fächern Informatik, Betriebswirtschaft, Wirtschaftsinformatik i.e.S. und Mathematische Methoden. In der Informatik werden mit den Modulen Programmierung, Algorithmen und Datenstrukturen, Datenbanken und Software Engineering die aus Sicht der Wirtschaftsinformatik besonders relevanten Teilbereiche behandelt. Die betriebswirtschaftlichen Module beschäftigen sich schwerpunktmäßig mit den Funktionsbereichen Produktion, Logistik, Marketing und Finanzierung. Dabei wird der entscheidungsorientierte Ansatz zugrunde gelegt und die Bedeutung des Produktionsfaktors „Information" herausgestellt. Die Wirtschaftsinformatik i.e.S. umfasst neben einer Einführung die Module Anwendungssysteme, Data Mining, Data Warehouse und Wissensbasierte Systeme sowie ein Praktikum (SAP) und ein Seminar. Im Wahlbereich können die Studierenden individuell Veranstaltungen zu Schlüsselkompetenzen und Wahlmodule belegen.

Zur Durchführung des Wirtschaftspraktikums im Umfang von 10 Wochen konnte die Universität Hildesheim über 30 Partnerunternehmen gewinnen. Die Bachelor-Arbeit kann in Kooperation mit diesen Partnerunternehmen durchgeführt werden.

Professuren und Organisationseinheiten

Prof. Dr. Klaus Ambrosi; Betriebswirtschaftslehre, insbesondere Marketing und Logistik; Institut für Betriebswirtschaft und Wirtschaftsinformatik

(www.uni-hildesheim.de/de/bwl.htm)

Prof. Dr. Dr. Schmidt-Thieme; Wirtschaftsinformatik und Maschinelles Lernen; Institut für Betriebswirtschaft und Wirtschaftsinformatik

(www.uni-hildesheim.de/de/bwl.htm)

N.N.; Betriebswirtschaftslehre, Schwerpunkt Wirtschaftsinformatik; Institut für Betriebswirtschaft und Wirtschaftsinformatik

(www.uni-hildesheim.de/de/bwl.htm)

Prof. Dr. Klaus-Dieter Althoff; Intelligente Informationssysteme; Institut für Informatik

(www.uni-hildesheim.de/de/ifi.htm)

Prof. Dr. Klaus Schmid; Software Engineering; Institut für Informatik

(www.uni-hildesheim.de/de/ifi.htm)

Studiengänge und Abschlüsse

Informationsmanagement und Informationstechnologie*

Abschluss: Bachelor of Science (B.Sc.)

Abschluss: Master of Science (M.Sc.)

Wirtschaftsinformatik*

Abschluss: Bachelor of Science (B.Sc.)

* Dedizierter Wirtschaftsinformatik-Studiengang

Universität Hohenheim
70593 Stuttgart
www.uni-hohenheim.de

Auskunftsstelle:
Fachstudienberatung Wirtschaftsinformatik
Herr Philipp Kordowich
Lehrstuhl für Wirtschaftsinformatik I
Tel.: 0049 (0)711 459 24135
Fax: 0049 (0)711 45923145
www.winfohost.de | bachelor@winfohost.de
master@winfohost.de

UNIVERSITÄT HOHENHEIM

Kurzbeschreibung

Gemeinsam mit der Universität Stuttgart wird seit 2001 ein von Beginn an als Bachelor-Studiengang konzipierter Studiengang in Wirtschaftsinformatik angeboten. Dieser wurde 2004 mit einem aufbauenden Masterstudiengang vervollständigt. Den Studenten dieser Kooperationsstudiengänge stehen dabei die Kompetenzen und die Einrichtungen beider Hochschulen zur Verfügung. Je zwei Lehrstühle für Wirtschaftsinformatik beider Universitäten sorgen für ein breit gefächertes Angebot an Lehrveranstaltungen und ermöglichen eine umfangreiche Betreuung und das Setzen individueller Schwerpunkte. Darüber hinaus können Studierende, die Wert auf eine stärkere Betonung der wirtschafts- und sozialwissenschaftlichen Themenfelder legen, im Rahmen der entsprechenden Studiengänge der Universität Hohenheim Schwerpunkte im Bereich Wirtschaftsinformatik legen.

Professuren und Organisationseinheiten

Prof. Dr. Mareike Schoop; Lehrstuhl für Wirtschaftsinformatik I; Institut für Betriebswirtschaftslehre

(www.bwl.uni-hohenheim.de)

Prof. Dr. Stefan Kirn; Lehrstuhl für Wirtschaftsinformatik II; Institut für Betriebswirtschaftslehre

(www.bwl.uni-hohenheim.de)

Studiengänge und Abschlüsse

Wirtschaftsinformatik*

Abschluss: Bachelor of Science (B.Sc.); Studienplätze pro Semester (ca.): 60

Abschluss: Master of Science (M.Sc.); Studienplätze pro Semester (ca.): 20

Wirtschaftswissenschaften

Abschluss: Bachelor of Science (B.Sc.); Studienplätze pro Semester (ca.): 780

Abschluss: Master of Science (M.Sc.)

* Dedizierter Wirtschaftsinformatik-Studiengang

Technische Universität Ilmenau
Ehrenbergstraße 29 | 98693 Ilmenau
www.tu-ilmenau.de

Auskunftsstelle:
Studienfachberater Wirtschaftsinformatik:
Herr Dr. Jochen Beyer
Raum: Oeconomicum 201
Helmholtzplatz 3 | 98693 Ilmenau
Tel.: 0049 (0)3677 69 4044
jochen.beyer@tu-ilmenau.de

 TECHNISCHE UNIVERSITÄT ILMENAU

Kurzbeschreibung

Ziel des Studiums sind Absolventen, die in eigener Verantwortung oder in interdisziplinärer Zusammenarbeit rechnergestützte Informationssysteme entwerfen, implementieren, einführen, nutzen und den sich ändernden Anforderungen anpassen können. Dies wird durch eine gründliche und ausgewogene Vermittlung von Kenntnissen, Fähigkeiten und praktischen Fertigkeiten auf den Gebieten der Informatik, der Betriebswirtschaftslehre und der Wirtschaftsinformatik sowie durch eine universitätsspezifische Ausbildung auf speziellen Gebieten der Wirtschaftsinformatik erreicht.

Wesentlicher Bestandteil des Studiums ist die Vermittlung von Fähigkeiten und Fertigkeiten auf den Gebieten der computergestützten Analyse und Modellierung betriebswirtschaftlicher Fragestellungen im Rechnerlabor. Das obligatorische Fachpraktikum im Bachelorstudiengang stellt das im Studium erworbene Wissen auf den Prüfstand und ist nicht selten ausschlaggebend für die fachspezifische Vertiefung im folgenden Masterstudium.

Im konsekutiven Masterstudiengang können sich die Studierenden in einer von sechs speziellen Wirtschaftsinformatiken spezialisieren (Anwendungssysteme in der Industrie, betriebliches Wissensmanagement, Informationsmanagement, IV-orientierte Unternehmensberatung, Quantitative Methoden, Wirtschaftsinformatik im Dienstleistungsbereich).

Professuren und Organisationseinheiten

(www.tu-ilmenau.de/fakww/Institut_fuer_Wirtsc.590.0.html)

Univ.-Prof. Dr. rer. pol. habil. Udo Bankhofer; Fachgebiet für Quantitative Methoden der Wirtschaftswissenschaften; Institut für Wirtschaftsinformatik

Univ.-Prof. Dr. rer.pol. habil. Dirk Stelzer; Fachgebiet Informations- und Wissensmanagement; Institut für Wirtschaftsinformatik

Univ.-Prof. Dr. rer. pol. Volker Nissen; Fachgebiet Wirtschaftsinformatik für Dienstleistungen; Institut für Wirtschaftsinformatik

Univ.-Prof. Dr.-Ing. Steffen Straßburger; Fachgebiet Wirtschaftsinformatik für Industriebetriebe; Institut für Wirtschaftsinformatik

Studiengänge und Abschlüsse

Wirtschaftsinformatik*

Abschluss: Bachelor of Science (B.Sc.)

Abschluss: Master of Science (M.Sc.)

* Dedizierter Wirtschaftsinformatik-Studiengang

Technische Universität Kaiserslautern
Erwin-Schrödinger-Straße
Geb. 42 | 67653 Kaiserslautern
www.wiwi.uni-kl.de

Auskunftsstelle:
Fachbereich Wirtschaftswissenschaften
Fachstudienberatung:
Dr. Jürgen E. Blank | Geb. 42, Raum 124
Tel.: 0049 (0)631 2 05 40 42
Fax: 0049 (0)631 2 05 33 92
jblank@wiwi.uni-kl.de

**TECHNISCHE UNIVERSITÄT
KAISERSLAUTERN**

Kurzbeschreibung

An der TU Kaiserslautern gibt es zurzeit zwar keinen dedizierten Studiengang Wirtschaftsinformatik, jedoch kann im Studiengang Wirtschaftsingenieurwesen der Schwerpunkt
Informatik als ingenieurwissenschaftlicher Teil gewählt werden. Darüber hinaus können
im wirtschaftswissenschaftlichen Teil Vertiefungsblöcke in Wirtschaftsinformatik gewählt
werden. Gleiches gilt für den Studiengang Betriebswirtschaftslehre mit technischer Qualifikation.

Die Schwerpunkte des Lehrstuhls Wirtschaftsinformatik und Operations Research in Lehre
und Forschung liegen im Bereich des Einsatzes heuristischer Problemlösungsverfahren für
komplexe Planungsprobleme und Geschäftsprozesse, vor allem in Multi-Agenten-Syste-
men. Folgende Vorlesungen werden in der Spezialisierung angeboten:

- Computational Intelligence (englisch)
- Electronic Business (deutsch)
- Multi-Agent Systems (englisch)
- Business Process Management (englisch)
- Betriebliche Standardsoftware im Prozessmanagement (deutsch)

Zum Wintersemester 2008/09 wird die Umstellung der Studiengänge Wirtschaftsingenieurwesen und Betriebswirtschaftslehre mit technischer Qualifikation auf (konsekutive)
Bachelor- und Master-Studiengänge erfolgen.

Professuren und Organisationseinheiten

Prof. Dr. Oliver Wendt; Lehrstuhl Wirtschaftsinformatik und Operations Research; Betriebswirtschaftslehre

(www.bisor.de)

Studiengänge und Abschlüsse

Betriebswirtschaftslehre mit technischer Qualifikation

Abschluss: Bachelor of Science (B.Sc.)

Abschluss: Master of Science (M.Sc.); Einschreibung erstmals möglich im Wintersemester 2011/2012

Wirtschaftsingenieurwesen

Abschluss: Bachelor of Science (B.Sc.)

Abschluss: Master of Science (M.Sc.); Einschreibung erstmals möglich im Wintersemester 2011/2012

Universität Karlsruhe (TH)
Kaiserstraße 12 | 76128 Karlsruhe
www.uni-karlsruhe.de

Auskunftsstelle:
Prüfungssekretariat der Fakultät für Wirtschaftswis-
senschaften | Kollegium am Schloss, Bau I, Geb. 20.11
76128 Karlsruhe
Tel.: 0049 (0)721 608 3768
Fax: 0049 (0)721 608 9108
www.wiwi.uni-karlsruhe.de
pruefungssekretariat@wiwi.uni-karlsruhe.de

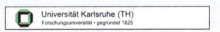

Universität Karlsruhe (TH)
Forschungsuniversität · gegründet 1825

Kurzbeschreibung

Die Universität Karlsruhe (TH) bietet keinen Wirtschaftsinformatik-Studiengang an. Stattdessen gibt es im Studiengang Wirtschaftsingenieurwesen die Möglichkeit einer deutlichen
Vertiefung in Informatik. Daneben tragen die Fakultät für Informatik und die Fakultät für
Wirtschaftswissenschaften gemeinsam den interdisziplinären Studiengang Informationswirtschaft. Er umfasst die drei Disziplinen Informatik (40%), Wirtschaftswissenschaften
(40%) und Rechtswissenschaften (20%). Mit dieser Kombination wird den aktuellen Entwicklungen im eBusiness Rechnung getragen, indem Information in ihren verschiedenen
Facetten (als digitales Informationsgut, als Wettbewerbsfaktor etc.) in den Mittelpunkt
der ökonomischen, technischen und rechtlichen Betrachtung rückt. Den Absolventen wird
damit die Kompetenz vermittelt, die Strukturen der „Neuen Ökonomie" zu erkennen, zu
analysieren und innovativ zu gestalten. Der Studiengang wird durch ein umfangreiches
Lehr- und Forschungsangebot der beiden Fakultäten getragen. Das breite Lehrangebot
ermöglicht es, eigene Studienschwerpunkte zu bestimmen und das Studium individuell,
entsprechend den eigenen Fähigkeiten und Neigungen, auszurichten.

Professuren und Organisationseinheiten

Prof. Dr. Wolffried Stucky/Prof. Dr. Andreas Oberweis; Forschungsgruppe Betriebliche
Informations- und Kommunikationssysteme; Institut für Angewandte Informatik und
Formale Beschreibungsverfahren – AIFB

(www.aifb.uni-karlsruhe.de)

Prof. Dr. Hartmut Schmeck; Forschungsgruppe Effiziente Algorithmen; Institut für
Angewandte Informatik und Formale Beschreibungsverfahren – AIFB

(www.aifb.uni-karlsruhe.de)

Prof. Dr. Detlef Seese; Forschungsgruppe Komplexitätsmanagement; Institut für
Angewandte Informatik und Formale Beschreibungsverfahren – AIFB

(www.aifb.uni-karlsruhe.de)

Prof. Dr. Rudi Studer; Forschungsgruppe Wissensmanagement; Institut für Angewandte Informatik und Formale Beschreibungsverfahren – AIFB

(www.aifb.uni-karlsruhe.de)

Prof. Dr. Andreas Geyer-Schulz; Lehrstuhl für Informationsdienste und elektronische Märkte; Institut für Informationswirtschaft und -management – IWM

(www.iism.uni-karlsruhe.de)

Prof. Dr. Christof Weinhardt; Lehrstuhl für Informationsbetriebswirtschaftslehre; Institut für Informationswirtschaft und -management – IWM

(www.iism.uni-karlsruhe.de)

Studiengänge und Abschlüsse

Informationswirtschaft*

Abschluss: Bachelor of Science (B.Sc.); Studienplätze pro Semester (ca.): 76

Abschluss: Master of Science (M.Sc.); Studienplätze pro Semester (ca.): 42

Technische Volkswirtschaftslehre

Abschluss: Bachelor of Science (B.Sc.); Studienplätze pro Semester (ca.): 19

Abschluss: Master of Science (M.Sc.); Studienplätze pro Semester (ca.): 16

Wirtschaftsingenieurwesen

Abschluss: Master of Science (M.Sc.); Studienplätze pro Semester (ca.): 237

Abschluss: Bachelor of Science (B.Sc.); Studienplätze pro Semester (ca.): 187

* Dedizierter Wirtschaftsinformatik-Studiengang

Universität Kassel
Mönchebergstraße 19 | 34109 Kassel
http://cms.uni-kassel.de

Auskunftsstelle:
Universität Kassel
Studienservice | 34109 Kassel
Tel.: 0049 (0)561 804 2205
(Montag bis Freitag 10-12h und Montag bis
Donnerstag 13-15.30h)
studieninfo@uni-kassel.de

Kurzbeschreibung

Um eine bestmögliche Vorbereitung der Studierenden auf Anforderungen an Wirtschaftsinformatiker aus der unternehmerischen Praxis zu gewährleisten, ist die Lehre betont anwendungsorientiert gestaltet. Methodische Fundierung und Übung an komplexen Werkzeugen
bilden ihren Schwerpunkt. Der Student erwirbt vielfältiges Wissen, das ihn unter anderem
darauf vorbereitet, komplexe Informations- und Anwendungssysteme zu entwerfen und zu
betreiben. Neben anderen Fachgebieten, die der Wirtschaftsinformatik nahe stehen (Ver-
waltungsökonomie, Controlling sowie Innovations- und TechnologieManagement), ergänzen
Lehrbeauftragte aus der Unternehmenspraxis das Lehrangebot um weitere aktuelle, praktisch relevante Themen (z. B. zum Thema „Enterprise Resource Planning"). Im Bildungs-
netzwerk Winfoline (www.winfoline.de) können die Studierenden über das Internet weitgehend orts- und zeitunabhängig an weiteren Wirtschaftsinformatik-Lehrangeboten von
Partneruniversitäten (zurzeit Saarbrücken, Göttingen und Darmstadt) virtuell partizipieren.
Die Teilnahme an diesen Veranstaltungen wird als Studienleistung anerkannt. Über die
Vermittlung von Lerninhalten hinaus erlangen die Studierenden auf diesem Weg eine hohe
Medienkompetenz und erfahren neue Lerntechniken.

Professuren und Organisationseinheiten

Prof. Dr. Jan Marco Leimeister; Fachgebiet Wirtschaftsinformatik; Institut für Betriebswirtschaftslehre

(www.ibwl.uni-kassel.de)

Prof. Dr. Udo Winand (emeritiert)

Studiengänge und Abschlüsse

Wirtschaftsingenieurwesen

Abschluss: Diplom Wirtschaftsingenieur/in; Studienplätze pro Semester (ca.): 100

Wirtschaftspädagogik

Abschluss: Bachelor of Education

Abschluss: Master of Education

Wirtschaftsrecht

Abschluss: Bachelor of Laws (LL.B); Studienplätze pro Semester (ca.): 50

Abschluss: Master of Laws (LL.M.)

Wirtschaftswissenschaften

Abschluss: Bachelor of Arts (B.A); Studienplätze pro Semester (ca.): 320

Abschluss: Master of Arts (M.A.)

Universität Koblenz-Landau
Postfach 201602
56016 Koblenz
www.uni-koblenz-landau.de

Auskunftsstelle:
Institut für Wirtschafts- und Verwaltungsinformatik:
http://iwvi.uni-koblenz.de/ oder http://www.uni-
koblenz-landau.de/koblenz/fb4/institute/iwvi
dmschmidt@uni-koblenz.de

UNIVERSITÄT
KOBLENZ · LANDAU

Kurzbeschreibung

Der Studiengang Informationsmanagement vereint Informatik und Wirtschaftswissenschaften zu einer modernen Managementausbildung. Die Studierenden erwerben ein umfangreiches fachliches Wissen, wichtige Sozialkompetenzen und Englischkenntnisse.

Im Bachelorstudiengang Informationsmanagement werden die Grundlagen der Wirtschaftswissenschaften und Informatik in der notwendigen Breite vermittelt. Ergänzt werden die Angebote aus den zwei Kernbereichen des Studiums um Veranstaltungen aus den Bereichen Mathematik und Statistik sowie Recht, Sprachen und Sozialkompetenzen. Zielgruppe im Bachelor IM sind Abiturienten und Abiturientinnen, die ein Interesse an wirtschaftswissenschaftlichen und managementbezogenen Fragestellungen haben, die sich für Informatik begeistern und einen Anwendungsbezug erwarten. Vorkenntnisse im Bereich Informatik sind hilfreich, sind aber für den Bachelorstudiengang keine Zulassungsvoraussetzung.

Die meisten Studierenden wechseln nach dem Bachelor in einen der Master-Studiengänge, die jeweils auf dem Bachelor aufbauen.

Master IM

Im Masterstudiengang Informationsmanagement haben die Studierenden die Möglichkeit, individuelle Schwerpunktbildungen im Bereich der Wirtschaftswissenschaften und der Wirtschaftsinformatik vorzunehmen. Die wirtschaftswissenschaftlichen Lehrveranstaltungen befassen sich mit führungsrelevanten und branchenspezifischen Themen. Lehrveranstaltungen aus der Wirtschaftsinformatik vermitteln relevante IT-Sach- und Methodenkompetenz. Integraler Bestandteil des Masterstudiengangs sind ein sechsmonatiger Auslandsaufenthalt sowie die Teilnahme an einem Forschungsprojekt. Zielgruppe im Master IM sind Studieninteressenten, die ihre wissenschaftlichen Fähigkeiten ausbauen, ihre Qualifizierung durch Profilbildung schärfen und ihre persönliche Entwicklung nach einem erfolgreichen Bachelorabschluss voranbringen wollen.

Master WI

Im Masterstudiengang Wirtschaftsinformatik beschäftigen sich die Studierenden mit der Umsetzung fortschrittlicher Informations- und Kommunikationstechnologien (IKT) sowie erfolgreicher Management-Konzepte in Wirtschaft und Verwaltung.

Schwerpunkte der Studieninhalte bilden die Erforschung und Entwicklung, die Bereitstellung und die betriebliche Integration der IKT. Die Studierenden erlernen in einem fächerübergreifenden Umfeld das Gestalten von Informationssystemen zur Aufbereitung, Nutzung und Vermittlung von Wissen. Hierdurch werden Entscheidungsfindung und Handeln in Unternehmen und Behörden effizient unterstützt.

Die praxisorientierte Ausrichtung dieses Studiengangs spiegelt sich in umfangreichen Projektarbeiten mit Wirtschaft und Verwaltung wider.

Professuren und Organisationseinheiten

Univ.-Prof. Dr. Harald F. O. von Kortzfleisch, Forschungsgruppe Management von Information, Innovation, Entrepreneurship und Organisatorische Gestaltung
(www.uni-koblenz.de/FB4/Institutes/IfM/WorkingGroups))

Univ.-Prof. Dr. Petra Schubert Forschungsgruppe Betriebliche Anwendungssysteme
(www.uni-koblenz.de/FB4/Institutes/IWVI)

Univ.-Prof. Dr. J. Felix Hampe, Forschungsgruppe Betriebliche Kommunikationssysteme
(www.uni-koblenz.de/FB4/Institutes/IWVI)

Prof. Dr. Rüdiger Grimm, Forschungsgruppe IT Risk Management
(www.uni-koblenz.de/FB4/Institutes/IWVI)

Univ.-Prof. Dr.Klaus G. Troitzsch, Forschungsgruppe Methoden und Modellbildung
(www.uni-koblenz.de/FB4/Institutes/IWVI)

Univ.-Prof. Dr. Maria Wimmer, Forschungsgruppe Verwaltungsinformatik
(www.uni-koblenz.de/FB4/Institutes/IWVI)

Studiengänge und Abschlüsse

Informationsmanagement*
Abschluss: Bachelor of Science (B.Sc.)
Abschluss: Master of Science (M.Sc.)

Wirtschaftsinformatik*
Abschluss: Master of Science (M.Sc.)

* Dedizierter Wirtschaftsinformatik-Studiengang

Universität zu Köln
Albertus-Magnus-Platz | 50923 Köln
www.uni-koeln.de

Auskunftsstelle:
Für Fragen zur Immatrikulation:
Zentrale Studienberatung der Universität zu Köln
Hauptgebäude, Bauteil 2 | Universität zu Köln
Albertus-Magnus-Platz | 50923 Köln
Tel.: 0049 (0)221 470 3789 oder -3606
zsb@verw.uni-koeln.de

Für allgemeine Fragen:

Studienberatung der Wirtschafts- und Sozialwissenschaftlichen Fakultät
Herbert-Lewin-Straße 2
Raum 135, 1. Stock
50923 Köln
Tel.: 0049 (0)221 470 3399

Informationen zum Studium finden Sie auf den Internetseiten der Wirtschafts- und Sozialwissenschaftlichen Fakultät (www.wiso.uni-koeln.de), wenn Sie den Links zu Studium/ Lehre und Prüfungsämter folgen.

Kurzbeschreibung

Die Wirtschafts- und Sozialwissenschaftlichen Fakultät der Universität zu Köln bietet einen Bachelor- und einen Masterstudiengang in Wirtschaftsinformatik an. Bei erfolgreichem Abschluss wird der akademische Grad Bachelor of Science im Studiengang Wirtschaftsinformatik bzw. der Grad Master of Science in Information Systems verliehen. Ferner wird im Rahmen des Master of Science in Business Administration ein Minor in Information Systems angeboten. Das Bachelor- und das Masterstudium bereiten auf eine Tätigkeit als Experte, Berater und Führungskraft in Wirtschaft und Verwaltung vor, die eine Anwendung wissenschaftlicher Erkenntnisse und Methoden aus dem Bereich der Wirtschaftsinformatik erfordern.

Der Bachelorabschluss dokumentiert eine erste Berufsqualifizierung und bildet die Basis für Master-Studiengänge entsprechender Studienrichtungen. Der Masterstudiengang vermittelt eine umfassende Kenntnis der wissenschaftlichen Systematisierungen von Phänomenen aus dem Bereich der Wirtschaftsinformatik. Die wissenschaftliche Ausrichtung befähigt durch Vermittlung fachlicher, methodischer und kommunikativer Kompetenzen dazu, Sachverhalte aus der Sicht relevanter Theorien zu klären und methodengeleitet, theoretisch fundierte Lösungen praktischer Problemstellungen zu entwickeln und umzusetzen. Im Masterstudiengang bestehen vielfältige Möglichkeiten der stärker betriebswirtschaftlichen oder stärker informationstechnischen Schwerpunktsetzung. Damit soll Studierenden Flexibilität und Vielfalt bei der Ausrichtung und Gestaltung von individuellen Kompetenzprofilen gewährt werden. Das Masterstudium legt die Grundlage für ein Promotionsstudium, das zu Tätigkeiten in der Forschung und akademischen Lehre befähigt.

Professuren und Organisationseinheiten

(www.wiso.uni-koeln.de)

Prof. Dr. Werner Mellis; Lehrstuhl für Wirtschaftsinformatik, insb. Systementwicklung; Wirtschafts- und Sozialwissenschaftliche Fakultät

Prof. Dr. Dr. Ulrich Derigs; Seminar für Wirtschaftsinformatik und Operations Research; Wirtschafts- und Sozialwissenschaftliche Fakultät

Prof. Dr. Detlef Schoder; Seminar für Wirtschaftsinformatik, insb. Informationsmanagement; Wirtschafts- und Sozialwissenschaftliche Fakultät

Studiengänge und Abschlüsse

Information Systems*

Abschluss: Bachelor of Science (B.Sc.)

Abschluss: Master of Science (M.Sc.)

Wirtschaftswissenschaften

Abschluss: Lehramt Wirtschaftswissenschaften

* Dedizierter Wirtschaftsinformatik-Studiengang

Universität Leipzig
Marschnerstraße 31
04109 Leipzig
www.iwi.uni-leipzig.de

UNIVERSITÄT LEIPZIG

Auskunftsstelle:

Studienfachberater im Studiengang Wirtschaftsinformatik:

Dipl.-Wirtsch.-Inf. Rico Stefaniak
Universität Leipzig
Wirtschaftswissenschaftliche Fakultät
Institut für Wirtschaftsinformatik
Marschnerstraße 31
04109 Leipzig
Tel.: 0049 (0)341 97 33722
www.iwi.uni-leipzig.de

Zentrales Studentensekretariat

Goethestraße 6
Zimmer 028
04109 Leipzig
Leiter Dr. Klaus Dietz
Tel.: 0049 (0)341 97 32003
www.uni-leipzig.de/studsek

Zentrale Studienberatung

Goethestraße 6
04109 Leipzig
Leiterin Dr. Solvejg Rhinow
Tel.: 0049 (0)341 97 32044
www.uni-leipzig.de/zsb

Kurzbeschreibung

Die Einschreibung in den Studiengang Bachelor of Science (B.Sc) Wirtschaftsinformatik ist seit dem WS 06/07 möglich. Die Einschreibung in den Studiengang Master of Science (M.Sc.) Wirtschaftsinformatik erfolgt erstmals im WS 09/10. Details unter:

http://db.uni-leipzig.de/studieren/index.php?modus=alpha&studiengang_id=247&req=n&sprache=d

Die Wirtschaftsinformatik ist ein interdisziplinäres Fach, das durch die Wechselwirkung von Informatik und Wirtschaftswissenschaften geprägt ist. Sie bildet die Grundlage verbesserter Effizienz und Qualität in den betrieblichen Abläufen, aber auch zur Erreichung strategischer Vorteile durch neue Geschäftsmodelle oder innovative Prozesse, Produkte und Dienstleistungen. Ein Schlüssel sind integrierte Anwendungssysteme, deren Einsatzbereich sich neben Großunternehmen auch auf kleine und mittlere Unternehmen sowie die Einbindung von Kunden und Lieferanten zunehmend ausweitet. Die große Herausforderung liegt in der effizienten Entwicklung von Anwendungssystemen, deren Einsatz einen geschäftlichen Nutzen erzeugt. Absolventen der Wirtschaftsinformatik sollen eine „Brückenfunktion" einnehmen und geschäftliche Entwicklungen mit technologischen Potenzialen verbinden und gestalten können.

Professuren und Organisationseinheiten

(www.iwi.uni-leipzig.de)

Prof. Dr. Bogdan Franczyk; Professur Wirtschaftsinformatik, insbes. Informationsmanagement; Institut für Wirtschaftsinformatik

Prof. Dr. Ulrich W. Eisenecker M.A.; Professur für Wirtschaftsinformatik, insbesondere Softwareentwicklung für Wirtschaft und Verwaltung; Institut für Wirtschaftsinformatik

Prof. Dr. Rainer Alt; Professur Anwendungssysteme in Wirtschaft und Verwaltung; Institut für Wirtschaftsinformatik

Studiengänge und Abschlüsse

Wirtschaftsinformatik (Business Information Systems)*

Abschluss: Bachelor of Science (B.Sc.); Studienplätze pro Semester (ca.): 53

Abschluss: Master of Science (M.Sc.); Studienplätze pro Semester (ca.): 25; Einschreibung erstmals möglich im Wintersemester 2009/2010

* Dedizierter Wirtschaftsinformatik-Studiengang

Otto-von-Guericke-Universität Magdeburg
Universitätsplatz 2
39106 Magdeburg
www.uni-magdeburg.de

Auskunftsstelle:
Prof. Dr. Claus Rautenstrauch (Studienfachberater)
www.wi-md.de
rauten@ovgu.de

Kurzbeschreibung

Die Magdeburger Wirtschaftsinformatik vertritt die gestaltungs- bzw. ingenieurwissen-
schaftliche Ausrichtung dieses Fachgebiets. Forschung und Lehre sind darauf ausgerichtet, Problemlösungskompetenz zu schaffen und zu vermitteln. Der Wirtschaftsinformatiker
wird hier als Systemgestalter angesehen, dessen Systeme einen signifikanten Beitrag
zur Sicherung bzw. Steigerung des Unternehmenserfolgs leisten. Gestaltungsobjekt sind
dabei einzelne Systeme, aber vor allem auch integrierte Systemlandschaften. Der Begriff
„System" beschränkt sich dabei nicht nur auf Anwendungssoftware, sondern auf Infra-
strukturen einschließlich Hardware und Basissoftware.

Professuren und Organisationseinheiten

(wwwiti.cs.uni-magdeburg.de)

Prof. Dr. Claus Rautenstrauch; Wirtschaftsinformatik; Institut für Technische und
Betriebliche Informationssysteme

Prof. Dr. Myra Spiliopoulou; Wirtschaftsinformatik II, Knowledge Management and
Discovery; Institut für Technische und Betriebliche Informationssysteme

Prof. Dr. Hans-Knud Arndt; Wirtschaftsinformatik III, Managementinformationssys-
teme; Institut für Technische und Betriebliche Informationssysteme

Studiengänge und Abschlüsse

Wirtschaftsinformatik*

Abschluss: Bachelor of Science (B.Sc.); Studienplätze pro Semester (ca.): 90

Abschluss: Master of Science (M.Sc.); Studienplätze pro Semester (ca.): 30

* Dedizierter Wirtschaftsinformatik-Studiengang

Johannes-Gutenberg-Universität Mainz
Postfach
55099 Mainz
www.uni-mainz.de

Auskunftsstelle:
Allgemein:
www.uni-mainz.de/studium/2784.php

Zentrale Studienberatung:
www.uni-mainz.de/studium/855.php

Kurzbeschreibung

An der Professur für Wirtschaftsinformatik schließen pro Jahr etwa 50 Studierende das Wahlfach Wirtschaftsinformatik ab. Im Rahmen der Spezialisierung werden die Studierenden mit den grundlegenden Techniken und Methoden für einen effektiven und effizienten Einsatz von betrieblichen Informationssystemen in Unternehmen vertraut gemacht. Die Studierenden lernen betriebliche Daten, Funktionen und Prozesse zu analysieren und darauf aufbauend mit Hilfe entsprechender Informationstechnologien passgenaue Informationssysteme zu erstellen.

Ein weiterer Schwerpunkt liegt auf dem Management von Informationssystemen und auf der Gestaltung von Informationssystemen mit

Optimierungs- und Planungscharakter. Die Wirtschaftsinformatik als Schnittstellendisziplin ermöglicht es den Absolventen eine Brücke zwischen der Informatik und der BWL zu schlagen und betriebswirtschaftliche Aufgaben durch geeignete Informationstechnologien und -systeme zu unterstützen.

Professuren und Organisationseinheiten

Univ.-Prof. Dr. Franz Rothlauf; Lehrstuhl für Wirtschaftsinformatik und BWL; Betriebswirtschaftslehre

(www.uni-mainz.de/bwl.html)

Studiengänge und Abschlüsse

Wirtschaftspädagogik

Abschluss: *Bachelor of Science (B.Sc.)*

Abschluss: *Master of Science (M.Sc.); Einschreibung erstmals möglich im Wintersemester 2009/2010*

Wirtschaftswissenschaften

Abschluss: *Bachelor of Science (B.Sc.)*

Universität Mannheim
Schloss
68131 Mannheim
www.uni-mannheim.de

Auskunftsstelle:
www.win.uni-mannheim.de
win@uni-mannheim.de

UNIVERSITÄT
MANNHEIM

Kurzbeschreibung

Der Studiengang Wirtschaftsinformatik wird in Mannheim von der Fakultät für Betriebswirt-schaftslehre als dreijähriger Bachelor-Studiengang angeboten, der ab Herbst 2009 durch einen konsekutiven zweijährigen Master-Studiengang ergänzt wird. Gleichzeitig wird das Fach im Zuge der Gründung des Mannheimer Zentrums für Wirtschaftsinformatik kraftvoll ausgebaut. Dabei ermöglicht die Einrichtung neuer Lehrstühle mehr Spezialisierungsmög-lichkeiten, eine Erweiterung der Studienkapazität und ein Ausbau der Infrastruktur.

Professuren und Organisationseinheiten

(www.wi.uni-mannheim.de)

Prof. Dr. Armin Heinzl; Lehrstuhl für Wirtschaftsinformatik I; Area Wirtschaftsinformatik

Prof. Dr. Christian Becker; Lehrstuhl für Wirtschaftsinformatik II; Area Wirtschaftsinformatik

Prof. Dr. Martin Schader; Lehrstuhl für Wirtschaftsinformatik III; Area Wirtschaftsinformatik

Prof. Dr. Daniel Veit; Stiftungslehrstuhl für ABWL und Wirtschaftsinformatik – E-Business und E-Government Area Wirtschaftsinformatik

(www.bwl.uni-mannheim.de)

Prof. Dr. Gabriele Steidl; Angewandte Mathematik und Informatik; Institut für Informatik der Fakultät für Mathematik und Informatik

Prof. Dr. Carl-Christian Kanne; Datenbanken; Institut für Informatik der Fakultät für Mathematik und Informatik

Prof. Dr.-Ing. Felix Freiling; Lehrstuhl für Praktische Informatik I; Institut für Informatik der Fakultät für Mathematik und Informatik

Prof. Dr. Mila Majster-Cederbaum; Lehrstuhl für Praktische Informatik II; Institut für Informatik der Fakultät für Mathematik und Informatik

Prof. Dr. Guido Moerkotte; Lehrstuhl für Praktische Informatik III; Institut für Informatik der Fakultät für Mathematik und Informatik

Prof. Dr. Wolfgang Effelsberg; Lehrstuhl für Praktische Informatik IV; Institut für Informatik der Fakultät für Mathematik und Informatik

Prof. Dr. Colin Atkinson; Lehrstuhl für Softwaretechnik; Institut für Informatik der Fakultät für Mathematik und Informatik

Prof. Dr. Matthias Krause; Lehrstuhl für Theoretische Informatik; Institut für Informatik der Fakultät für Mathematik und Informatik

Prof. Dr. Heiner Stuckenschmidt; Wissensrepräsentation und Wissensmanagement; Institut für Informatik der Fakultät für Mathematik und Informatik

Studiengänge und Abschlüsse

Wirtschaftsinformatik*

Abschluss: Bachelor of Science (B.Sc.); Studienplätze pro Semester (ca.): 150

Abschluss: Master of Science (M.Sc.); Studienplätze pro Semester (ca.): 150; Einschreibung erstmals möglich im Herbstsemester 2009

* Dedizierter Wirtschaftsinformatik-Studiengang

Philipps-Universität Marburg
35032 Marburg
www.uni-marburg.de

Auskunftsstelle:
Institut für Wirtschaftsinformatik
35032 Marburg
Tel.: 0049 (0)6421 28 23894
www.uni-marburg.de/fb02/fachgebiete/bwl_
lehrstuehle

Philipps Universität Marburg

Kurzbeschreibung

Das Lehrprogramm deckt das Fach Wirtschaftsinformatik in seiner gesamten Breite ab. Dabei wird versucht, einen engen Bezug zur Praxis herzustellen. Ein Beispiel dafür sind Gastvorträge, die das Vorlesungsprogramm ergänzen und einen Einblick in Problemstellungen und Lösungsansätze in Unternehmen geben. Darüber hinaus bietet ein hoher Übungsanteil in den Veranstaltungen die Möglichkeit, Prototypen und kommerzielle Softwareprodukte kennen zu lernen. Wichtig ist, dass die Studierenden dabei praktische Erfahrungen sammeln, mit den Anwendungssystemen selbständig arbeiten und deren Möglichkeiten und Grenzen einschätzen lernen. Zusätzlich werden von Zeit zu Zeit Fortgeschrittenenübungen angeboten. Ziel hierbei ist es, die Studierenden mit neueren und komplexeren Anwendungssystemen, die im Lehrprogramm nur am Rande behandelt werden, vertraut zu machen (Systeme der Künstlichen Intelligenz, Data-Warehouse, OLAP ...). Gegenstand von Fortgeschrittenenübungen können andererseits auch reale betriebliche Projekte sein, die die Studierenden als „Berater" in Zusammenarbeit mit Partnerunternehmen bearbeiten.

Professuren und Organisationseinheiten

Prof. Dr. Ulrich Hasenkamp; Abteilung für ABWL und Wirtschaftsinformatik; Betriebswirtschaftslehre
(www.uni-marburg.de/fb02/fachgebiete/bwl_lehrstuehle)

Prof. Dr. Paul Alpar; Abteilung für ABWL und Wirtschaftsinformatik/Quantitative Methoden; Betriebswirtschaftslehre
(www.uni-marburg.de/fb02/fachgebiete/bwl_lehrstuehle)

Studiengänge und Abschlüsse

Betriebswirtschaftslehre/ Business Administration

Abschluss: Bachelor of Science (B.Sc.); Studienplätze pro Semester (ca.): 145

Abschluss: Master of Science (M.Sc.)

Economics and Institutions

Abschluss: Master of Science (M.Sc.)

Volkswirtschaftslehre/ Economics

Abschluss: Bachelor of Science (B.Sc.); Studienplätze pro Semester (ca.): 100

Wirtschaftsmathematik

Abschluss: Bachelor of Science (B.Sc.)

Wirtschaftswissenschaften

Abschluss: Dr. rer. oec.

Technische Universität München Campus Garching
Boltzmannstraße 3
85748 Garching bei München
www.in.tum.de

Technische Universität München

Auskunftsstelle:

Bachelor Wirtschaftsinformatik:
Dipl. rer. com. Stefanie Jahner
TUM – Technische Universität München
Lehrstuhl für Wirtschaftsinformatik Prof.
Dr. Krcmar (I 17)
Boltzmannstraße 3
85748 Garching bei München (Germany)
Tel.: 0049 (0) 89 289 19508
Fax: 0049 (0) 89 289 19533
stefanie.jahner@in.tum.de

Informationen zum Studiengang:
www.winfobase.de
www.pa.in.tum.de/wiinf-bachelor

Master Wirtschaftsinformatik:

Prof. Dr. Martin Bichler/
Dipl.-Inf. Oliver Hühn

Roland Berger & o2 Germany Professor of
Internet-based Information Systems (IBIS)

Department of Informatics, I 18

Technische Universitaet Muenchen
Boltzmannstraße 3
85748 Garching bei München (Germany)
Tel.: 0049 (0)89 289 17500 sowie 0049
(0)89 289 17530
http://ibis.in.tum.de
bichler@in.tum.de
oliver.huehn@in.tum.de

Informationen zum Studiengang:
http://ibis.in.tum.de/teaching/wi_master_betreuung/wi_master_betreuung.htm

Kurzbeschreibung

Die Kompetenz, betriebswirtschaftliche und informationstechnische Aspekte bei der Gestaltung von Informationssystemen und Geschäftsprozessen zu verbinden, macht WirtschaftsinformatikerInnen auf dem Arbeitsmarkt sehr gefragt. Das Studium an der TU München bereitet auf Führungsaufgaben in der Wirtschaft vor und verschafft unseren AbsolventInnen gute Einstiegs- und Verdienstmöglichkeiten. Außerdem unterstützt die TUM ihre StudentInnen bei unternehmerischen Aktivitäten und auf dem Weg in die Selbstständigkeit. Charakteristisch für die Wirtschaftsinformatik der Technischen Universität München sind – die Orientierung an sozialen, technischen und ökonomischen Aspekten bei der Gestaltung von Nutzungsinnovationen und Wertschöpfungsnetzwerken, – die Verbindung von Hersteller- und Anwenderperspektive auf Unternehmenssoftware, – die enge Zusammenarbeit mit Unternehmen und Verwaltung und der Wissenstransfer durch Unternehmensgründungen. Kurz gefasst: Für junge Menschen mit Blick fürs Ganze und Interesse an der Gestaltung ist Wirtschaftsinformatik die richtige Wahl.

Bachelor Wirtschaftsinformatik

Die Verbindung von Informatik und Betriebswirtschaft, eine passende mathematische Fundierung und einschlägige Vertiefungsangebote – das bietet das Bachelorstudium der Wirtschaftsinformatik an der TU München. In sechs Semestern vermittelt der Studiengang praxiszugewandt theoretische Grundlagen der Wirtschaftsinformatik und bereitet Sie optimal auf spätere Tätigkeitsfelder vor: die Entwicklung und das Management von Informationssystemen und Geschäftsprozessen in Unternehmen.

Master Wirtschaftsinformatik

Master Wirtschaftsinformatik Ausrichtung Seit 2004 bietet die TU München einen Master-Studiengang im Fach Wirtschaftsinformatik an. In drei Semestern vermittelt der Studiengang praxiszugewandt theoretische Grundlagen der Wirtschaftsinformatik und bereitet gezielt auf die Berufsbilder Chief Information Officer, Chief Technology Officer oder IT Consultant vor.

Professuren und Organisationseinheiten

(www.in.tum.de/studium/wirtschaftsinformatik/index.html)

Prof. Florian Matthes; Ernst Denert-Stiftungslehrstuhl für Software Engineering betrieblicher Informationssysteme (sebis); Wirtschaftsinformatik

Prof. Dr. Helmut Krcmar; Lehrstuhl für Wirtschaftsinformatik; Wirtschaftsinformatik

Prof. Martin Bichler; Roland Berger & O2 Germany Stiftungslehrstuhl für Internet-basierte Geschäftssysteme (ibis); Wirtschaftsinformatik

Studiengänge und Abschlüsse

Wirtschaftsinformatik*

Abschluss: Bachelor of Science (B.Sc.)

Abschluss: Master of Science (M.Sc.)

* Dedizierter Wirtschaftsinformatik-Studiengang

Ludwig-Maximilians-Universität München
Geschwister-Scholl-Platz 1 | 80539 München
www.lmu.de

Auskunftsstelle:
Ludwig-Maximilians-Universität München
Fakultät für Betriebswirtschaft
Institut für Wirtschaftsinformatik und Neue Medien
Ludwigstraße 28 | 80539 München
Tel.: 0049 (0)89 2180 6390
Fax: 0049 (0)89 2180 13541
www.wim.bwl.lmu.de | wi-sekr@bwl.uni-muenchen.de

Kurzbeschreibung

Die Wirtschaftsinformatik ist an der LMU insbesondere Bestandteil der Bachelor- und Masterstudiengänge Betriebswirtschaftslehre und auch Bestandteil der Bachelor- und Masterstudiengänge Medieninformatik sowie des Masterstudiengangs „Technology Management".

Im Bachelorstudiengang BWL wird im ersten Studienabschnitt eine für alle Studierenden verpflichtende Grundlagenausbildung in Wirtschaftsinformatik durchgeführt. Im zweiten Studienabschnitt bieten das Institut für Wirtschaftsinformatik und Neue Medien, das Institut für Information, Organisation und Management sowie das Institut für Kommunikationsökonomie dann verschiedene Vertiefungsveranstaltungen aus dem Bereich der Wirtschaftsinformatik bzw. wirtschaftsinformatiknaher Themen aus der BWL an. Exemplarisch seien die Themenfelder Neue Medien, neue Organisationsformen und Kommunikationsökonomie genannt. Im Masterstudiengang BWL können diese Vertiefungen fortgesetzt und ergänzt werden, so z. B. durch Veranstaltungen zum Electronic Commerce, zum Informationsmanagement und zum Management von Softwareunternehmen.

Eine Besonderheit des Angebots der LMU ist der Studienschwerpunkt „Digitale Ökonomie". Studenten aus der BWL können sowohl auf Bachelor- als auch auf Master-Stufe zwischen einer Vielzahl von Veranstaltungen zur Medien-, Telekommunikations- und Softwareindustrie wählen.

Im Bachelor- und Masterstudiengang Medieninformatik bietet das Institut für Wirtschaftsinformatik und Neue Medien den Studierenden das aus verschiedenen Lehrveranstaltungen bestehende Anwendungsfach „Medienwirtschaft" an.

Des Weiteren wird in Kooperation mit der TU München am „Center for Digital Technology and Management" (www.cdtm.de) der englischsprachige Elitestudiengang „Technology Management" angeboten, in den von Seiten der LMU auch wirtschaftsinformatiknahe Kurse eingebracht werden.

Professuren und Organisationseinheiten

Prof. Dr. Dres. h.c. Arnold Picot; Institut für Information, Organisation und Management;
(www.iom.bwl.lmu.de)

Prof. Dr. Tobias Kretschmer; Institut für Kommunikationsökonomie
(www.ice.bwl.uni-muenchen.de/forschung/index.html)

Prof. Dr. Thomas Hess; Institut für Wirtschaftsinformatik und Neue Medien
(www.wim.bwl.lmu.de)

Studiengänge und Abschlüsse

Betriebswirtschaftslehre
Abschluss: Bachelor of Science (B.Sc.)
Abschluss: Master of Science (M.Sc.)

Medieninformatik
Abschluss: Bachelor of Science (B.Sc.)
Abschluss: Master of Science (M.Sc.)

Westfälische Wilhelms-Universität Münster
Schlossplatz 2
48149 Münster
www.uni-muenster.de

Auskunftsstelle:
Zentrale Studienberatung (ZSB)
Schlossplatz 5
48149 Münster
zsb@uni-muenster.de
http://zsb.uni-muenster.de

WESTFÄLISCHE
WILHELMS-UNIVERSITÄT
MÜNSTER

Fachstudienberatung Wirtschaftsinformatik

Leonardo-Campus 3
48149 Münster
Studienberatung@wi.uni-muenster.de
www.wi.uni-muenster.de

Kurzbeschreibung

Das Institut für Wirtschaftsinformatik wurde 1990 innerhalb der Wirtschaftswissenschaft-lichen Fakultät der Westfälischen Wilhelms-Universität Münster eingerichtet.

Über 100 Personen sind im Institut tätig: neben den sechs Hochschullehrern knapp 50 Mitarbeiterinnen und Mitarbeiter und über 50 studentische Hilfskräfte. Eine moderne Hardware- und Softwareausstattung steht zur Verfügung. Die Studiengänge des Instituts werden in Rankings regelmäßig mit sehr guten Noten bewertet. Den bisherigen Diplom- und Master-Studiengang Wirtschaftsinformatik beenden jedes Jahr ca. 60 Studenten erfolgreich, um in unterschiedlichen Branchen als Unternehmensberater, Softwareprojekt-Manager, Informationsmanager, Informationssystem- und Organisationsgestalter etc. zu arbeiten. Seit dem Wintersemester 2005/2006 wird ein Bachelor-Studiengang sowie ein darauf aufbauender Master-Studiengang angeboten.

In anwendungsnahen Forschungs- und Entwicklungsprojekten werden betriebswirtschaft-liche Konzeptionen und moderne Informations- und Kommunikationstechniken zu ganz-heitlichen Lösungen zusammengeführt. In Kooperationen mit Unternehmen, Verbänden und Kammern werden Forschungsergebnisse umgesetzt. Das Institut ist beratend bei der Gestaltung des betrieblichen EDV-Einsatzes und der Ablauforganisation tätig.

Professuren und Organisationseinheiten

(www.wi.uni-muenster.de)

Prof. Dr. Gottfried Vossen; Lehrstuhl für Informatik; Institut für Wirtschaftsinformatik

Prof. Dr. Heinz Lothar Grob; Lehrstuhl für Wirtschaftsinformatik und Controlling; Institut für Wirtschaftsinformatik

Prof. Dr. Jörg Becker; Lehrstuhl für Wirtschaftsinformatik und Informationsmanagement; Institut für Wirtschaftsinformatik

Prof. Dr. Stefan Klein; Lehrstuhl für Wirtschaftsinformatik und Interorganisationssysteme; Institut für Wirtschaftsinformatik

Prof. Dr. Herbert Kuchen; Praktische Informatik in der Wirtschaft; Institut für Wirtschaftsinformatik

Prof. Dr. Ulrich Müller-Funk; Quantitative Methoden der Wirtschaftsinformatik; Institut für Wirtschaftsinformatik

Studiengänge und Abschlüsse

Information Management*

Abschluss: Executive Master of Business Administration in Information Management

Information Systems*

Abschluss: Master of Science (M.Sc.); Studienplätze pro Semester (ca.): 30

Wirtschaftsinformatik*

Abschluss: Bachelor of Science (B.Sc.); Studienplätze pro Semester (ca.): 60

* Dedizierter Wirtschaftsinformatik-Studiengang

Carl von Ossietzky Universität Oldenburg
26111 Oldenburg
www.uni-oldenburg.de

Auskunftsstelle:
Carl von Ossietzky Universität
Immatrikulationsamt
D-26111 Oldenburg
Tel.: 0049 (0)441 798 2519
Fax: 0049 (0)441 798 2518

Weitere Auskunftstellen

Fachstudienberatung Bachelor
Prof. Dr. Jürgen Sauer
Tel.: 0049 (0)441 798 4488
juergen.sauer@uni-oldenburg.de

Fachstudienberatung Master
Prof. Dr. Jorge Marx Gómez
Tel.: 0049 (0)441 798 4470
jorge.marx.gomez@uni-oldenburg.de

Für ausländische Bewerber:

International Student Office (ISO)
Ammerländer Heerstraße 114-118
26111 Oldenburg
Tel.: 0049 (0)441 798 2478
Fax: 0049 (0)441 798 2461

Kurzbeschreibung

Die Wirtschaftsinformatik ist interdisziplinär, d.h. sie nutzt Ansätze der Betriebswirtschaftslehre und der Informatik, die sie erweitert, integriert und um eigene spezifische Ansätze
ergänzt. Es werden technische, wirtschaftliche, organisatorische und psychosoziale Aspekte berücksichtigt.

Im Studium des Bachelors werden daher vor allem Grundlagen der Informatik und ihrer
Anwendungen vermittelt (Methoden, Vorgehensmodelle, Werkzeuge und Systeme im
Team). Im Studium im Master werden darüber hinaus die Ansätze vermittelt, die die
Studenten in die Lage versetzen, Informationssysteme in Organisationen und organisati-
onsübergreifend zu analysieren, zu gestalten, zu implementieren und zu nutzen. Das Er-
werben von Problemlösungskompetenz ist daher ein wichtiger Teil der Ausbildung.
Konkrete Produkte und Fallstudien werden herangezogen, um Ansätze zu verdeutlichen
bzw. umzusetzen.

Die Lehre orientiert sich stark an der Praxis. Dies wird auch durch vielfältige nationale und
internationale Kooperationen deutlich. Darüber hinaus besteht eine intensive Zusammenarbeit mit regionalen und überregionalen Wirtschaftsunternehmen aus Industrie und
Dienstleistung. Hierbei werden auch Synergien mit dem OFFIS (Oldenburger Informatik
Institut, www.offis.de) genutzt.

Professuren und Organisationseinheiten

(www.informatik.uni-oldenburg.de)

Prof. Dr.-Ing. Jorge Marx Gómez; Abteilung Wirtschaftsinformatik I – Very Large Business Applications; Department für Informatik

Prof. Dr.-Ing. Axel Hahn; Abteilung Wirtschaftsinformatik II – Business Engineering; Department für Informatik

Prof. Dr. H.-J. Appelrath; Abteilung Informationssysteme; Department für Informatik

Studiengänge und Abschlüsse

Wirtschaftsinformatik*

Abschluss: Bachelor of Science (B.Sc.)

Abschluss: Master of Science (M.Sc.)

Informatik (Schwerpunkt Wirtschaftsinformatik)

Abschluss: Bachelor of Science (B.Sc.)

Abschluss: Master of Science (M.Sc.)

Wirtschaftswissenschaften (Studienrichtung Wirtschaftsinformatik)

Abschluss: Bachelor of Arts (B.A.)

* Dedizierter Wirtschaftsinformatik-Studiengang

Universität Osnabrück
Heger-Tor-Wall 14 | 49069 Osnabrück
www.uni-osnabrueck.de

Auskunftsstelle:
Studiengangkoordinatorin Information Systems:
Jasmin Samizadeh M.Sc.
Katharinenstraße 1-3 | 49069 Osnabrück
Tel.: 0049 (0)5 41 9 69 48 14
is-info@oec.uni-osnabrueck.de
www.is.uni-osnabrueck.de

Kurzbeschreibung

Das Studium der Wirtschaftsinformatik in Osnabrück vermittelt fundierte theoretische und praktische Kenntnisse und Fertigkeiten in beiden Bereichen und beschäftigt sich mit der Anwendung von Methoden der Informations- und Kommunikationstechnologie auf betriebliche Problemstellungen. Die Absolventinnen und Absolventen werden in die Lage versetzt, komplexe Informationssysteme zu entwickeln sowie deren Einsatz zu planen und zu kontrollieren. Als Bindeglied zwischen dem Anwender und dem Programmierer ermitteln die Wirtschaftsinformatikerinnen und Wirtschaftsinformatiker dabei mit den Nutzern deren Bedürfnisse und konzipieren auf dieser Grundlage Lösungen.

Durch eine zügige Ausbildung hochqualifizierter Absolventen im Studiengang Information Systems soll ein Beitrag zum Abbau des in diesem Segment vorherrschenden Arbeitskräftemangels geleistet werden. Darüber hinaus sind geeignete Absolventen für einen weiterführenden PhD-Abschluss zu gewinnen.

Professuren und Organisationseinheiten

(www.bwl.uni-osnabrueck.de)

Prof. Dr.-Ing. Bodo Rieger; Fachgebiet BWL/Management Support und Wirtschaftsinformatik; Betriebswirtschaftslehre

Prof. Dr. Uwe Hoppe; Fachgebiet BWL/Organisation und Wirtschaftsinformatik; Betriebswirtschaftslehre

Prof. Dr. Thomas Witte; Fachgebiet BWL/Produktions-Management und Wirtschaftsinformatik; Betriebswirtschaftslehre

N. N.; Unternehmensrechnung und Wirtschaftsinformatik; Betriebswirtschaftslehre

Studiengänge und Abschlüsse

Information Systems*

Abschluss: Bachelor of Science (B.Sc.); Studienplätze pro Semester (ca.): 25

Abschluss: Master of Science (M.Sc.); Studienplätze pro Semester (ca.): 25

Wirtschaftswissenschaft

Abschluss: Bachelor of Science (B.Sc.)

* Dedizierter Wirtschaftsinformatik-Studiengang

Universität Paderborn
Warburger Straße 100 | 33098 Paderborn
www.uni-paderborn.de/home

Auskunftsstelle:
Karin Bussemas
Tel.: 0049 (0)5251 60 5296
Öffnungszeiten: Mo – Do 8.30 bis 16.00h,
Fr. 8.30 bis 14.30h
Raum: BO 140
servicecenter@zv.upb.de

UNIVERSITÄT PADERBORN
Die Universität der Informationsgesellschaft

Studierendensekretariat (speziell für Wirtschaftsinformatik):

Norma Dembeck
Tel.: 0049 (0)5251 60 2547
Öffnungszeiten: Di – Do 10.30 bis 11.30h
Raum: BO-312
Dembeck@zv.uni-paderborn.de

Kurzbeschreibung

Das Fach Wirtschaftsinformatik wird gemeinsam von den Wirtschaftswissenschaften und der Informatik an der Universität Paderborn in einem interdisziplinären Umfeld betreut (Professuren: 6 Wirtschaftsinformatik, 22 Wirtschaftswissenschaften, 18 Informatik). Die zentrale Fachverantwortung, Anlaufstelle für Betreuung und Impulsgeber für die inhaltlich-fachlichen Schwerpunkte werden im breit ausgebauten Department Wirtschaftsinformatik koordiniert (zentraler Zugang via WINFO-Portal: http://winfo.upb.de). Unser Ziel ist es, aktuelle Erkenntnisse aus Forschung in der Lehre zu vermitteln und das Fach aktiv zu entwickeln. Wir betonen insbesondere auch die Anwendungsbezogenheit der Wirtschafts-informatik, die in vielfältigen Projekten mit Partnern aus der Wirtschaft direkt in ein pro-jektbezogenes Studienkonzept sowohl auf Bachelor- wie auch auf Masterebene umgesetzt wird. Unterstützt wird dieser Fokus durch die strategische Ausrichtung der Universität Paderborn als „Universität der Informationsgesellschaft" Unsere Forschung und Lehre sind international ausgerichtet und bereiten Absolventen für die globale Wirtschaft vor. Wir bieten unseren Studierenden eine Vielzahl etablierter Austauschprogramme an auslän-dischen Universitäten an. Wir begrüßen jährlich eine Reihe von Studienanfängern aus allen Teilen der Welt und laden regelmäßig Gastprofessoren aus dem Ausland ein. Neben den Bachelor- und Masterstudiengängen Wirtschaftsinformatik wird ein klar strukturiertes Promotionsstudium in Wirtschaftsinformatik angeboten. Ziel ist es, die Teilnehmer syste-matisch auf eine herausragende wissenschaftliche Forschungstätigkeit vorzubereiten und sie bei dieser wissenschaftlichen Arbeit zu begleiten.

Professuren und Organisationseinheiten

(http://pbfb5www.uni-paderborn.de/www/fb5/wiwi-web.nsf/id/Winfo_DE)

Jun.-Prof. Dr. Natalia Kliewer; Juniorprofessur (zug. zu Wirtschaftsinformatik 4); Department Wirtschaftsinformatik – Business Informationmanagement

Jun.-Prof. Dr. Achim Koberstein; Juniorprofessur (zug. zu Wirtschaftsinformatik 4); Department Wirtschaftsinformatik – Business Informationmanagement

Prof. Dr. Bernd Hellingrath; Professur zug. zu Wirtschaftsinformatik 3; Department Wirtschaftsinformatik – Business Informationmanagement

Prof. Dr. Joachim Fischer; Wirtschaftsinformatik 1/Business Information Systems; Department Wirtschaftsinformatik – Business Informationmanagement

Prof. Dr. Ludwig Nastansky; Wirtschaftsinformatik 2/Groupware Competence Center (GCC); Department Wirtschaftsinformatik – Business Informationmanagement

Prof. Dr.-Ing. habil. Wilhelm Dangelmaier; Wirtschaftsinformatik 3/Computer Integrated Manufacturing; Department Wirtschaftsinformatik – Business Informationmanagement

Prof. Dr. Leena Suhl; Wirtschaftsinformatik 4/Decision Support & Operations Research Lab; Department Wirtschaftsinformatik – Business Informationmanagement

Studiengänge und Abschlüsse

Wirtschaftsinformatik(Business Information Systems)*

Abschluss: Bachelor of Science (B.Sc.); Studienplätze pro Semester (ca.): 150

Abschluss: Master of Science (M.Sc.); Studienplätze pro Semester (ca.): 80

Betriebswirtschaftslehre (Business Administration)

Abschluss: Bachelor of Science (B.Sc.); Studienplätze pro Semester (ca.): 300

Abschluss: Master of Science (M. Sc.); Studienplätze pro Semester (ca.): 75

Informatik

Abschluss: Bachelor of Science (B.Sc.); Studienplätze pro Semester (ca.): 160

Abschluss: Master of Science (M. Sc.); Studienplätze pro Semester (ca.): 50

Wirtschaftspädagogik (Business and Human Ressource Education)

Abschluss: Master of Science (M. Sc.); Studienplätze pro Semester (ca.): 20

* Dedizierter Wirtschaftsinformatik-Studiengang

Universität Passau
94030 Passau
www.uni-passau.de

Auskunftsstelle:
www.wiwi.uni-passau.de/bbc.html

Prof. Dr. Peter Kleinschmidt
Tel.: 0049 (0)851 509 2570
kleinschmidt@uni-passau.de

Prof. Dr. Franz Lehner
Tel.: 0049 (0)851 509 2590
lehner@uni-passau.de

Kurzbeschreibung

Wesentliche Merkmale des Bachelor-Studiengangs „Wirtschaftsinformatik (Business Computing)" an der Universität Passau sind:

- Orientierung an Aufgaben in Unternehmen und der Wirtschaft
- anspruchsvoller, anwendungs- und praxisorientierter Unterricht
- Vermittlung der WI-Kernkompetenzen in Bezug auf betriebliche Informationssysteme
- modularer Studienaufbau sowie Leistungspunktesystem (ECTS-konform)
- internationale Ausrichtung
- Basis für weiterführende Master-Programme

Professuren und Organisationseinheiten

Prof. Dr. Peter Kleinschmidt; Lehrstuhl für Wirtschaftsinformatik I; Wirtschaftswissenschaftliche Fakultät

(www.wiwi.uni-passau.de)

Prof. Dr. Franz Lehner; Lehrstuhl für Wirtschaftsinformatik II; Wirtschaftswissenschaftliche Fakultät

(www.wiwi.uni-passau.de)

Studiengänge und Abschlüsse

Wirtschaftsinformatik (Business Computing)*

Abschluss: Bachelor of Science (B.Sc.); Studienplätze pro Semester (ca.): 50

Wirtschaftsinformatik/Business Information Systems*

Abschluss: Master of Science (M.Sc.)

Business Administration and Economics – BAE

Abschluss: Bachelor of Science (B.Sc.); Studienplätze pro Semester (ca.): 450

* Dedizierter Wirtschaftsinformatik-Studiengang

Universität Regensburg
Universitätsstraße 31 | 93053 Regensburg
www.uni-regensburg.de

Auskunftsstelle:
Wirtschaftwissenschaftliche Fakultät
Studienberatung| Universität Regensburg
Gebäude RW(S), Zi. 109a
Tel.: 0049 (0)941 943 2747
www.wiwi.uni-regensburg.de
studien.info@wiwi.uni-regensburg.de

Universität Regensburg

Kurzbeschreibung

Die Universität Regensburg mit ihrem Institut für Wirtschaftsinformatik bietet ein bundesweit einmaliges Kompetenzprofil und den Studierenden ein breitgefächertes Studienportfolio. Angeboten wird ein 6-semestriger Bachelor- und 4-semestriger Master-Studiengang Wirtschaftsinformatik. Der Bachelorstudiengang gliedert sich in zwei Studienphasen, die jeweils 3 Semester umfassen. In der ersten Studienphase erwirbt der Studierende wirtschaftswissenschaftliche Grundlagen und fachspezifische Methodenkompetenz. Die zweite Studienphase erlaubt dem Studierenden die Vertiefung des bisher angeeigneten Wissens.

Studierende der Masterstudiengänge können zwischen unterschiedlichen Studienvarianten wählen: Neben einem Abschluss als „Master of Science in Wirtschaftsinformatik" können umfangreiche Module in den Bereichen IT-Finance, IT-Security und Business Information Systems kombiniert werden, um so den Abschluss um fachspezifische Schwerpunkte, ‚Major' genannt, zu ergänzen. Das Masterstudium schließt mit der Anfertigung einer wissenschaftlichen Master-Thesis ab. Promotionsstudenten werden durch ein regelmäßiges Lehrprogramm für Doktoranden und ein internationales Forschungsnetzwerk in ihrer Forschung unterstützt.

Ein weiteres Charakteristikum der Wirtschaftsinformatik an der Universität Regensburg sind die integrierten Honors-Elitestudiengänge (www.honors.de), in denen besonders begabte und qualifizierte Studierende eine anspruchsvolle Zusatzausbildung erfahren. Die Honors-Studiengänge für Bachelor und Master sind im Studienverbund „Elitenetzwerk Bayern" organisiert. In den genannten Studiengängen werden Auslandssemester dringend empfohlen bzw. verpflichtend vorgeschrieben. Die Fakultät verfügt über ein internationales Netzwerk mit derzeit mehr als 50 Partneruniversitäten in zahlreichen Ländern auf allen Kontinenten.

Professuren und Organisationseinheiten

(www-wiwi.uni-regensburg.de)

Prof. Dr. Andreas Otto; Lehrstuhl für Controlling und Logistik; Institut für Wirtschafts-informatik

Prof. Dr. Günther Pernul; Lehrstuhl für Wirtschaftsinformatik I – Informationssysteme; Institut für Wirtschaftsinformatik

Prof. Dr. Dieter Bartmann; Lehrstuhl für Wirtschaftsinformatik II – Bankinformatik; Institut für Wirtschaftsinformatik

Prof. Dr. Susanne Leist; Lehrstuhl für Wirtschaftsinformatik III – Business Engineering; Institut für Wirtschaftsinformatik

Prof. Dr. Hannes Federrath; Lehrstuhl für Wirtschaftsinformatik IV – Management der Informationssicherheit; Institut für Wirtschaftsinformatik

Prof. Dr. Peter Lory; Professur für Wirtschaftsinformatik & Wirtschaftsmathematik; Institut für Wirtschaftsinformatik

Studiengänge und Abschlüsse

Wirtschaftsinformatik *

Abschluss: Bachelor of Science (B.Sc.); Studienplätze pro Semester (ca.): 70
Abschluss: Master of Science (M.Sc.)

Eliteförderung im Rahmen des Bachelorstudiengangs Wirtschaftsinformatik *

Abschluss: „Bachelor of Science" („B.Sc.") (mit ausgewiesenem „Honors"-Modul)

„Honors"-Masterstudiengang Wirtschaftsinformatik *

Abschluss: Master of Science with Honors (M.Sc. with Honors)

* Dedizierter Wirtschaftsinformatik-Studiengang

Universität Rostock
Ulmenstraße 69 | 18051 Rostock
www.ief.uni-rostock.de

Auskunftsstelle:
Fakultät für Informatik und Elektrotechnik
Studienbüro Albert-Einstein-Straße 2
Stelzengang – Raum 127| 18059 Rostock
www.informatik.uni-rostock.de/wb_anginf.html
rena.daubner@uni-rostock.de
studienberatung@uni-rostock.de

Kurzbeschreibung

Es wird ein gemeinsamer konsekutiver Bachelor-/Master-Studiengang „Wirtschaftsinfor-matik" angeboten. Das modularisierte Studium Wirtschaftsinformatik vermittelt in 7 Seme-stern (Bachelor-Abschluss) und weiteren 3 Semestern (Master-Abschluss) fortgeschrittene, vertiefte wissenschaftliche Kenntnisse und Problemlösungskompetenzen im interdiszipli-nären Bereich Wirtschaftsinformatik zwischen Informatik und Betriebswirtschaftslehre. In das Masterstudium werden geeignete qualifizierte Absolventinnen und Absolventen sowohl in- als auch ausländischer wissenschaftlicher Bachelorstudiengänge der Wirtschaftsinfor-matik oder vergleichbarer Fachgebiete zugelassen.

Das Studium vermittelt grundlegende Prinzipien, Methoden, Modelle und Werkzeuge, die die Absolventen befähigen, Informations- und Kommunikationssysteme in Wirtschaft und Verwaltung zielgerichtet entwickeln, anwenden und einsetzen zu können. Die Studierenden werden von Anfang des Studiums an, durchgängig zu etwa gleichen Teilen mit den Kernbe-standteilen der Betriebswirtschaftslehre und der Informatik, sowie mit interdisziplinären Fachinhalten befasst. Das Bachelor-Studium Wirtschaftsinformatik besteht aus einem dreisemestrigen Basisstudium, in dem die Grundlagen für die fachliche Vertiefung gelegt werden, sowie einem Fachstudium welches vier Semester umfasst. Im letzten Semester des Fachstudiums ist ein Berufspraktikum zu absolvieren sowie die Bachelor-Arbeit anzu-fertigen und zu verteidigen. Durch Wahlmodule hat der/die Studierende im Fachstudium die Möglichkeit entsprechend seiner/ihrer Befähigungen und Neigungen eigene Schwer-punkte zu setzen. Eine weitere Ausdifferenzierung wird durch die Wahl der Studienrichtung „Information Systems" oder „Business Informatics" im Fachstudiumsabschnitt des Studi-enganges ermöglicht. Der Trend zur internationalen Zusammenarbeit wird durch ein Ange-bot ausgewählter Module in englischer Sprache gefördert.

Professuren und Organisationseinheiten

(www.informatik.uni-rostock.de)

N.N.; Lehrstuhl Architektur von Anwendungssystemen; Institut für Informatik

Prof. Dr. Andreas Heuer; Lehrstuhl Datenbank- und Informationssysteme; Institut für Informatik

Prof. Dr.-Ing. Hans Röck; Lehrstuhl für Wirtschaftsinformatik; Institut für Informatik

Prof. Dr. Clemens Cap; Lehrstuhl Informations- und Kommunikationsdienste; Institut für Informatik

Prof. Dr. Adelinde M. Uhrmacher; Lehrstuhl Modellierung und Simulation; Institut für Informatik

Prof. Dr.-Ing. Peter Forbrig; Lehrstuhl Softwaretechnik; Institut für Informatik

Prof. Dr. Martin Benkenstein; Institut für Marketing & Dienstleistungsforschung; Wirtschafts- und Sozialwissenschaftliche Fakultät

Prof. Dr. rer. oec. habil. et Dr. paed. Theodor Nebl; Lehrstuhl des Instituts für Produktionswirtschaft; Wirtschafts- und Sozialwissenschaftliche Fakultät

Prof. Dr. Peter Lorson; Lehrstuhl für ABWL: Unternehmensrechnung und Controlling; Wirtschafts- und Sozialwissenschaftliche Fakultät

Prof. Dr. Friedemann W. Nerdinger; Lehrstuhl für ABWL:Wirtschafts- und Organisationspsychologie; Wirtschafts- und Sozialwissenschaftliche Fakultät

Studiengänge und Abschlüsse

Business Informatics*

Abschluss: Master of Science (M.Sc.); letzte Neueinschreibung im Sommersemester 2009

Wirtschaftsinformatik*

Abschluss: Bachelor of Science (B.Sc.)

Abschluss: Master of Science (M.Sc.); Einschreibung erstmals möglich im Sommersemester 2009

* Dedizierter Wirtschaftsinformatik-Studiengang

Universität des Saarlandes
Postfach 151150 | 66041 Saarbrücken
www.uni-saarland.de/de

Auskunftsstelle:
Universität des Saarlandes | Studienzentrum
(Zentrum für Studienberatung, Weiterbildung
und Fernstudium)
Campus Saarbrücken, Gebäude C5 5
Postfach 15 11 50| 66041 Saarbrücken
Tel.: 0049 (0)681 302 3513 | Fax: 0049 (0)681 302 4526
www.uni-saarland.de/de/organisation/zentrale_
einrichtungen/studienberatung

UNIVERSITÄT
DES
SAARLANDES

Kurzbeschreibung

Der Studiengang Wirtschaftsinformatik mit dem Abschluss „Bachelor of Information Systems" wird an der Universität des Saarlandes seit Wintersemester 2002/2003 angeboten und führt bereits nach sechs Semestern zu einem berufsqualifizierenden Hochschulabschluss. Die Zielsetzung des Bachelor-Studiengangs besteht in der Vermittlung der grundlegenden wissenschaftlichen Inhalte und Methoden der drei Fachdisziplinen Wirtschaftsinformatik, Informatik und Betriebswirtschaftslehre, welche zu gleichen Teilen in das Studium eingehen. Mit dem Abschluss wird die Fähigkeit zur Anwendung der vermittelten Kenntnisse auf die Lösung praktischer Aufgaben der Wirtschaftsinformatik im beruflichen Umfeld erlangt.

Seit Wintersemester 2005/2006 ist an der Universität des Saarlandes die Weiterführung des Bachelor-Studiums in Wirtschaftsinformatik mit dem Abschluss eines „Master of Information Systems (M.A.)" möglich. Wie der Bachelor-Studiengang basiert der zweijährige Master-Studiengang auf den drei Säulen der Fachdisziplinen Wirtschaftsinformatik, Informatik und Betriebswirtschaft.

Die Zielsetzung im Masterstudium besteht in der Vermittlung vertiefter wissenschaftlicher Kenntnisse, Methoden und Fachzusammenhänge. Mit dem Abschluss besitzt der/die Absolvent/in die Fähigkeit wissenschaftliche Methoden und Erkenntnisse der Wirtschaftsinformatik eigenständig anzuwenden und erlangt die Berechtigung zu einer Promotion.

Mit dem virtuellen Studienangebot WINFOLine wird den Studierenden die Möglichkeit geboten, die Lehrinhalte des IWi und weiterer Universitäten in Form von Online-Veranstaltungen über das Internet zu nutzen.

Professuren und Organisationseinheiten

Prof. Dr. Peter Loos; Professur für Betriebswirtschaftslehre, insbesondere Wirtschaftsinformatik; Institut für Wirtschaftsinformatik
(http://iwi.dfki.de)

Studiengänge und Abschlüsse

Wirtschaftsinformatik*

Abschluss: Bachelor of Information Systems; Studienplätze pro Semester (ca.):60

Abschluss: Master of Information Systems

Betriebswirtschaftslehre

Abschluss: Diplom Kaufmann/frau

Wirtschaftspädagogik

Abschluss: Diplom Handelslehrer/in; Studienplätze pro Semester (ca.): 50

Wirtschaft und Recht

Abschluss: Bachelor of Arts (B.A.); Studienplätze pro Semester (ca.): 50

* Dedizierter Wirtschaftsinformatik-Studiengang

Universität Siegen
Anschrift: Hölderlinstraße 3 | 57068 Siegen
www.uni-siegen.de

Auskunftsstelle:
Studierendensekretariat:
Herr Schulte | Zimmer 030
Herrengarten 3 | 57068 Siegen
Tel.: 0049 (0)271 740 4814
Fax: 0049 (0)271 740 4822
www.uni-siegen.de/uni/studium/
studierendensekretariat.html

UNIVERSITÄT SIEGEN

Wirtschaftsinformatik:
www.uni-siegen.de/fb5/winfo

Kurzbeschreibung

Das Siegener Ausbildungskonzept in der Wirtschaftsinformatik setzt ganz wesentlich auf die Vermittlung von sowohl praxisbezogenen als auch forschungsorientierten Wissen. Der praxisbezogene Fokus liegt dabei auf einer engen Kooperation sowohl mit regionalen KMU der Software- und Medienindustrie sowie IT-Anwendern aus den Branchen Anlagenbau, Apparatebau, Maschinenbau und Automobilzulieferer. Im Rahmen von Projektarbeiten erhalten die Studierenden die Möglichkeit sich in Praxisgemeinschaften von IT-Anwendern Wissen anzueignen. Der forschungsorientierte Fokus liegt in der Einbeziehung der Studierenden in aktuelle Forschungsprojekte (DFG, BMBF, EU). Die Projekte selbst sind vielfach wieder in einem angewandten IT-Setting in Kooperation mit namhaften Industriepartnern (z. B. Deutsche Telekom oder SAP) angesiedelt, wodurch die enge Verzahnung von Praxis und Forschung hervorgehoben wird.

Professuren und Organisationseinheiten

(www.uni-siegen.de/fb5/winfo)

Jun.-Prof. Dr. Volkmar Pipek; Computergestützte Gruppenarbeit in Organisationen; Institut für Wirtschaftsinformatik

Prof. Dr. Erwin Pesch; Management Information Science; Institut für Wirtschaftsinformatik

Jun.-Prof. Dr.-Ing. Thomas Barth; Unterstützung wissensintensiver Prozesse; Institut für Wirtschaftsinformatik

Prof. Dr.-Ing. Manfred Grauer; Wirtschaftsinformatik; Institut für Wirtschaftsinformatik

Prof.'in Dr. Herrad Schmidt; Wirtschaftsinformatik; Institut für Wirtschaftsinformatik

Prof. Dr. Volker Wulf; Wirtschaftsinformatik und Neue Medien; Institut für Wirtschaftsinformatik

Studiengänge und Abschlüsse

Wirtschaftsinformatik*

Abschluss: Bachelor of Science (B.Sc); Studienplätze pro Semester (ca.): 70

Abschluss: Master of Science (M.Sc.); Studienplätze pro Semester (ca.): 30

* Dedizierter Wirtschaftsinformatik-Studiengang

Universität Stuttgart
Universitätsbereich Stadtmitte
Postfach 10 60 37 | 70049 Stuttgart
www.uni-stuttgart.de

Auskunftsstelle:
Fachstudienberatung Wirtschaftsinformatik:
Herr Philipp Kordowich
Lehrstuhl für Wirtschaftsinformatik I
Tel.: 0049 (0)711 459 24135
Fax: 0049 (0)711 459 23145
bachelor@winfohost.de | master@winfohost.de

 **Universität Stuttgart**

Informationen zu Bachelor und Master Wirtschaftsinformatik:

www.winfohost.de

Fachstudienberatung technisch orientierte BWL:

BWI-Servicezentrum
Keplerstraße 17
70174 Stuttgart
Tel.: 0049 (0)711 685 83604
Fax: 0049 (0)711 685 83197
www.bwi.uni-stuttgart.de
studienberatung@bwi-service.uni-stuttgart.de

Kurzbeschreibung

An der Universität Stuttgart wird seit 2001 gemeinsam mit der Universität Hohenheim ein von Beginn an als Bachelor-Studiengang konzipierter Studiengang in Wirtschaftsinformatik angeboten. Dieser wurde 2004 mit einem aufbauenden Masterstudiengang vervollständigt. Den Studenten dieser Kooperationsstudiengänge stehen dabei die Kompetenzen und die Einrichtungen beider Hochschulen zur Verfügung. Je zwei Lehrstühle für Wirtschaftsinformatik beider Universitäten sorgen für ein breit gefächertes Angebot an Lehrveranstaltungen und ermöglichen eine umfangreiche Betreuung und das Setzen individueller Schwerpunkte.

Zusätzlich besteht für die Studierenden der technisch orientierten BWL sowie zahlreicher technischer und naturwissenschaftlicher Studiengänge der Universität Stuttgart die Möglichkeit, Wirtschaftsinformatik zu vertiefen.

Professuren und Organisationseinheiten

Prof. Dr. Hans-Georg Kemper; Lehrstuhl für Allgemeine Betriebswirtschaftslehre und Wirtschaftsinformatik I; Betriebswirtschaftliches Institut

(www.bwi.uni-stuttgart.de)

Prof. Dr. Georg Herzwurm; Lehrstuhl für Allgemeine Betriebswirtschaftslehre und Wirtschaftsinformatik II; Betriebswirtschaftliches Institut

(www.bwi.uni-stuttgart.de)

Studiengänge und Abschlüsse

Wirtschaftsinformatik*

Abschluss: Bachelor of Science (B.Sc.); Studienplätze pro Semester (ca.): 60

Abschluss: Master of Science (M.Sc.); Studienplätze pro Semester (ca.): 20

Betriebswirtschaftslehre, technisch orientiert

Abschluss: Bachelor of Science (B.Sc.)

Abschluss: Master of Science (M.Sc.); Einschreibung erstmals möglich im Wintersemester 2011/2012

* Dedizierter Wirtschaftsinformatik-Studiengang

Universität Trier
Campus II
54296 Trier
www.uni-trier.de

Auskunftsstelle:
Studienberatung:
Dr. Frank Meyer
Tel.: 0049 (0)651 201 2798

Fachstudienberater Wirtschaftsinformatik:

Herr Dr. Axel Kalenborn
Axel.Kalenborn@uni-trier.de

Kurzbeschreibung

An der Universität Trier löst ab dem Wintersemester 2007/08 der Bachelorstudiengang Wirtschaftsinformatik den bisherigen Diplomstudiengang ab. Ab dem Wintersemester 2010/11 kann konsekutiv im Masterstudiengang weiterstudiert werden.

Die Studiengänge sehen eine breite fachliche Qualifikation im Bereich der Informatik und bei informatischen Aspekten der Wirtschaftsinformatik vor, sowie ein grundlegendes Verständnis der Betriebswirtschaftslehre und betriebswirtschaftlicher Aspekte der Wirtschaftsinformatik. Ergänzend und nicht minder wichtig ist das Wissen um sozialwissenschaftliche Belange und die Förderung der sozialen Kompetenz der Studierenden. Entsprechende Veranstaltungen, in denen diese Fähigkeiten erworben werden, sind vorgesehen.

Eine wesentliche Komponente des Ausbildungsziels wird durch das Studienprojekt umgesetzt. Es soll unter möglichst realitätsnahen Bedingungen die Studierenden mit praxisrelevanten Fragestellungen aus der Wirtschaftsinformatik vertraut machen und ihnen die Fähigkeit vermitteln diese adäquat zu lösen. Es findet in der Regel in Zusammenarbeit mit hochschulexternen Partnern unter der Betreuung eines verantwortlichen Hochschullehrers statt. Vermittlung von Erfahrungen in der Teamarbeit, sowie die Befähigung gruppendynamische Prozesse zu beherrschen sind wichtige Ausbildungsziele dieses Studienprojekts.

Vertiefungsmöglichkeiten werden entsprechend der Ausrichtung der beiden Lehrstühle angeboten.

Professuren und Organisationseinheiten

(www.uni-trier.de/index.php?id=2067)

Prof. Dr. Hans Czap; Lehrstuhl für Wirtschaftsinformatik I; Wirtschaftsinformatik

Prof. Dr. Ralph Bergmann; Lehrstuhl für Wirtschaftsinformatik II; Wirtschaftsinformatik

Wirtschaftsinformatik*

Abschluss: Bachelor of Science (B.Sc.)

Abschluss: Master of Science (M.Sc.); Einschreibung erstmals möglich im Wintersemester 2010/2011

* Dedizierter Wirtschaftsinformatik-Studiengang

Eberhard Karls Universität Tübingen
Wilhelmstraße 7, 72074 Tübingen
www.uni-tuebingen.de

Auskunftsstelle:
Allgemeine Studienberatung der Wirtschaftswissen-
schaftlichen Fakultät: www.wiwi.uni-tuebingen.de
Für spezielle Fragen zum Studium der
Wirtschaftsinformatik:
Lehrstuhl für Wirtschaftsinformatik
www.wi.uni-tuebingen.de

EBERHARD KARLS
UNIVERSITÄT
TÜBINGEN

Kurzbeschreibung

Im Zuge der Umstellung auf Bachelor-/Masterstudiengänge kann Wirtschaftsinformatik
als Teil (Spezialisierung) dieser Studiengänge belegt werden.

Der Lehrstuhl für Wirtschaftsinformatik ist organisatorisch der Wirtschaftswissenschaftlichen Fakultät zugeordnet.

Professuren und Organisationseinheiten

Prof. Dr. Bernd Jahnke; Abteilung für Betriebswirtschaftslehre,
insb. Wirtschaftsinformatik; Wirtschaftswissenschaftliche Fakultät

(www.wiwi.uni-tuebingen.de)

Studiengänge und Abschlüsse

Accounting and Finance

Abschluss: Master of Science (M.Sc.); Studienplätze pro Semster (ca.): 10

Economics and Business Administration

Abschluss: Bachelor of Science (B.Sc.); Studienplätze pro Semster (ca.): 100

General Management

Abschluss: Master of Science (M.Sc.); Studienplätze pro Semster (ca.): 10

International Business Administration

Abschluss: Bachelor of Science (B.Sc.); Studienplätze pro Semster (ca.): 60

International Economics

Abschluss: Bachelor of Science (B.Sc.); Studienplätze pro Semster (ca.): 90

Virtual Global University (VGU)
Walter-Benjamin-Platz 2
10629 Berlin
www.vg-u.de

Auskunftsstelle:
VGU
Virtual Global University
Tel.: 0049 (0)335 5534 2302
Fax: 0049 (0)335 5534 2321
administration@vg-u.de

Kurzbeschreibung

Wirtschaftsinformatik wird als virtueller Master-Studiengang im Internet angeboten. Verantwortlich sind 17 Wirtschaftsinformatik-Professoren von 14 deutschen, österreichischen und Schweizer Universitäten, die in der Virtual Global University (VGU) zusammengeschlossen sind und gemeinsam das Lehrangebot bereitstellen und betreiben. Die VGU ist eine private Organisation, die von den Professoren gegründet wurde.

Das MBI-Programm ist ein akkreditierter Master-Studiengang in Wirtschaftsinformatik, der vollständig über Internet im Fernstudium (ohne Präsenz) oder als Kombination von Fern- und Präsenzstudium („Blended Learning") absolviert werden kann. Es kann als Vollzeitstudium oder von Berufstätigen in Teilzeit studiert werden. Das Programm wird in englischer Sprache durchgeführt und umfasst alle wesentlichen Teilgebiete der Wirtschaftsinformatik, die von Fachexperten für den jeweiligen Bereich gelehrt werden. Die Studierenden sind über verschiedene Länder und Kontinente verteilt.

Das MBI-Programm wird von der Virtual Global University (VGU) in Private-Public-Partnership mit der Europa-Universität Viadrina angeboten, die den Mastergrad vergibt.

Professuren und Organisationseinheiten

(www.vg-u.de)

Prof. Dr. Karl Kurbel; Lehrstuhl für Wirtschaftsinformatik; School of Business Informatics

Prof. Dr. Freimut Bodendorf; Lehrstuhl Wirtschaftsinformatik II; School of Business Informatics

Prof. Dr. Stefan Eicker; Lehrstuhl für Wirtschaftsinformatik und Softwaretechnik; School of Business Informatics

Prof. Dr. Dimitris Karagiannis; Institut für Wirtschaftsinformatik – Lehrstuhl für Knowledge und Business Engineering; School of Business Informatics

Prof. Dr. Hermann Krallmann; Institut für Wirtschaftsinformatik und Quantitative Methoden – Lehrstuhl für Systemanalyse und EDV; School of Business Informatics

Prof. Dr. Gerhard Knolmayer; Institut für Wirtschaftsinformatik – Abteilung Information Engineering; School of Business Informatics

Prof. Dr. Susanne Leist; Lehrstuhl für Business Engineering; School of Business Informatics

Prof. Dr. Gustaf Neumann; Institut für Wirtschaftsinformatik und Neue Medien; School of Business Informatics

Prof. Dr. Andreas Oberweis; Institut für Angewandte Informatik und Formale Beschreibungsverfahren – AIFB; School of Business Informatics

Prof. Dr. Günther Pernul; Lehrstuhl für Wirtschaftsinformatik I – Informationssysteme; School of Business Informatics

Prof. Dr. Claus Rautenstrauch; Institut für Technische und Betriebliche Informationssysteme; School of Business Informatics

Prof. Dr.-Ing. Hans Röck; Lehrstuhl für Wirtschaftsinformatik; School of Business Informatics

Prof. Dr. August-Wilhelm Scheer; Institut für Wirtschaftsinformatik; School of Business Informatics

Prof. Dr.-Ing. Bernd Scholz-Reiter; Bremer Institut für Betriebstechnik und angewandte Arbeitswissenschaft an der Universität Bremen (BIBA); School of Business Informatics

Prof. Dr. Wolffried Stucky; Institut für Angewandte Informatik und Formale Beschreibungsverfahren – AIFB; School of Business Informatics

Prof. Dr. Alfred Taudes; Institut für Produktionsmanagement; School of Business Informatics

Prof. Dr. Robert Winter; Institut für Wirtschaftsinformatik; School of Business Informatics

Studiengänge und Abschlüsse

Business Informatics*

Abschluss: International Master of Business Informatics (MBI)

* Dedizierter Wirtschaftsinformatik-Studiengang

Bergische Universität Wuppertal
Gaußstraße 20 | 42097 Wuppertal
www.winfor.de

Auskunftsstelle:
Zentrale Studienberatung (ZSB)
Campus Grifflenberg, Gebäude B, Ebene 05/06
Gaußstraße 20 | 42119 Wuppertal
Tel.: 0049 (0)202 439 2595
www.zsb.uni-wuppertal.de
zsb@uni-wuppertal.de

Kurzbeschreibung

Schwerpunkt des Fachs „Wirtschaftsinformatik und Operations Research" bildet die Erforschung, Entwicklung und Nutzung moderner Informations- und Anwendungssysteme
zur Lösung praxisrelevanter betriebswirtschaftlicher Problemstellungen. Hierbei werden
problemorientierte Modelle und Methoden des Operations Research untersucht und eingesetzt. Im Mittelpunkt steht die effiziente Planung und Steuerung komplexer Prozesse
in Transport- und Produktionsnetzwerken. Dies umfasst insbesondere Probleme eines im
umfassenden Sinne verstandenen Supply Chain Managements.

Professuren und Organisationseinheiten

Prof. Dr. Stefan Bock; Wirtschaftsinformatik und Operations Research;
Fachbereich für Wirtschaftswissenschaft

(www.wiwi.uni-wuppertal.de)

Studiengänge und Abschlüsse

Kombinatorischer Bachelor

Abschluss: Bachelor of Arts (B.A.)

Unterricht an Berufskollegs

Abschluss: Master of Education (M.Ed.); Studienplätze pro Semester (ca.): 50

Wirtschaftswissenschaft

Abschluss: Bachelor of Science (B.Sc); Studienplätze pro Semester (ca.): 300
Abschluss: Master of Science (M.Sc.); Studienplätze pro Semester (ca.): 50

Bayerische Julius-Maximilians-Universität Würzburg
Sanderring 2| 97070 Würzburg
www.uni-wuerzburg.de

Auskunftsstelle:
Lehrstuhl für Betriebswirtschaftslehre und
Wirtschaftsinformatik
Professor Dr. R. Thome| Neubaustraße 66
97070 Würzburg| Tel.: 0049 (0)931 350 10
www.wiinf.uni-wuerzburg.de
thome@wiinf.uni-wuerzburg.de

Julius-Maximilians-
**UNIVERSITÄT
WÜRZBURG**

Kurzbeschreibung

Eigentliches Ziel der wirtschaftlichen Informationsverarbeitung war und ist immer die inner- und zwischenbetriebliche Integration. Die Wirtschaftsinformatik unterscheidet sich von ihren Nachbardisziplinen Volks- und Betriebswirtschaft auf der einen Seite sowie Informatik und Elektrotechnik auf der anderen Seite durch ihre Ergebnisorientierung. Aus allen verfügbaren Techniken, Methoden und Konzepten sollen die brauchbarsten Lösungen herausgesucht werden, um damit den für wirtschaftliche Prozesse notwendigen Informationsaustausch möglichst zwischen allen Beteiligten zu unterstützen und im besten Fall sogar zu automatisieren. Voraussetzung für ein solches Vorgehen sind das Verständnis der technischen Funktionsweisen einerseits und der Erfordernisse für den Ablauf der Aufgaben andererseits. Als Wirtschaftsinformatiker sollte man ein funktionales Verständnis für die relevanten Zusammenhänge mitbringen, um damit über die notwendige Änderung der etablierten Abläufe nachzudenken und sie in effizientere Strukturen umzuwandeln.

Professuren und Organisationseinheiten

Professor Dr. R. Thome; Lehrstuhl für Betriebswirtschaftslehre und Wirtschaftsinformatik; Betriebswirtschaftliches Institut

(www.bwl.uni-wuerzburg.de)

Studiengänge und Abschlüsse

Wirtschaftsinformatik*

Abschluss: Bachelor of Science (B.Sc.); Studienplätze pro Semester (ca.): 30

Abschluss: Master of Science (M.Sc.); Studienplätze pro Semester (ca.): 20

Betriebswirtschaftslehre

Abschluss: Diplom Kaufmann/frau

Executive MBA Business Integration

Abschluss: Master of Business Administration (MBA); Studienplätze pro Semester (ca.): 30

Volkswirtschaftslehre

Abschluss: Diplom Volkswirt/in

* Dedizierter Wirtschaftsinformatik-Studiengang

Karl-Franzens-Universität Graz
Universitätsplatz 3 | 8010 Graz
www.kfunigraz.ac.at/homepage.html

Auskunftsstelle:
Karl-Franzens Universität Graz
Studien- und Prüfungsabteilung
Universitätsplatz 3/1
8010 Graz
Tel.: 0043 (0)316 380 1163
stpa.zv@uni-graz.at

Kurzbeschreibung

An der Karl-Franzens Universität Graz wird die Wirtschaftsinformatik nicht als eigenes Studium angeboten. Es besteht allerdings die Möglichkeit im Rahmen des Studiums der Betriebswirtschaftslehre durch geeignete Auswahl der gewählten Lehrveranstaltungen dem Curriculum einen wirtschaftsinformatischen Schwerpunkt zu geben. Dazu bieten sich vor allem die Vorlesungen und Übungen des Instituts für Informationswissenschaft und Wirtschaftsinfomatik an.

Professuren und Organisationseinheiten

Univ.-Prof. Mag. Dr. Wolf Rauch; Lehrstuhl für Informationswissenschaft und Wirtschaftsinformatik; Institut für Informationswissenschaft

(www.uni-graz.at/iwiwww/)

Studiengänge und Abschlüsse

Betriebswirtschaftslehre

Abschluss: Bakk.rer.soc.oec

Abschluss: Dr.rer.soc.oec.

Abschluss: Mag.rer.soc.oec

Leopold-Franzens-Universität Innsbruck
Universitätsstraße 15
6020 Innsbruck
www.uibk.ac.at

Auskunftsstelle:
Für Informationen zum Master Wirtschaftsinformatik:
www.uibk.ac.at/wipl/masterprogramm.html

Für Anfragen:
Master-IS@uibk.ac.at

Kurzbeschreibung

Wirtschaftsinformatik ist als Grundlagenfach sowie als Vertiefungsfach (Wahlpflichtfach) in den Bachelor- und Diplom-Studiengängen Wirtschaftswissenschaften, Internationale Wirtschaftswissenschaften und Wirtschaftspädagogik integriert. Zusätzlich befindet sich ein Master-Studiengang Wirtschaftsinformatik im Genehmigungsverfahren. Der Master Wirtschaftsinformatik an der Universität Innsbruck/School of Management geht von dem Ansatz der Wertschöpfungskette aus, d.h. der Master Wirtschaftsinformatik ist auf eine prozessorientierte Sichtweise entlang der Wertschöpfungskette fokussiert. Den Studierenden des Masters Wirtschaftsinformatik werden theoretische und methodische Kenntnisse zur Gestaltung von Informations- und Kommunikationssystemen im Sinne von Mensch-Aufgabe-Technik-Systemen in der Wertschöpfungskette vermittelt. Dabei wird eine Integration von drei Sichtweisen auf diese Informations- und Kommunikationssysteme (IKS) angestrebt: (1) Gestaltung der IKS zur Unterstützung menschlicher und maschineller Akteure in den Geschäftsprozessen entlang der Wertschöpfungskette (primär Sichtweise der Wirtschaftsinformatik), (2) IKS als Hilfsmittel zur Realisierung von Konzepten und Methoden zur Planung und Lenkung wertschöpfender Prozesse (primär Sichtweise der Betriebswirtschaftslehre), (3) Realisierung dieser IKS (primär Sichtweise der Informatik). Das vermittelte methodische Wissen ist querschnittorientiert, was die Studierenden dazu befähigt in unterschiedlichen Branchen und Organisationsformen verantwortlich tätig zu sein.

Professuren und Organisationseinheiten

(www.uibk.ac.at/wipl/)

N.N.; E-Business Institut für Wirtschaftsinformatik, Produktionswirtschaft und Logistik

Univ.-Prof. Dr. Hubert Missbauer; Produktionswirtschaft und Logistik; Institut für Wirtschaftsinformatik, Produktionswirtschaft und Logistik

Prof. Dr. Kerstin Fink; Wirtschaftsinformatik; Institut für Wirtschaftsinformatik, Produktionswirtschaft und Logistik

Prof. Dr. Ronald Maier; Wirtschaftsinformatik; Institut für Wirtschaftsinformatik, Produktionswirtschaft und Logistik

N.N.; Wirtschaftsinformatik, Services Sciences; Institut für Wirtschaftsinformatik, Produktionswirtschaft und Logistik

Studiengänge und Abschlüsse

Masterstudiengang: Wirtschaftsinformatik – Information Systems*

Abschluss: Master of Science (M.Sc.)

Internationale Wirtschaftswissenschaften, Wirtschaftspädagogik

Abschluss: Mag.rer.soc.oec

Wirtschaftswissenschaften – Management und Economics

Abschluss: Bachelor of Science (B.Sc.)

* Dedizierter Wirtschaftsinformatik-Studiengang

Universität Klagenfurt
Universitätsstraße 65-67
9020 Klagenfurt
www.uni-klu.ac.at

Auskunftsstelle:
Studienprogrammleiter Informationsmanagement:
http://informationsmanagement.uni-klu.ac.at
informationsmanagement@ifit.uni-klu.ac.at

ALPEN-ADRIA
UNIVERSITÄT
KLAGENFURT

Kurzbeschreibung

The Institute for Applied Informatics consists of the following three research groups: "Application Engineering", "Intelligent Systems and Business Informatics", and "System Security".

According to the motto "scientifically founded – application oriented", the Institute aims to provide an optimal combination of basic and application-oriented research. The Institute also offers its competencies and consulting services to regional and national partners in industry and society. One example is the Institute's long-term cooperation with the Faculty of Business Administration and several industrial partners, resulting in the foundation of a new privately sponsored "e-Business institute (biztec)".

From a teaching perspective, the Institute integrates students into current research projects and introduces scientific methods early in their education. In particular, this is achieved not only through internships, master theses and PhD projects, but also through the employment of students within the Institute. Thus, it is not uncommon that freshly graduated students have already released scientific publications on an international level.

Finally, to maintain international visibility, a further goal of the Institute is to attract and organize high-level scientific events.

Professuren und Organisationseinheiten

(www.uni-klu.ac.at/tewi/inf/ainf/index.html)

O. Univ.-Prof. Dr. Dr.h.c. Heinrich C. Mayr; Forschungsgruppe Praktische Informatik; Institut für Angewandte Informatik

O. Univ.-Prof. Dipl.-Ing. Dr. Gerhard Friedrich; Forschungsgruppe Intelligente Systeme und Wirtschaftsinformatik; Institut für Angewandte Informatik

O. Univ.-Prof. Dr. Patrick Horster; Forschungsgruppe Systemsicherheit; Institut für Angewandte Informatik

Studiengänge und Abschlüsse

Bakkalaureat Informationsmanagement*

Abschluss: Bakk. rer.soc.oec

Magisterstudium Informationsmanagement*

Abschluss: Mag.rer.soc.oec

* Dedizierter Wirtschaftsinformatik-Studiengang

Johannes Kepler Universität Linz
Altenberger Straße 69
4040 Linz
www.jku.at
Auskunftsstelle:
www.win.jku.at

Kurzbeschreibung

Die erforderliche Fach- und Methodenkompetenz wird im Studium der Wirtschaftsinformatik an der Universität Linz als Basiskompetenz und Kernkompetenz vermittelt und darauf aufbauend mit Spezialkompetenz ergänzt. Für eine erfolgreiche Berufsvorbildung in Wirtschaftsinformatik reicht Fach- und Methodenkompetenz nicht aus. Die Ausbildung sieht daher auch den Erwerb bzw. die Weiterentwicklung von personaler und sozialer Kompetenz vor.

Professuren und Organisationseinheiten

(www.ie.jku.at)

Univ.-Prof. Dipl.-Ing. Dr. Christian Stary; Communications Engineering; Institut für Wirtschaftsinformatik

Univ.-Prof. Dipl.-Ing. Dr. Michael Schrefl; Data & Knowledge Engineering; Institut für Wirtschaftsinformatik

Univ.-Prof. Mag. Dr. Friedrich Roithmayr; Information Engineering; Institut für Wirtschaftsinformatik

Univ.-Prof. Dipl.-Ing. Dr. Gustav Pomberger; Software Engineering; Institut für Wirtschaftsinformatik

Studiengänge und Abschlüsse

Wirtschaftsinformatik*

Abschluss: Dr.rer.soc.oec.

Abschluss: Mag.rer.soc.oec

* Dedizierter Wirtschaftsinformatik-Studiengang

Universität Wien
Dr. Karl Lueger Ring 1
1010 Wien
www.univie.ac.at

Auskunftsstelle:
Fakultät für Informatik:
www.cs.univie.ac.at

Studienprogrammleitung Informatik und Wirtschaftsinformatik:
http://spl.univie.ac.at/informatik

Studierenden Portal:
http://studieren.univie.ac.at

Kurzbeschreibung

Das Ziel des Studiums der Wirtschaftsinformatik an der Universität Wien ist die Vermittlung von Fähigkeiten und Fertigkeiten, die einen Absolventen in die Lage versetzen, Unternehmensinformationssysteme zu entwerfen und zu implementieren, entsprechende Organisationskonzepte in Unternehmen einzuführen, Spezialisten bei der Entwicklung und Implementierung von betrieblichen Softwareapplikationen zu unterstützen als auch theoretische und angewandte wissenschaftliche Forschung auf dem Gebiet der Anwendung von Informations- und Kommunikationstechnologien zu betreiben. Das Fachgebiet der Wirtschaftsinformatik basiert sowohl auf wirtschaftswissenschaftlichen Modellen und Vorgehensweisen als auch informatischen Technologien und Methoden und erfordert daher von den Studenten in hohem Maße analytisches Denken und das Erkennen von organisationalen wie technologischen Abhängigkeiten. Im Rahmen des Studiums Wirtschaftsinformatik erlernen und vertiefen die Studenten sowohl die theoretischen als auch die praktischen Konzepte der Wirtschaftsinformatik unter Berücksichtigung der wirtschaftlichen, technischen, sozialen, rechtlichen, ergonomischen und kommunikationswissenschaftlichen Aspekte.

Professuren und Organisationseinheiten

Univ.-Prof. Dr. Gerald Quirchmayr; Distributed and Multimedia Systems; Institut für Distributed and Multimedia Systems

(www.cs.univie.ac.at/dms)

Univ.-Prof. Dr. techn. Wolfgang Klas; Multimedia Information Systems Group; Institut für Distributed and Multimedia Systems

(www.cs.univie.ac.at/dms)

o. Univ.-Prof. Dr. Günther Vinek; Business Information Systems Group;
Institut für Knowledge and Business Engineering
(www.cs.univie.ac.at/kbe)

o. Univ.-Prof. Dr. Dimitris Karagiannis; Knowledge Engineering Group;
Institut für Knowledge and Business Engineering
(www.cs.univie.ac.at/kbe)

Univ.-Prof. Dr. Wilfried Grossmann; Data Analysis and Computational Systems;
Institut für Scientific Computing
(www.cs.univie.ac.at/sc)

Studiengänge und Abschlüsse

Informatik – Schwerpunkt Wirtschaftsinformatik*

Abschluss: Bakkalaureat/Bakkalaureus; Studienplätze pro Semester (ca.): 150

Wirtschaftsinformatik*

Abschluss: Diplom-Ingenieur (DI), Magister; Studienplätze pro Semester (ca.): 150

* Dedizierter Wirtschaftsinformatik-Studiengang

Wirtschaftsuniversität Wien
Augasse 2-6 | 1090 Wien
www.wu-wien.ac.at

Auskunftsstelle:
Wirtschaftsuniversität Wien
Vienna University of Economics and Business
Administration | Augasse 2-6 | 1090 Wien
Austria
Tel.: 0043 (0)1 313 36 0
Fax: 0043 (0)1 313 36 740

Kurzbeschreibung

Die Wirtschaftsuniversität Wien (WU) ist die größte wirtschaftswissenschaftliche Hochschule in Europa mit mehr als 20.000 Studierenden. Unter ihren Partneruniversitäten finden sich UCLA, Emory University, Universita Bocconi, Copenhagen Business School und HEC Paris.

Das Ausbildungsprogramm mit Schwerpunkt Wirtschaftsinformatik besteht aus:

- Studienzweig Wirtschaftsinformatik im Bakkalaureatsprogramm der WU,
- Magisterstudium aus Wirtschaftsinformatik (bis 2009),
- Master of Information Systems (Aufnahme: WS 2009/2010),
- Master of Supply Chain Management (Aufnahme: WS 2009/2010).

Der Ausbildungsfokus des Studienzweiges Wirtschaftsinformatik liegt auf der Vermittlung von IT-Wissen mit Zielrichtung auf neue Informationstechnologien und deren Anwendung im Unternehmen. Studierende absolvieren hier eine Reihe von IT-spezifischen Lehrveranstaltungen, die grundlegende Kenntnisse vermitteln, sowie die beiden Speziellen Betriebswirtschaftslehren Informationswirtschaft und Management Information Systems.

Die starke betriebswirtschaftliche Orientierung unterscheidet diesen Studienzweig von anderen Wirtschaftsinformatikangeboten in Österreich. Diese Orientierung ergibt sich einerseits durch die betriebswirtschaftliche Grundausbildung in der Studieneingangsphase und andererseits durch die Vermittlung von Standards und Methoden aus dem Bereich der Informationstechnik. Diese Orientierung erlaubt die effektive Kombination von betriebswirtschaftlichem Anwendungswissen mit informationstechnischen Lösungskompetenzen.

Professuren und Organisationseinheiten

Univ.-Prof. Dr. Dr. h.c. Hans Robert Hansen; Institut für BWL und Wirtschaftsinformatik

(http://wi.wu-wien.ac.at)

o.Univ.-Prof. Dkfm.Dr.rer.comm. Wolfgang Janko; Institut für Informationswirtschaft

(www.ai.wu-wien.ac.at)

Univ.-Prof. Dr. Wolfgang Panny; Institut für Informationswirtschaft – Angewandte Informatik

(www.ai.wu-wien.ac.at)

Univ.-Prof. Dr. Alfred Taudes; Institut für Produktionsmanagement

(http://prodman.wu-wien.ac.at)

Univ.-Prof. Dr. Werner Jammernegg; Institut für Produktionsmanagement (Operations Management)

(http://prodman.wu-wien.ac.at)

Univ.-Prof. Dr. Gustaf Neumann; Institut für Wirtschaftsinformatik und Neue Medien

(http://nm.wu-wien.ac.at)

Studiengänge und Abschlüsse

Information Systems*

Abschluss: Master Information Systems; Einschreibung erstmals möglich im Wintersemester 2009/2010

Bakkalaureus Sozial- und Wirtschaftswissenschaften

Abschluss: Bachelor of Science (WU), abg. BSc (WU)

Master Supply Chain Management

Abschluss: Master of Science (WU), abg. MSc (WU); Einschreibung erstmals möglich im Wintersemester 2009/2010

Wirtschaftspädagogik

Abschluss: Master of Science (WU) abg. MSc (WU)

* Dedizierter Wirtschaftsinformatik-Studiengang

**UNI
BASEL**

Universität Basel
Petersgraben 51
CH-Basel
www.unibas.ch

Auskunftsstelle:
Yudon Tsering
WWZ/Abteilung Wirtschaftsinformatik
Universität Basel
Petersgraben 51
CH-4051 Basel

Kurzbeschreibung

Die Wirtschaftswissenschaftliche Fakultät verleiht einen „Bachelor of Arts in Business and Economics" mit den Vertiefungsrichtungen „Major in Business" oder „Major in Economics" oder ohne Vertiefungsrichtung. Die Abteilung Wirtschaftsinformatik bietet im Rahmen des Wahlpflichtangebots eine Einführung in die Wirtschaftsinformatik an. Weil sich die meisten Studierenden später der betrieblichen Praxis zuwenden, vermittelt das Grundstufenstudium wichtige Inhalte der angewandten Informatik:

■ Der erste Teil vermittelt Kenntnisse, die jeder Endbenutzer in einer Büroumgebung einsetzen kann. Der zweite Teil veranschaulicht die Anwendungsentwicklung an Programmen in Visual Basic für Applikationen. Das vierte Quartal führt schließlich in den Entwurf und die Verwaltung relationaler Datenbanksysteme ein.

■ Studierende, welche die Grundlagenveranstaltung mit Erfolg abgeschlossen haben, können sich in der Modellierung betrieblicher Datenbanken und Informationsmanagement vertiefen.

Die Fakultät verleiht außerdem einen „Master of Science in Business and Economics". Eine der Vertiefungsrichtungen ist Wirtschaftsinformatik. Einzelne Veranstaltungen vertiefen Inhalte des Grundstudiums, etwa die Modellierung und Verwaltung betrieblicher Daten oder die Entwicklung von Informationssystemen. Andere Veranstaltungen greifen Gegenstände der Informatik auf. Dazu gehören entscheidungsunterstützende Systeme, Informationsmanagement und multimediale Anwendungen in Betrieb und Ausbildung.

Professuren und Organisationseinheiten

Prof. Dr. Markus Lusti; Abteilung Wirtschaftsinformatik

(www.wwz.unibas.ch/wi/w)

Studiengänge und Abschlüsse

Wirtschaftsinformatik

Abschluss: Master of Science in Business and Economics

Universität Bern
Hochschulstrasse 4
CH-3012 Bern
www.unibe.ch

Auskunftsstelle:
Für das Fach Betriebswirtschaftslehre:
www.bwl.unibe.ch.

Kurzbeschreibung

Ein eigenständiges Hauptfach Wirtschaftsinformatik wird nicht angeboten. Wirtschafts-informatik kann als eine Vertiefung des Studiums der Betriebswirtschaftslehre (Major) auf der Masterebene sowie für nicht BWL-Studierende als ein Nebenfach (Minor) auf der Bachelor- und Masterebene studiert werden.

Professuren und Organisationseinheiten

Prof. Dr. Gerhard F. Knolmayer; Abteilung Information Engineering; Institut für Wirtschaftsinformatik

(www.iwi.unibe.ch)

Professor Dr. Thomas Myrach; Abteilung Informationsmanagement; Institut für Wirtschaftsinformatik

(www.iwi.unibe.ch)

N.N.; Assistenzprofessur Wirtschaftsinformatik; Institut für Wirtschaftsinformatik

(www.iwi.unibe.ch)

Studiengänge und Abschlüsse

Business Administration

Abschluss: Bachelor of Science (B.Sc.)

Abschluss: Master of Science (M.Sc.)

Universität St. Gallen
Dufourstrasse 50 | CH-9000 St. Gallen
www.unisg.ch

Auskunftsstelle:
Studierendensekretariat:
Universität St. Gallen
Dufourstrasse 50 | CH-9000 St. Gallen
Tel.: 0041 (0)71 224 2111
Fax: 0041 (0)71 224 2116
zulassung@unisg.ch

Universität St.Gallen

Allgemeines Portal für Studieninformationen:

www.studium.unisg.ch

Fachstudienberatung Masterprogramm Informations-, Medien- und Technologie-management (IMT):
Tobias Heinisch
www.imt.unisg.ch
IMT@unisg.ch

Beratung Executive Master of Business Engineering (EMBE HSG):
Rudolf Brühwiler
www.mbe.unisg.ch
rudolf.bruehwiler@unisg.ch

Studienleitung Diplom IT Business Management:
Dr. Jochen Müller
www.itbm.iwi.unisg.ch
Jochen.Mueller@unisg.ch

Leitung Ph.D.-Programm in Business Innovation:
Prof. Dr. Robert Winter
www.pma.unisg.ch
Robert.Winter@unisg.ch

Kurzbeschreibung

Das Masterprogramm „Master in Informations-, Medien- und Technologiemanagement" (IMT) ist für zukünftige Führungskräfte konzipiert, die über ein breites interdisziplinäres Wissen verfügen, Leidenschaft und Begeisterung entwickeln, konstruktiv mit Wandel um-gehen und Werte schaffen wollen. Die Studierenden werden für den nachhaltig wachsen-den Arbeitsmarkt rund um die technologisch basierten Veränderungen ausgebildet. Neue Technologien ermöglichen neue Produkte, Märkte, Prozesse und Organisationsformen. Zur erfolgreichen Nutzung der neuen Technologien sind innovative Strategien notwendig. Das Master-Programm vermittelt den Studierenden das nötige methodische und fachliche Wissen, um solche Strategien in ihrer späteren Laufbahn erfolgreich zu entwickeln und in Geschäftslösungen umzusetzen.

Die Diplomprogramme in IT Business Management sowie Executive Master of Business Engineering sind für Berufstätige mit mehreren Jahren Berufserfahrung konzipiert, die auf Grundlage eines Hochschulabschlusses interdisziplinäre Kompetenzen für die Konzeption und Umsetzung von Veränderungsprojekten erwerben wollen (EMBE HSG) bzw. die auf

Grundlage fundierter IT-Kompetenzen eine betriebswirtschaftliche Zusatzqualifikation erwerben wollen.

Das Ph.D. Programm in Business Innovation erlaubt es, mit den Varianten „praxisorientierter Track" oder „wissenschaftsorientierter Track" Qualifikationen für eigenständige Forschung an einem der größten und erfolgreichsten Wirtschaftsinformatik-Forschungszentren des deutschsprachigen Raums zu erwerben. Besonders hervorzuheben ist das strukturierte, im Normalfall sich über dreieinhalb Jahre erstreckende Promotionsverfahren sowie die enge Zusammenarbeit mit Großunternehmen aus der Schweiz und aus Deutschland.

Professuren und Organisationseinheiten

(www.iwi.unisg.ch)

Prof. Dr. Robert Winter; Wirtschaftsinformatik 1

Prof. Dr. Hubert Österle; Wirtschaftsinformatik 2

Prof. Dr. Andrea Back; Wirtschaftsinformatik 3

Prof. Dr. Walter Brenner; Wirtschaftsinformatik 4

Studiengänge und Abschlüsse

Business Engineering*
Abschluss: Executive Master of Business Engineering; Studienplätze pro Semester (ca.): 45

Dr.oec. HSG (Subprogramm Business Innovation)*
Abschluss: Dr.oec.

IT Business Management*
Abschluss: Diplom in IT Business Management

Master of Arts HSG in Information, Media and Technology Management*
Abschluss: Master of Arts (M.A.)

* Dedizierter Wirtschaftsinformatik-Studiengang

Eidgenössische Technische Hochschule Zürich
Kreuzplatz 5
CH-8032 Zürich
www.ethz.ch

Eidgenössische Technische Hochschule Zürich
Swiss Federal Institute of Technology Zurich

Auskunftsstelle:
www.mtec.ethz.ch/education

Kurzbeschreibung

The master studies MTEC (totaling 4 semesters) consist of 3 semesters of classes and a master's thesis completed within 6 months. Core subjects comprise basic courses from the areas Management, Technology, and Economics, and support the student's ability to think and act creatively and systematically (restricted choice). A wide range of elective courses replenishes the studies. Supplementary courses allow the students to deepen their knowledge of engineering and/ or natural sciences acquired during their bachelor studies. An individual major programme – coached by a professor (tutor) – allows an in-depth knowledg of the elective areas. The master's thesis is supervised by a professor (tutor) of the D-MTEC. The research can be performed within a private company or at the ETH. The mandatory internship in a company – either before or during the master's programme – lasts ten weeks and is subject to special regulations. The master's course aims at imparting theoretical knowledge as well as practical experience. Graduates become acquainted with challenging tasks within a short time.

Details can be found here:

www.mtec.ethz.ch/education/msc_mtec/box_feeder/study_guide_mtec_english.pdf

Professuren und Organisationseinheiten

(www.mtec.ethz.ch/index_DE)

Prof. Elgar Fleisch; Information Management; Departement Management, Technologie und Ökonomie

Prof. Dr. Paul Schönsleben; Professur für Logistik und Informationsmanagement (LIM); Departement Management, Technologie und Ökonomie

Prof. Dr. Roman Boutellier; Technology management and entrepreneurship; Departement Management, Technologie und Ökonomie

Studiengänge und Abschlüsse

Executive MBA in Supply Chain Management

Abschluss: Executive MBA

Master of Advanced Studies in Arbeit + Gesundheit (in German only)

Abschluss: Master of Advanced Studies

Master of Advanced Studies in Management, Technology, and Economics/BWI

Abschluss: Master of Advanced Studies

Master of Science ETH in Management, Technology, and Economics

Abschluss: Master of Science (M.Sc.)

Universität Zürich
Rämistrasse 71
CH-8006 Zürich
www.uzh.ch

Auskunftsstelle:

Kontakstelle der Universität für auslän-
dische Studierende. Zulassung mit auslän-
dischen Zeugnissen:
Universität Zürich
Ressort Studierende
Zulassungsstelle für Studierende mit aus-
ländischer Vorbildung
Rämistrasse 71
CH-8006 Zürich
Tel.: 0041 (0)44 634 22 36
admission@uzh.ch

Allgemeine Auskünfte zum Studium,
Anrechnungen bereits erbrachter Studienleistungen:

Dr. Katrin Häsler
Institut für Informatik
Binzmühlestrasse 14
CH-8050 Zürich
Tel.: 0041 (0)44 635 4569
Fax: 0041 (0)44 635 68 09
haesler@ifi.uzh.ch

Kurzbeschreibung

An der Universität Zürich wird ein in seiner Art einzigartiges Studium der Informatik Richtung
Wirtschaftsinformatik angeboten, welches sich auszeichnet durch eine umfassende,
anwendungsorientierte Informatikausbildung, die Vermittlung fundierter ökonomischer
Kenntnisse, eine integrative Betrachtung von Informatik- und Wirtschaftsproblemen.

Seit dem Wintersemester 2004/05 ist das Studium neu als Bachelor-/Masterstudium
nach dem Bologna-Modell aufgebaut.

Die Studiengänge Informatik Richtung Wirtschaftsinformatik an der Universität Zürich zeich-
nen sich dadurch aus, dass die Studierenden zum selbständigen Lösen von Problemen
mit wissenschaftlichen Mitteln und zum eigenverantwortlichen Lernen angeleitet werden.
So ist zum Beispiel das angeleitete, individuell in Absprache mit einem Professor geplante
Selbststudium ein integraler Bestandteil des Studiengangs. Wir vermitteln Ihnen Wissen
mit langer Halbwertzeit und lassen die neusten Erkenntnisse aus der Forschung in die
Lehrveranstaltungen einfließen. Das Angebot wird durch ein großes Angebot von Wahl-
veranstaltungen aus allen Richtungen der Informatik, der Wirtschaftswissenschaften und
vielen weiteren, an der Universität gelehrten Fachgebieten abgerundet.

Professuren und Organisationseinheiten
(www.ifi.unizh.ch/)

Prof. Dr. Rolf Pfeifer; Artificial Intelligence; Institut für Informatik

Prof. Dr. Burkhard Stiller; Communication Systems; Institut für Informatik

Prof. Dr. Michael Hess; Computational Linguistics; Institut für Informatik

Prof. Dr. Abraham Bernstein; Dynamic and Distributed Information Systems Group; Institut für Informatik

Prof. Dr. Helmut Schauer; Educational Engineering; Institut für Informatik

Prof. Dr. Gerhard Schwabe; Information Management Research Group; Institut für Informatik

Prof. Dr. rer. nat. Martin Glinz; Requirements Engineering Research Group; Institut für Informatik

Prof. Dr. Harald Gall; Software Engineering; Institut für Informatik

Prof. Dr. Klaus R. Dittrich; The Database Technology Group; Institut für Informatik

Prof. Dr. Renato Pajarola; Visualization and MultiMediaLab VMML; Institut für Informatik

Studiengänge und Abschlüsse
Bachelorstudiengang Informatik mit Vertiefung Wirtschaftsinformatik*
Abschluss: Bachelor of Science (B.Sc.)

Masterstudiengang Informatik Richtung Wirtschaftsinformatik*
Abschluss: Master of Science (M.Sc.)

* Dedizierter Wirtschaftsinformatik-Studiengang

5

LITERATUR ZUR
WIRTSCHAFTSINFORMATIK

Prof. Dr. oec. Walter Brenner

Walter Brenner ist seit 2001 Professor für Wirtschaftsinformatik an der Universität St. Gallen und geschäftsführender Direktor des Instituts für Wirtschaftsinformatik. Davor hatte er Professuren an der Universität Essen und der TU Bergakademie Freiberg inne. Seine Forschungsschwerpunkte sind die Industrialisierung des Informationsmanagements, das Management von IT-Service-Providern, Customer Relationship Management und der Einsatz neuer Technologien. Er arbeitet seit mehr als 25 Jahren im Bereich der Informations- und Kommunikationstechnik.

Mit der Entwicklung der Wirtschaftsinformatik zu einer eigenen wissenschaftlichen Disziplin hat sich ein eigener Fundus an Literatur herausgebildet, der ein guter Indikator für den Stand der Wissenschaft auf diesem Gebiet ist. Ebenso breit gefächert wie die in der Wirtschaftsinformatik behandelten Themen stellt sich auch die Literatur dar; daher kann hier nur eine – notwendigerweise subjektive – Auswahl dargestellt werden. Die vorgestellte Literatur wird im Folgenden in die Kategorien

- Einführungsliteratur
- weiterführende Literatur
- Online-Quellen
- Zeitschriften und
- Forschungsberichte/Konferenzbände

eingeteilt. Gegenüber der letzten Ausgabe dieses Studienführers ist der Abschnitt zu Online-Quellen hinzugekommen; diese Tatsache ist der steigenden Bedeutung des Internets für Publikationen und als Informationsquelle geschuldet.

5.1   Einführungsliteratur

Die als Einführungs- und Grundlagenliteratur konzipierten Bücher bieten einen guten Überblick über die Disziplin, wobei jedoch unterschiedliche Schwerpunkte gesetzt werden. Eine systematische Analyse zu einführenden Werken der Wirtschaftsinformatik findet sich im Heft 2/2007 der Zeitschrift Wirtschaftsinformatik [1].

Einige der wichtigsten Bücher mit Grundlagen der Wirtschaftsinformatik sind:

- *Hansen, H.R., Neumann, G., Wirtschaftsinformatik, 9. Auflage 2005* [2]. Mit einer Erstauflage aus dem Jahr 1978 ist dieses zweibändige Werk ein Klassiker unter den Lehrbüchern. Es wurde den neuen technischen Entwicklungen kontinuierlich angepasst. Der Fokus liegt auf betrieblichen Anwendungssystemen und deren Einsatz, während Grundlagen der Informatik vergleichsweise wenig Raum finden. Es umfasst die Kapitel Grundlagen, Planung/Entwicklung/Betrieb von Informationssystemen, Büroinformationssysteme, ERP-Systeme, E-Commerce und Managementunterstützungssysteme. Ebenfalls von Hansen/Neumann gibt es ein begleitendes Arbeitsbuch/IT-Lexikon.

- *Stahlknecht, P., Hasenkamp, U., Einführung in die Wirtschaftsinformatik, 11., vollst. überarb. Auflage 2005* [3]. Das mit 561 Seiten recht umfangreiche Buch ist in die Kapitel Einleitung, Hardware, Systembetrieb, Kommunikationssysteme, Datenorganisation, Systementwicklung, Anwendungssysteme, IT-Management und Geschichtlicher Abriss gegliedert. Die Grundlagen der Informatik und die Softwaretechnik werden in diesem Buch vergleichsweise ausführlich behandelt, während konzeptuelle Modellierung und wirtschaftswissenschaftliche Grundlagen kaum diskutiert werden. Als Ergänzung gibt es von den gleichen Autoren noch ein *Arbeitsbuch Wirtschaftsinformatik*.

- *Mertens, P. et al., Grundzüge der Wirtschaftsinformatik, 9., überarb. Auflage, 2005* [4]. Das Lehrbuch gibt einen kompakten (219 S.) und dennoch umfassenden Überblick über die Wirtschaftsinformatik mit dem Schwerpunkt betriebliche Anwendungssysteme. Das Buch gliedert sich in die Kapitel Grundlagen, Rechner und deren Vernetzung, Daten/Information/Wissen, Integrierte Anwendungssysteme, Planung/Realisierung/Einführung von Anwendungssystemen sowie Management der Informationsverarbeitung.

- *Abts, D., Mülder, W., Grundkurs Wirtschaftsinformatik, 5., vollst. überarb. Auflage, 2004* [5]. Der Grundkurs beschreibt in drei Teilen Hardware- und Software-Grundlagen, Anwendungen sowie Methoden und Organisation. Ein konstruierter Beispiel-Fall zieht sich durch das gesamte Buch, am Ende der Kapitel finden sich Übungsaufgaben.

- *Fink, A., Schneidereit, G., Voß, S., Grundlagen der Wirtschaftsinformatik, 2., überarb. Auflage 2005* [6]. Das Buch führt auf 316 Seiten auf recht abstraktem Niveau in die Wirtschaftsinformatik ein. Das spiegelt sich auch in der Verteilung der Kapitel wider, die der konzeptuellen Modellierung breiten Raum geben, während Anwendungssysteme und konkrete Beispiele weniger ausführlich als in anderen Lehrbüchern behandelt werden. Die einzelnen Kapitel sind: Einführung, Informatik und Informations- und Kommunikationstechnik, Informationsmanagement, Modellierung, Datenbanken, Softwareentwicklung und betriebliche Anwendungssysteme.

▪ *Thome, R., Grundzüge der Wirtschaftsinformatik, 1. Auflage 2006* [7]. Diese Einführung zählt mit 228 Seiten ebenfalls zu den kompakteren Werken. Das Buch ist in (gewollt) lockerer Sprache geschrieben und ist didaktisch gut aufbereitet, um Studienanfängern die Beschäftigung mit der Materie z.b. durch anschauliche Beispiele in den Kapiteleinleitungen zu erleichtern.

▪ *Laudon K. C., Laudon, J. P., Schoder, D., Wirtschaftsinformatik. Eine Einführung, 1. Auflage, 2006* [8]. Das Buch ist eine Übersetzung der sechsten, englischen Auflage des Lehrbuchs *Essentials of Management Information Systems* [9] und damit ein Lehrbuch angelsächsischen Stils. Besonders die didaktische Aufbereitung des Inhalts durch Definition von Lernzielen, Fallstudien, hervorgehobenen Begriffsdefinitionen, Zusammenfassungen, Wiederholungs- und Diskussionsfragen, Softwareübungen und Zusatzmaterialien im Web ist bei diesen Werken vorbildlich. Inhaltlich liegt der Schwerpunkt bei ökonomischen und managementorientierten Fragen der Informationssystemgestaltung, während Modellierungsansätze und z. B. ERP-Systeme nur am Rande erwähnt werden. Auch findet sich bei Laudon/Laudon/Schoder kein eigener Teil zu den Grundlagen der Informatik.

5.2 Weiterführende Literatur

Für jedes Teilgebiet der in der *Rahmenempfehlung für das Studium der Wirtschaftsinformatik* [10] (vgl. auch das betreffende Kapitel in diesem Studienführer) genannten Bereiche werden im Folgenden einige ausgewählte Titel vorgestellt.

5.2.1 Allgemeiner Teil

Das strategische Management von Informationssystemen und die Auswirkungen von Informationssystemen auf den Unternehmenserfolg werden in dem Buch *Strategic Planning for Information Systems* von Ward und Peppard gut verständlich und mit Fallbeispielen illustriert dargestellt [11].

5.2.2 Wirtschaftswissenschaftliche Grundlagen

Für die wirtschaftswissenschaftlichen Grundlagen kann auf die jeweiligen Grundlagenwerke verwiesen werden. Bei der Betriebswirtschaftslehre ist das z.B. *Einführung in die Allgemeine Betriebswirtschaftslehre* von Wöhe [12], für die VWL *Grundzüge der Volkswirtschaftslehre* von Bofinger [13] oder als englischsprachiges Werk *Principles of Economics* von Mankiw [14], das auch in deutscher Übersetzung [15] vorliegt. Wirtschaftliche Gesetzmässigkeiten auf Ebene des Individuums erklärt Varian in *Grundzüge der Mikroökonomik* [16].

Eine moderne Einführung in die Organisationslehre bietet Picot in *Organisation. Eine ökonomische Perspektive* [17]. Der Fokus liegt auf dem für die Wirtschaftswissenschaften besonders relevanten Gebiet der überbetrieblichen Zusammenarbeit.

5.2.3 Informations- und Kommunikationstechnologie

Dieses Gebiet umfasst die technischen Grundlagen. Die Wirtschaftsinformatik bedient sich dabei aus dem breiten Fundus der Informatik, der hier aus Platzgründen nicht aufgeführt werden kann. Exemplarisch können im Bereich der Telematik (Datenkommunikation und Netzwerk-Dienste) das Buch *Computer Networks* von Tanenbaum [18] und im Bereich der Informatik-Grundlagen das Buch *Einführung in die Informatik* von Gumm et al. [19] stehen.

5.2.4 Informationsmanagement

Bekannte Werke zum *Informationsmanagement* sind die gleichnamigen Bücher von Krcmar [20] und Heinrich/Lehner [21]. Krcmar teilt das Informationsmanagement in die Aufgabenfelder Informationswirtschaft, Informationssysteme und Informations- und Kommunikationstechnik, deren Management jeweils durch Führungsaufgaben wie Strategie, IT-Prozesse oder IT-Controlling erfolgt. Damit wird auch Grundlagenwissen der Wirtschaftsinformatik behandelt, das nicht zum Informationsmanagement im engeren Sinne zählt. Heinrich und Lehner gliedern die Inhalte nach Grundlagen, strategischen, administrativen und operativen Aufgaben sowie Methoden und Werkzeugen des Informationsmanagements. Einen praxisorientierten Überblick mit Bezug zu aktuellen Themen des Informationsmanagements bieten Zarnekow/Brenner/Pilgram in ihrem Buch *Integriertes Informationsmanagement* [22].

5.2.5 Inner- und überbetriebliche Informationssysteme

Einen – zwar auf ein bestimmtes Produkt bezogenen, aber sehr wertvollen – Einstieg für das Verständnis eines Enterprise Resource Planning- (ERP-) Systems bietet das Buch *SAP R/3 prozessorientiert anwenden* von Keller [23]. Es zeigt, wie anhand der Methode des „iterativen Prozess-Protyping" die Umsetzung von Geschäftsprozessen in einem ERP-System funktioniert. Die Grundlagen von ERP-Systemen sowie die Integration eines Supply Chain Management- (SCM-) Systems zeigt das Buch *Enterprise Resource Planning und Supply Chain Management. Architektur und Funktionen* [24] von Gronau auf. Die Thematik des Customer Relationship Management wird in den drei Bänden *Grundlagen des CRM* [25], *IT-Systeme im CRM* [26] und *Management von CRM-Projekten* [27], die von Hippner und Wilde im Gabler-Verlag herausgegeben werden, aus verschiedenen Perspektiven beleuchtet.

Zu Informationssystemen in einzelnen Branchen gibt es eine vielfältige Literatur, für Industriebetriebe z.B. die Bücher *Wirtschaftsinformatik: Referenzmodelle für industrielle Geschäftsprozesse* von Scheer [28] und die beiden Bände *Integrierte Informationsverarbeitung: Operative Systeme in der Industrie* von Mertens [29] und *Integrierte Informationsverarbeitung: Planungs- und Kontrollsysteme in der Industrie* von Mertens/Griese [30]. Die systematische Gestaltung von Dienstleistungsprozessen wird in dem Buch *Service Engineering. Entwicklung und Gestaltung Innovativer Dienstleistungen* von Bullinger und Scheer [31] umfassend behandelt.

5.2.6 Entwicklung und Management von Informationssystemen

In das Gebiet der Anwendungssystem-Entwicklung fallen Bücher zum Software Enginee-ring, der Modellierung von Daten, Funktionen oder Prozessen, Beschaffung und Einfüh-rung von Standardsoftware sowie Systemintegration. Die Grundlagen der Software-Ent-wicklung behandelt Balzert umfassend in dem zweibändigen Werk *Lehrbuch der Software-Technik* [32]. Aktueller ist das Buch *Software Engineering* von Sommerville [33], das ebenfalls als Standardwerk der Softwaretechnik gilt. Eine prozessorientierte Sicht auf die Anwendungssystem-Entwicklung bietet das Buch *Software Engineering: Architektur-Design und Prozessorientierung* von Pomberger und Pree [34].

5.2.7 Daten- und Wissensmanagementsysteme

Als Einstieg in die Gebiete der Datenmodellierung und relationaler Datenbanksysteme kann das Buch *Datenbanken: Theorie, Entwurf und Programmierung* von Schubert [35] die-nen. Eine Einführung zum Thema Data Warehousing gibt Goeken in *Entwicklung von Data-Warehouse-Systemen: Anforderungsmanagement, Modellierung, Implementierung* [36]. Ei-ne Einführung zum Wissensmanagement wird in dem Buch *Wissensmangement: Grundla-gen, Methoden und technische Unterstützung* von Lehner/Scholz/Wildner gegeben [37].

5.2.8 Modelle und Methoden zur Entscheidungsunterstützung

In dieses Gebiet fallen mathematische und statistische Verfahren wie auch das Opera-tions Research. Letzteres wird im gleichnamigen Buch von Neumann/Morlock umfang-reich behandelt [38]. Das Gebiet der Künstlichen Intelligenz wird in *Artificial Intelligence: A Modern Approach* von Russell/Norvig [39] ausführlich und anschaulich behandelt.

5.3 Online-Quellen

In den letzten Jahren ist eine Tendenz zur Veröffentlichung von Arbeitsergebnissen im In-ternet zu beobachten. Unter dem Schlagwort „Open Access" wird das Ziel verfolgt, wis-senschaftliche Literatur und Quellen der Allgemeinheit frei zugänglich zu machen. Für die Suche nach freien Publikationen gibt es unter anderen die folgenden Suchmaschinen:

- OASE (Open Access Scientific Literature):
  www.ubka.uni-karlsruhe.de/oase
- DOAJ (Directory of Open Access Journals):
  www.doaj.org
- OpenDOAR (Directory of Open Access Repositories):
  www.opendoar.org
- OAIster (Suchmaschine für Dokumente nach dem OAI-Standard):
  www.oaister.org

Für regelmäßige, aktuelle Informationen empfiehlt es sich, einige Nachrichtenquellen aus dem Gebiet der Informationstechnik bzw. Wirtschaftsinformatik zu verfolgen. Unter anderen sind hier die Websites www.heise.de, www.cio.de, www.golem.de oder www.computerwoche.de zu nennen.

Nützliche Informationen zu Konferenzen, Stellenausschreibungen und anderen aktuellen Themen werden auch über die Mailinglisten isworld (http://lyris.isworld.org/) und die WI-Mailingliste (www.aifb.uni-karlsruhe.de/mailman/listinfo/wi) ausgetauscht.

5.4 Zeitschriften

Die neuesten Entwicklungen auf dem Gebiet der Wirtschaftsinformatik finden ihren Niederschlag meistens zuerst in Beiträgen für Fachzeitschriften. Eine Auswahl ist im Folgenden wiedergegeben.

5.4.1 Praktiker-Zeitschriften

- CIO Magazine (23 x jährlich, seit 1987; seit 2001 auch deutsche Ausgabe)
- Computerwoche (wöchentlich, seit 1974)
- Computerworld (wöchentlich, seit 1967)
- Computer Zeitung (seit 1970)
- c't (wöchentlich, seit 1983)
- iX (monatlich, seit 1988)

5.4.2 Managementorientierte Zeitschriften

- Harvard Business Review (monatlich)
- MIS Quarterly Executive (quartalsweise)
- MIT Sloan Management Review (quartalsweise)

5.4.3 Wirtschaftsinformatik- und Informatik-Zeitschriften

- ACM Transactions on Information Systems (quartalsweise)
- Communications of the ACM (monatlich)
- Electronic Markets (quartalsweise)
- European Journal of Information Systems (zweimonatlich)
- HMD – Praxis der Wirtschaftsinformatik (zweimonatlich)
- IEEE Computer (monatlich)
- IEEE Software (zweimonatlich)
- IM – Die Fachzeitschrift für Information Management & Consulting (quartalsweise)
- Informatik Spektrum (Vereinsorgan der Gesellschaft für Informatik; zweimonatlich)
- Information & Management (derzeit 8 x jährlich)
- Information Systems and e-Business Management (quartalsweise)
- Information Systems Research (quartalsweise)
- Journal of the AIS (nur online unter http://jais.isworld.org)

- Journal of Management of Information Systems (quartalsweise)
- MIS Quarterly (quartalsweise)
- Wirtschaftsinformatik (zweimonatlich)

In letzter Zeit hat es sich auch in Europa durchgesetzt, die Zeitschriften nach ihrer wissenschaftlichen Bedeutung und Qualität in Klassen einzuteilen (Ranking). Wichtige Rankings finden sich bei der WU Wien [40], beim Verband der Hochschullehrer für Betriebswirtschaft [41] bzw. deren Wissenschaftlicher Kommission Wirtschaftsinformatik [42] oder bei der Association of Business Schools [43]. Eine Zusammenfassung mehrerer Rankings bietet die Professorin Anne-Wil Harzing auf ihrer Website in der „Journal Quality List" [44].

5.5 Forschungsberichte und Konferenzbände

Noch früher als in Zeitschriften oder in Buchform finden sich aktuelle Forschungsergebnisse in Arbeits- oder Forschungsberichten von Universitäts-Instituten und Forschungseinrichtungen – allerdings ohne das Qualitätssiegel des Review-Prozesses eines Verlags. In den USA sind die Working Papers der Sloan School of Management am MIT und des Management Information Systems Research Center an der University of Minnesota recht bekannt, die jeweils im WWW veröffentlicht werden.

Auch Konferenzbände enthalten meist aktuellere Forschungsergebnisse als Journals und Fachbücher. Für die Wirtschaftsinformatik sind insbesondere die jährlichen Konferenzen Americas Conference on Information Systems (AMCIS), European Conference on Information Systems (ECIS), Hawaii International Conference on System Sciences (HICSS), die Pacific Asia Conference on Information Systems (PACIS) und die International Conference on Information Systems (ICIS) von Bedeutung. Im deutschsprachigen Raum sind die Multikonferenz Wirtschaftsinformatik und die Konferenz Wirtschaftsinformatik hervorzuheben, die jeweils alle zwei Jahre stattfinden.

Quellen

1. Schauer, Carola und Strecker, Stefan, *Einführende Lehrbücher der Wirtschaftsinformatik*. Wirtschaftsinformatik. 49 (2007) 2, S. 136–147.
2. Hansen, Hans Robert und Neumann, Gustaf, *Wirtschaftsinformatik 1*. 9. Aufl., Lucius & Lucius, Stuttgart, 2005.
3. Stahlknecht, Peter und Hasenkamp, Ulrich, *Einführung in die Wirtschaftsinformatik*. 11. Aufl., Springer, Berlin, 2005.
4. Mertens, Peter, et al., *Grundzüge der Wirtschaftsinformatik*. 9. Aufl., Springer, Berlin, 2005.
5. Abts, Dietmar und Mülder, Wilhelm, *Grundkurs Wirtschaftsinformatik. Eine kompakte und praxisorientierte Einführung*. 5. Aufl., Vieweg, Wiesbaden, 2004.
6. Fink, Andreas, Schneidereit, Gabriele, und Voß, Stefan, *Grundlagen der Wirtschaftsinformatik*. 2. Aufl., Physica-Verlag, Heidelberg, 2005.

7. Thome, Rainer, *Grundzüge der Wirtschaftsinformatik*. 1. Aufl., Pearson Studium, 2006.

8. Laudon, Kenneth C., Laudon, Jane P., und Schoder, Detlef, *Wirtschaftsinformatik – Eine Einführung*. 1. Aufl., Pearson Studium, München, 2006.

9. Laudon, Kenneth C. und Laudon, Jane P., *Essentials of Management Information Systems: Managing the Digital Firm*. 6. Aufl., Prentice Hall, 2004.

10. Wissenschaftliche Kommission Wirtschaftsinformatik im Verband der Hochschullehrer für Betriebswirtschaft, *Rahmenempfehlung für die Universitätsausbildung in Wirtschaftsinformatik*. Wirtschaftsinformatik. 49 (2007) 4, S. 318–325.

11. Peppard, Joe und Ward, John, *Strategic Planning for Information Systems*. 3. Aufl., Academic Internet Publishers Incorporated, 2006.

12. Wöhe, Günter, *Einführung in die Allgemeine Betriebswirtschaftslehre*. 22. Aufl., Verlag Vahlen, München, 2005.

13. Bofinger, Peter, *Grundzüge der Volkswirtschaftslehre. Eine Einführung in die Wissenschaft von Märkten*. 2. Aufl., Pearson Studium, 2006.

14. Mankiw, Nicholas Gregory, *Principles of Economics*. 4. Aufl., South-Western College Pub, 2006.

15. Mankiw, Nicholas Gregory, *Grundzüge der Volkswirtschaftslehre*. 3. Aufl., Schäffer-Poeschel, 2004.

16. Varian, Hal Ronald, *Grundzüge der Mikroökonomik*. 5. Aufl., Oldenbourg, 2007.

17. Picot, Arnold, Dietl, Helmut, und Franck, Egon, *Organisation. Eine ökonomische Perspektive*. 4. Aufl., Schäffer-Poeschel, 2005.

18. Tanenbaum, Andrew S., *Computer Networks*. 4. Aufl., Prentice Hall, 2002.

19. Gumm, Heinz-Peter, et al., *Einführung in die Informatik*. 7. Aufl., Oldenbourg, 2007.

20. Krcmar, Helmut, *Informationsmanagement*. 4. Aufl., Springer, Berlin, 2005.

21. Heinrich, Lutz J. und Lehner, Franz, *Informationsmanagement*. 8. Aufl., Oldenbourg, München, 2005.

22. Zarnekow, Rüdiger, Brenner, Walter, und Pilgram, Uwe, *Integriertes Informationsmanagement*, Springer, 2005.

23. Keller, Gerhard, *SAP R/3 prozessorientiert anwenden – Interaktives Prozess-Prototyping mit Ereignisgesteuerten Prozessketten und Knowledge Maps*. 3. Aufl., Addison-Wesley, Bonn, 1999.

24. Gronau, Norbert, *Enterprise Resource Planning und Supply Chain Management*, Oldenbourg, München, 2004.

25. Hippner, Hajo und Wilde, Klaus D., *Grundlagen des CRM. Konzepte und Gestaltung*. 2. Aufl., Gabler, 2006.

26. Hippner, Hajo und Wilde, Klaus D., *IT-Systeme im CRM. Aufbau und Potenziale*, Gabler, Wiesbaden, 2004.

27. Hippner, Hajo und Wilde, Klaus D., *Management von CRM-Projekten. Handlungsempfehlungen und Branchenkonzepte*, Gabler, Wiesbaden, 2004.

28. Scheer, August-Wilhelm, *Wirtschaftsinformatik: Referenzmodelle für industrielle Geschäftsprozesse*, Springer, Berlin, 1997.

29. Mertens, Peter, *Integrierte Informationsverarbeitung 1: Operative Systeme in der Industrie*. 16. Aufl., Gabler, 2007.

30. Mertens, Peter und Griese, Joachim, *Integrierte Informationsverarbeitung 2: Planungs- und Kontrollsysteme in der Industrie*. 9. Aufl., Gabler, Wiesbaden, 2002.

31. Bullinger, Hans-Jörg und Scheer, August-Wilhelm, *Service Engineering. Entwicklung und Gestaltung innovativer Dienstleistungen*. 2. Aufl., Springer, Berlin, 2006.

32. Balzert, Helmut, *Lehrbuch der Software-Technik*. Ausg. Bd. 1. Software-Entwicklung. 2. Auflage. Aufl., Spektrum Akademischer Verlag, Heidelberg, 2000.

33. Sommerville, Ian, *Software Engineering*. 8. Aufl., Pearson Studium, 2007.

34. Pomberger, Gustav und Pree, Wolfgang, *Software Engineering*. 3. Aufl., Hanser, 2004.

35. Schubert, Matthias, *Datenbanken. Theorie, Entwurf und Programmierung relationaler Datenbanken*. 2. Aufl., Teubner, 2007.

36. Goeken, Matthias, *Entwicklung von Data-Warehouse-Systemen. Anforderungmanagement, Modellierung, Implementierung*, Dt. Universitätsverlag, 2006.

37. Lehner, Franz, Scholz, Michael, und Wildner, Stephan, *Wissensmanagement. Grundlagen, Methoden und technische Unterstützung*. 1. Aufl., Hanser, 2005.

38. Neumann, Klaus und Morlock, Martin, *Operations Research*. 2. Aufl., Hanser, 2002.

39. Russell, Stuart J. und Norvig, Peter, *Artificial Intelligence: A Modern Approach*. 2. Aufl., Prentice Hall, 2003.

40. WU Wien, *Journal Rating: Wirtschaftsinformatik*. http://bach.wu-wien.ac.at/bachapp/cgi-bin/fides/fides.aspx/fides.aspx?journal=true;lang=DE, Zugriff am 31.07.2007.

41. Verband der Hochschullehrer für Betriebswirtschaft, *Zeitschriftenranking*. http://pbwi2www.uni-paderborn.de/WWW/TEMP/VHB/NEW/VHB_WEB.NSF/Navigator?ReadForm&L3CTG=TOP~Verein~Zeitschriftenranking, Zugriff am 31.07.2007.

42. Wissenschaftliche Kommission Wirtschaftsinformatik, *Journalliste Version 10.0*. 2007.

43. The Association of Business Schools, *ABS Journal Quality Guideline*. www.the-abs.org.uk, Zugriff am 31.07.2007.

44. Harzing, Anne-Wil, *Journal Quality List*. www.harzing.com/jql.htm, Zugriff am 31.07.2007.

6

PRAKTIKERPORTRÄTS

zusammengestellt von Prof. Dr. Friedrich Roithmayr und Dr. René Riedl, Universität Linz[1]

Die Vielfalt der beruflichen Möglichkeiten für Wirtschaftsinformatik-Absolventen ist groß. Die folgenden Praktikerporträts zeigen diese Vielfalt eindrucksvoll. Wirtschaftsinformatikerinnen und Wirtschaftsinformatiker berichten über das von ihnen absolvierte Studium, ihren eingeschlagenen Karriereweg und über die Nützlichkeit der im Rahmen des Studiums vermittelten Inhalte für den beruflichen Erfolg. Die Erfahrungsberichte der Praktikerinnen und Praktiker machen das breite Spektrum an beruflichen Möglichkeiten transparent. Wirtschaftsinformatikerinnen und Wirtschaftsinformatiker sind in Führungspositionen in der Beratungs- und IT-Branche sowie in den Fachabteilungen von Unternehmen aus Branchen wie Industrie, Handel, Banken oder Dienstleistungen tätig. Zudem leisten Wirtschaftsinformatikerinnen und Wirtschaftsinformatiker einen wertvollen Beitrag im Rahmen universitärer und außeruniversitärer Forschung und Lehre.

Praktikerporträts:

- Dipl.-Ing. Helmut Fallmann
- Dipl. Wi.-Inf. Danny Franzreb
- Mag. Thiemo Gaisbauer
- Carsten Geretzki
- Mag. Brigitte Haider
- Matthias Klocke

- Andreas Lassmann
- Dipl.-Ing. Wolfgang Mathera
- Mag. Andreas Schaumberger
- Wilhelm Alms
- Dr. Thomas Auinger
- Dr. Andrea Weierich

1 Die Autoren bedanken sich bei Prof. Dr. Armin Heinzl, Universität Mannheim, für seine Unterstützung bei der Rekrutierung von Praktikern aus Deutschland sowie bei Prof. Dr. Dr. h. c. mult. Peter Mertens und Dr. Dina Barbian, die das vorliegende Kapitel in der 3. Auflage des Studienführers verfasst hatten.

Dipl.-Ing. Helmut Fallmann

Mitglied des Vorstandes der Fabasoft AG

Dipl.-Ing. Helmut Fallmann, Jahrgang 1966, absolvierte das Studium der Informatik an der Johannes Kepler Universität Linz. Noch während des Studiums gründete er mit seinem Studienkollegen Leopold Bauernfeind im Jahr 1988 die Fallmann und Bauernfeind GmbH. Im Jahr 1999 erfolgte der Börsengang der Fabasoft AG an der Frankfurter Wertpapierbörse. Das Unternehmen entwickelt und vermarktet Standard-Softwareprodukte für Content Governance, Enterprise Content Management und Business Process Management, die es mittleren und großen Organisationen ermöglichen, digitale Geschäftsprozesse schneller umzusetzen und Content-orientierte Fachanwendungen besonders kosteneffizient zu entwickeln. Aktuell beschäftigt das Unternehmen über 200 Mitarbeiterinnen und Mitarbeiter in Europa und Nordamerika. Konzernzentrale sowie Forschung und Entwicklung befinden sich in Linz.

Warum Wirtschaftsinformatik?

Wirtschaftsinformatik ist praxisorientiert und vielseitig. Projekte, empirische Forschungsorientierung und der Umfang, in dem Praxiserfahrung in den Lehrbetrieb eingebracht wird, sind für uns sehr wichtig. Unsere Kunden sehen Informationstechnologie als Instrument, um ihre strategischen Unternehmensziele operativ umzusetzen. Als Produkthersteller und langjähriger Partner unserer Kunden müssen wir diese Ziele einerseits wirtschaftlich und organisatorisch verstehen und andererseits in unseren Softwareprodukten technologisch wirksam abbilden können. Das Studium der Wirtschaftsinformatik bietet eine hervorragende Grundlage für Karriereprofile, die in beiden Welten zuhause sind: Produktmanagement, Produktmarketing, Consulting und natürlich auch Key Account Management. Hierarchie ist bei uns durch Kompetenz definiert. Die Wirtschaftsinformatik bildet in diesem Sinn ein ausgezeichnetes Rüstzeug für anspruchsvolle Positionen und beruflichen Aufstieg.

Warum Gründung eines Unternehmens?

Unternehmerisch tätig sein heißt für uns gestalten. Die Unternehmensgründung hat uns ermöglicht in Zusammenarbeit mit unseren Kunden Software-Produkte für den Weltmarkt zu entwickeln. So können wir Werte schaffen, Wachstum darstellen und Talente entwickeln und fördern.

Warum Geschäftsführung?

Management und IT sind heute in praktisch keinem Unternehmen mehr zu trennen. IT als Führungsinstrument, IT als Instrument der Kundengewinnung und Kundenbindung, IT in der Produktion, IT als Kommunikationsdrehscheibe extern und intern. Spätestens damit hat die Notwendigkeit von Informatik-Kompetenz auch in den Führungsetagen Einzug gehalten. Das Wirtschaftsinformatik-Studium verbindet diese Kompetenz mit fundiertem Management Know-how. Daher glauben wir, dass sich zukünftig Geschäftsführungs-Positionen – nicht nur im High-Tech-Sektor – zunehmend aus den Reihen der Wirtschaftsinformatiker rekrutieren werden.

Was sind die Aufgaben der Geschäftsführung eines IT-Unternehmens?

Die Geschäftsführungsaufgaben in einem IT-Unternehmen liegen – wie wohl auch in anderen Industrien – in der Findung und Festlegung der Strategie, der Ableitung und Definition konkreter Ziele und Verantwortlicher daraus und in dem Management der Execution dazu. Daneben laufen in der Geschäftsleitung natürlich die Stakeholder-Beziehungen – wie bei uns als börsennotiertem Unternehmen beispielsweise auch jene zum Kapitalmarkt – zusammen. Die Besonderheit in einem IT-Unternehmen liegt zusätzlich in der notwendigen Marktkenntnis des IT-Marktes und im technologischen Background.

Dipl. Wi.-Inf. Danny Franzreb

Geschäftsführer und Creative Director von Taobot Design

Dipl. Wi.-Inf. Danny Franzreb, Jahrgang 1979, studierte Wirtschafts-informatik mit den Schwerpunkten Informationsmanagement, Preispolitik, Softwareentwicklung und Organisation an der Universität Mannheim. Bereits während des Studiums arbeitete er als Inter-action Designer für Kunden wie beispielsweise Smirnoff und hat als freier Autor Beiträge zu mehreren internationalen Bestsellern ver-fasst. Nach dem Studium war Franzreb als Art Director bei Scholz & Volkmer tätig, wo er Projekte für Kunden wie Leica, ThyssenKrupp, Mercedes-Benz und Coca-Cola verantwortlich war. Zurzeit leitet er das international renommierte Design Studio Taobot und betreut dort unter anderem Projekte für Becks, Carefree, EA, Jay-Z und das MIT.

Warum Wirtschaftsinformatik?

Ich habe mich nach dem Abitur vor allem für Design, aber auch Informatik und Wirtschaft interessiert. Für Wirtschaftsinformatik habe ich mich entschieden, da es eine ideale Kom-bination aus zwei meiner Interessensgebiete darstellte und ich der Meinung war, das drit-te auch neben meinem Studium noch gut weiterverfolgen zu können. Was soweit auch gut funktioniert hat. Durch mein Studium an der Universität Mannheim konnte ich mir meine Zeit selbst einteilen und so immer genug Raum für die Dinge schaffen, die mir sonst noch wichtig waren. Die Uni hat mir auch die Möglichkeit geboten, meine Schwerpunkte klar nach meinen Interessen zu wählen und mich durch ihre erstklassige Ausbildung gut auf meine aktuellen Aufgaben vorzubereiten. Nebenbei ist der Ruf einer Universität ein nicht zu vernachlässigender Faktor, der besonders beim Berufseinstieg hilfreich sein kann.

Warum Wirtschaftsinformatik und Interactive Design?

Ich habe mich, wie erwähnt, schön sehr früh für verschiedene Bereiche interessiert. Mein früheres Interesse an Wirtschaft und Informatik kam auch durch meinen Vater, der über 30 Jahre für IBM tätig war. So hatte ich es leicht, mich in der Welt der ersten Personal Computer zu Recht zu finden und begann schon vor meinem Studium erste kommerzielle Projekte als Interactive Designer umzusetzen. Interactive Design bietet mir auch heute noch die Möglichkeit, meine Interessen ideal zu kombinieren. Neben dem eigentlichen Design und Kundenkontakt ist man auch immer wieder in die Programmierung, das Pro-jektmanagement und strategische Planung involviert. Interactive Design ist eine span-nende, kreative Disziplin, die immer wieder ganz neue Anforderungen an mich stellt und sich mit aktuellen Trends stetig weiter entwickelt.

Was sind die Aufgaben eines Interactive Designer und wie läuft ein Projekt ab?

Interactive Designer gestalten im Allgemeinen die subjektiven und qualitativen Aspekte von digitalen und interaktiven Medien. Das kann beispielsweise ein Interface für eine Software sein oder auch die Bedienoberfläche einer Digitalkamera. In meinem Fall sind es hauptsächlich interaktive Kampagnen im Internet, wir haben aber auch schon Interfaces für Digital Devices entworfen, zuletzt für ein Start-Up des MIT.

Normalerweise entwickeln wir zuerst eine oder mehrere kreative Leitideen, häufig zusammen mit Textern oder Konzeptentwicklern, die dem Kunden präsentiert werden. Darauf folgt ein Grobkonzept in dem die visuellen Ansätze ausgestaltet, die Interaktionen der verschiedenen Komponenten definiert und die technischen Details geklärt werden. Hier bleibt noch Raum für Experimente, häufig probieren wir dann auch Alternativen aus, die wir durch Field und Usability Tests verifizieren. Nachdem der Kunde unsere Kreation freigegeben hat, arbeiten wir im Feinkonzept das Projekt final aus. Dabei sind normalerweise viele verschiedene Parteien involviert. Ein kleines Team besteht beispielsweise oft schon aus Art Director, Designer, Developer, Backend Developer, Projektmanager, Konzeptentwicklern und Texter. Eine über alle Medien integrierte Kampagne kann die Komplexität dann noch zusätzlich steigern. Eine gute Ausbildung durch die man als Schnittstelle zwischen all diesen Funktionen operieren kann, macht hier häufig den Unterschied zwischen einem guten und einem großartigen Projekt aus.

Mag. Thiemo Gaisbauer

Leiter International Brokerage Services der Schoellerbank AG

Mag. Thiemo Gaisbauer, Jahrgang 1966, studierte Wirtschaftsinformatik mit den Schwerpunkten Verwaltungsinformatik und Volkswirtschaftslehre an der Johannes Kepler Universität Linz. Bereits während des Studiums arbeitete er in einer der erfolgreichsten Privatbanken Österreichs, der Schoellerbank AG, wo seine Hauptaufgaben zunächst in der Anlageberatung und in weiterer Folge im Fonds- und Portfoliomanagement lagen. Heute ist er für den gesamten Wertpapierhandel der Schoellerbank AG verantwortlich, den er nicht zuletzt auch durch den Einsatz neuester Informations- und Kommunikationstechnologien zu einem der modernsten Handelsplattformen im Privatbankenbereich ausbaute.

Warum Wirtschaftsinformatik?

So wie „Gottes Wege oft unergründlich" sind, so bin ich mehr zufällig als gezielt zum damals noch relativ jungen Studienfach Wirtschaftsinformatik gestoßen. Allerdings stellte sich für mich dabei sehr bald heraus, dass die Kombination von sowohl betriebs- als auch volkswirtschaftlichen Elementen mit informationstechnologischem Know-how zu einem für meine Zukunft wichtigem Rüstzeug werden sollte.

Warum Wirtschaftsinformatik und Bank?

Bereits kurz vor Abschluss meines Studiums konnte ich meiner Neigung – dem Investmentgeschäft – auch beruflich nachgehen, indem ich eine Stelle in der Schoellerbank AG (damals noch Salzburger Kredit- und Wechsel-Bank) in Salzburg erhielt. Dort wurde ich sofort mit dem Aufbau einer eigenen Wertpapierhandelsabteilung beauftragt, was auch innerhalb kurzer Zeit – nicht zuletzt auch durch das wichtige Rüstzeug der Wirtschaftsinformatik – gelang. Egal, ob es sich um die Umsetzung moderner portfoliotheoretischer Grundlagen oder um das Feintuning eines Investmentfonds handelte, mit diesem Rüstzeug gelang es mir stets die dazu erforderlichen Prozesse kreativ und erfolgreich einzusetzen. Mit Freude kann ich bei der Ausübung meiner „kommunikativen" beruflichen Tätigkeit immer wieder feststellen, dass bisher nicht wenige Wirtschaftsinformatiker im Kreis führender Investmentbanker erfolgreich Einzug genommen haben.

Warum IT und Börse?

Geschwindigkeit, Transparenz, Sicherheit und Globalität regieren die Welt der Broker, die täglich tausende Informationen erhalten, verarbeiten und weiterleiten müssen. Dabei ist das Bild des hektischen Börsianers, an dem an jedem Ohr ein Telefon klebt, längst dem Bild eines ruhig vor zwei oder mehreren Monitoren agierenden Brokers gewichen, der zu all dem heute ein vielfaches an Trades (Wertpapieraufträge) abwickelt, als noch Jahre zuvor.

Bei dem ständigen Auf und Ab der Börsen ändern sich nicht nur die Kurse der gehandelten Aktien, auch das Verlangen der Anleger nach noch schnelleren weltumspannenden Börsentransaktionen und prompten Informationsaustausch erfordern ein ständiges Anpassen an neue Informations- und Kommunikationstechnologien innerhalb einer Bank. In diesem Umfeld überleben auch nur jene, die sich der Herausforderung neuer Technologien und Methoden beim Handel von Finanzinstrumenten stellen. Auch mein bisheriger Erfolg war zum Großteil auf ein rasches und effizientes Reagieren auf sich ständig ändernde Anforderungen begründet, wobei mir auch das Rüstzeug der Wirtschaftsinformatik stets ein hilfreicher Begleiter war.

Carsten Geretzki

Leiter IT-Infrastruktur und Standards bei BASF Coatings AG

Carsten Geretzki, Jahrgang 1970, studierte Wirtschaftsinformatik an der Universität Münster mit dem Schwerpunkt Industrieinformatik. Während des Studiums legte er großen Wert auf studienbegleitende Praxiserfahrungen, unter anderem bei Siemens Nixdorf Informationssysteme und bei National Petroleum (Sierra Leone). Darüber hinaus arbeitete er während des Hauptstudiums am Institut für angewandte Informatik und als freier Mitarbeiter bei der SELF Beratungs-GmbH. Nach Abschluss des Diploms war er zunächst in der zentralen Informatik der Henkel KGaA sowie im internationalen Produktionscontrolling beschäftigt. Nach fünf Jahren wechselte er zur BASF Coatings AG als Leiter IT-Infrastruktur und Standards im Informationsmanagement und arbeitet jetzt im Corporate Controlling verantwortlich für das Management Reporting.

Warum Wirtschaftsinformatik?

Wirtschaftsinformatik ist die immer wieder neu definierte Kombination aus Mensch, Maschine und Methode. Als kommunikativer Mensch war für mich die Schnittstellendefinition der WI als Mittler zwischen Informatik und Business der ideale Studiengang, um eine Basis für ein breites berufliches Spektrum zu legen. Die Herausforderungen an Unternehmen werden immer komplexer und in gleichem Maße steigen die Anforderungen an intern verbesserten Strukturen, Prozesse und Informationssysteme. Hinzu kommt die Optimierung über Unternehmensgrenzen hinweg, die einen noch höheren Grad an fachlichem Prozesswissen, technischem Struktur-Know-how, aber insbesondere auch sozialer Kommunikationskompetenz erfordert. Für dieses Aufgabenfeld vermittelte mir der Studiengang Wirtschaftsinformatik Methodiken, schärfte mein Analysevermögen und meine Kreativität und behielt gleichzeitig immer die Praxis im Unternehmen im Fokus. So kann man die Informationssysteme als Nervensysteme eines Unternehmens nicht nur verstehen, sondern auch in spannender Projektarbeit aktiv gestalten. Die Praxis im Unternehmen sollte dabei nach meiner Erfahrung so früh wie möglich durch studienbegleitende Tätigkeiten bspw. als Werkstudent oder während eines Auslandspraktikums selbst kennen gelernt werden. Hierdurch reift das im Studium erworbene Wissen.

Warum als Wirtschaftsinformatiker in ein Industrieunternehmen?

Nach Abschluss des Studiums sah ich meine Chance in einem internationalen Konzern, der mit einer Vielfalt an unterschiedlichen Organisationseinheiten sowie seiner internationalen Ausrichtung auch Veränderungen innerhalb des Unternehmens ermöglichen würde. Bei der Henkel KGaA arbeitete ich zunächst im Team für die Einführung von SAP R/3 und leitete später eigene SAP-Projekte. Hier waren die methodischen Vorgehensweisen sowie die bereits vorhandenen Erfahrungen mit R/3 aus dem Studium viel Wert für einen schnellen Einstieg und die Akzeptanz in der Abteilung. Über die Einführung eines internationalen Produktionsinformationssystems für den Klebstoffbereich ergaben sich Kontakte, die letztlich in die Übernahme der Leitung des internationalen Produktionscontrollings für den Konsumklebstoffbereich mündeten. So konnte ich meinen betriebswirtschaftlichen Schwerpunkt vertiefen und im Controlling mit dem Vorzug aufwarten, die Informationssysteme bis ins Detail zu kennen und so jede Zahl und Statistik ggf. selbst noch zu prüfen oder abzufragen. Bereits zu Beginn meiner Tätigkeit bei Henkel hatte ich mir vorgenommen, nach ca. fünf Jahren das Unternehmen zu wechseln, um auch unterschiedliche Unternehmenskulturen kennen zu lernen.

Auch bei der BASF Coatings galt mein Fokus zunächst der IT-Architektur mit dem Schwerpunkt der Evaluierung, Auswahl und Einführung eines Web-Content-Management-Systems und der ganzheitlichen Einordnung in die Systemwelt. Als weiterer Schritt verantwortete ich als Pilot in der BASF Gruppe den Aufbau eines SAP-Portals als Basis für Employee-Self-Services aber auch für weiterentwickelte Management-Information-Services. Diese Management-Web-Reports nutzte ich heute als Anwender in meiner Funktion als Unternehmensbereichs-Controller, wo ich die Zahlen des globalen Geschäfts für das Top Management interpretiere und aufbereite. Hierbei ist es von großem Vorteil, die IT-Systeme und deren immanente Rechenregeln, Transformationsprozesse etc. zu kennen, die über die Qualität und Aussagekraft von berichteten Kennzahlen entscheiden. Die interdisziplinäre Ausbildung als Wirtschaftsinformatiker schuf die erforderliche Flexibilität beim Firmenwechsel als auch innerhalb der Konzerne, und es macht immer wieder viel Spaß, die zwei Seiten der Medaille im Unternehmen zu erforschen.

Mag. Brigitte Haider

Leiterin des Privatkundengeschäfts in der größten Regionalbank Österreichs

Mag. Brigitte Haider, Jahrgang 1972, studierte berufsbegleitend Wirtschaftsinformatik mit den Schwerpunkten Informationssysteme und Allgemeine BWL an der Johannes Kepler Universität Linz. Bereits vor Beginn des Studiums arbeitete sie in der größten Regionalbank Österreichs, der Oberbank AG mit Sitz in Linz. Hauptbereiche der Tätigkeit in der Oberbank waren von 1990 bis 2006 alle Bereiche des Zahlungsverkehrs wie beispielsweise Auslandszahlungsverkehr, Inlandszahlungsverkehr, jeweils mit Fokus auf neue Medien und insbesondere Electronic Banking, Kartensysteme und Internet-Banking. Im Jahr 2006 erfolgte ein Wechsel in das Privatkundengeschäft als stellvertretende Leitern und die Bestellung zur Prokuristin. Im September 2007 erfolgte die Bestellung zur Leiterin des Bereiches Privatkunden. Zusätzlich war sie bis 2005 Lektorin für das Fach „Management von Informatik-Projekten" an der Johannes Kepler Universität Linz.

Warum Wirtschaftsinformatik?

Der Zahlungsverkehr in Banken, mit dem ich mich fast 15 Jahre beschäftigt habe, hat sich von einem reinen Abwicklungsprodukt zu einem „High-Tech-Produkt" entwickelt. Abgesehen vom Internet-Banking, ist das gesamte Bankgeschäft heute technikgetrieben, Produktinnovationen sind ohne IT nicht mehr vorstellbar.

Diese Entwicklung ist zugleich spannend und herausfordernd. Um mitgestalten zu können, bedarf es einer fundierten, sowohl technischen als auch betriebswirtschaftlichen Ausbildung. Informations- und Kommunikationssysteme sind in unserem Geschäft ein wesentlicher Erfolgsfaktor. Die Wirtschaftsinformatik liegt an der Schnittstelle zwischen betriebswirtschaftlichen Fragestellungen und IT. Die Ausbildung versetzt nicht nur in die Lage, Informationssysteme zu gestalten, sondern auch Entwicklungen und Integrationsmöglichkeiten abschätzen zu können.

Warum Bankgeschäfte?

Das Bankgeschäft unterliegt in den letzten Jahren gravierenden Veränderungen und wird in vielen Bereichen sehr stark von neuen Technologien beeinflusst. Das Spannungsfeld zwischen Kundennähe, wie es gerade für eine Regionalbank wichtig ist, und der Notwendigkeit, den Kunden Zugang zur Bank durch neue Technologien zu schaffen, stellt eine besondere Herausforderung dar (Schlagwort Multi-Channel-Banking). Gerade dieses Spannungsfeld bietet für Wirtschaftsinformatiker, die sowohl über das notwendige betriebswirtschaftliche Wissen als auch über das entsprechende IT-Know-how verfügen, besonders gute Entwicklungsmöglichkeiten. Abschließend möchte ich noch bemerken, dass ich die Wahl der Studienrichtung Wirtschaftsinformatik niemals bereut habe und stolz darauf bin. Von der interdisziplinären Ausbildung habe ich in meiner beruflichen Laufbahn sehr profitiert.

Matthias Klocke

Senior Solution Consultant im Bereich Business Intelligence bei der SAP AG

Matthias Klocke, Jahrgang 1973, studierte Wirtschaftsinformatik an der Otto-Friedrich-Universität Bamberg. Zum Erwerb des European Master of Business Sciences studierte er ein Jahr an der European Business Management School in Swansea, UK. Die Diplomarbeit über Internetanwendungen in der Produktion erstellte er bei der SAP AG in Kooperation mit dem Lehrstuhl für Wirtschaftsinformatik der Universität Bamberg, Prof. Dr. Ferstl. Im Anschluss war Herr Klocke zwei Jahre in der Softwareentwicklung für die Datawarehouse-Lösung der SAP Business Warehouse. Mit dem Themenschwerpunkt Logistikdatenextraktion wechselte er in die Beratung zur Modellierung und Implementierung kundenspezifischer Berichtsanforderungen für die SAP Deutschland in Walldorf sowie ein Jahr für die SAP France in Paris. Herr Klocke bildete sich betriebsintern weiter zum Solution Architect zur Beratung von Kunden zum Produktportfolio der SAP.

Warum Wirtschaftsinformatik an der Universität Bamberg?

Ich studierte von 1994 bis 2000 Wirtschaftsinformatik an der Otto-Friedrich-Universität Bamberg. Ausschlaggebend war für mich ein Tipp meines Mathematiklehrers, der mich auf die idealen Studienbedingungen an der Universität Bamberg aufmerksam machte: ein überzeugendes Konzept aus BWL, Informatik und dem Integrationsfach Wirtschaftsinformatik. Die umfassende und unkomplizierte Betreuung bei der Bewerbung für ein Auslandsstudium und während der Diplomarbeit sind zwei entscheidende Vorteile einer „kleinen" Universität. Dadurch verkürzt sich die Studienzeit erheblich. Ich fokussierte mein Studium auf Systementwicklung und Datenbankanwendung (Prof. Dr. Sinz); Industrielle Anwendungssysteme (Prof. Dr. Ferstl); International Economics (Economics Department in Swansea); Statistics (an der EBMS in Swansea) und French (Language Department in Swansea). An der Uni Bamberg waren für mich Unternehmenspräsentationen und Projektvorstellungen namhafter Unternehmen sehr interessant, da man auf diese Weise direkt Kontakt aufnehmen konnte. Die Entwicklung von BWL-Lernsoftware am WI-Lehrstuhl von Prof. Ferstl war mein erstes Software-Projekt. Besonders hilfreich sind einzelne Kurse zum Erwerb so genannter Softskills, wie z. B. Präsentationstechniken. Meine Diplomarbeit schrieb ich über die „Analyse der Anwendbarkeit von Internetanwendungen in betriebsübergreifenden Produktionsprozessen" in der Abteilung PP-Fertigungsaufträge der SAP AG, Walldorf.

Praktika

Praktika oder Fremdsprachenkurse sind nicht vorgeschrieben. Mein Praktikum bei der SAP AG war dennoch eine wertvolle Hilfe bei der Wahl meines beruflichen Einsatzfeldes. Die ideale Kombination aus Praxis und Fremdsprachen war mein Praktikum bei Unilever in England.

Auslandsstudium

Zusätzlich verbrachte ich ein Auslandsstudium an der European Business Management School (EBMS) der University of Wales, Swansea. Dort wählte ich die Module International Economics, Statistics und French zum Erwerb des European Master of Business Sciences (E.M.B.Sc). Die im Ausland erbrachten Studienleistungen konnte ich an der Universität Bamberg nach Absprache voll anerkennen und in die Abschlussbewertung einfließen lassen.

Warum SAP?

SAP erstellt betriebswirtschaftliche Standardsoftware. Die SAP Deutschland ist die zugehörige Tochterfirma und bietet Services rund um den Verkauf und die Beratung bei der Implementierung der Software. Durch die dynamische Entwicklung des Produktportfolios und die Art und Weise, wie man dort immer neue Herausforderungen annimmt, ergibt sich hier ein ideales Anwendungsfeld für junge Wirtschaftsinformatiker. Angefangen habe ich in der Entwicklung als Business Content Developer für das Business Warehouse (BW), die Reportinglösung der SAP. Mit Themenfokus Supply Chain Management erstellte ich Berichtsmodelle. Die rollenspezifischen Berichte werden im Portal in so genannten Dashboards integriert, mit Echtzeitdaten aus verschiedenen Quellsystemen. Anschließend wechselte ich in die Beratung mit Schwerpunkt Logistik- und Supply-Chain-Datenauswertung im BW. In diesem Thema arbeitete ich unter anderem ein Jahr für die SAP France. Innerhalb der SAP wurde ich fortwährend ausgebildet für den Projekteinsatz in Europa zur Planung und Durchführung von Implementierungsprojekten, Projektreviews und Schulungen. Meine Ausbildung zum Solution Architect ist ein weiter Schritt in der Fachkarriere eines SAP Beraters. Alternativ dazu bieten sich Möglichkeiten, Personalverantwortung zu übernehmen und eine Managementkarriere einzuschlagen.

Andreas Lassmann

Geschäftsführer von itCampus Software- und Systemhaus GmbH

Andreas Lassmann, Jahrgang 1973, studierte Wirtschaftsinformatik an der Universität Leipzig und an der Universität Umea, Schweden. Parallel zur Diplomarbeit gründete er im Jahr 1999 mit sieben weiteren Absolventen von der Martin-Luther-Universität Halle-Wittenberg und der Universität Leipzig und einem Professor das Unternehmen itCampus Software- und Systemhaus GmbH als eine Ausgründung aus den Wirtschaftsinformatik-Instituten der beiden Universitäten. itCampus ist ein international führender Hersteller für Telekommunikationsanlagen und entwickelt maßgeschneiderte Software, die Geschäftsprozesse in Unternehmen und Verwaltungen optimiert. Mit der Gründung übernahm Andreas Lassmann die Geschäftsführung. Sein Ziel ist es, ein innovatives und international erfolgreiches Unternehmen zu etablieren.

Warum Wirtschaftsinformatik?

Die Wirtschaftsinformatik ist sehr anwendungsorientiert. Die Informatik-Technologien sollen die betrieblichen Prozesse unterstützen und hinsichtlich Zeit, Kosten und Qualität verbessern. Die großen Potenziale der BWL liegen in der Neugestaltung der Prozesse. Diese lassen sich jedoch nur mit der Kenntnis und der stringenten Anwendung der modernen Technologien erschließen. Bei der zunehmenden Integration der IT in die Prozesse kommt dem Wirtschaftsinformatiker eine zentrale Aufgabe zu. Die Freude an der praxisorientierten Arbeit und die positiven Entwicklungschancen waren ausschlaggebend bei meiner Entscheidung für ein Wirtschaftsinformatik-Studium.

Warum Ausgründung einer GmbH?

Die Ausgründung aus den Instituten ist die Erweiterung der praktischen Institutstätigkeiten (Erstellen von Gutachten und Beratungsleistungen). Für die komplexe Betreuung, die Umsetzung von Projekten und den anschließenden Service für Firmen bedarf es wirtschaftlicher Strukturen. Die Möglichkeit der Ausgründung und Nutzung der gesammelten Erfahrung sind gute Voraussetzungen für die eigenverantwortliche Zukunftsgestaltung. Ein zusätzlicher lokaler Beweggrund war der hohe Anteil an Abwanderungen von Absolventen aus den Neuen Bundesländern. Mit dem „Import von Arbeit anstelle des Exportes der Absolventen" werden vor Ort Arbeitsplätze geschaffen und die Region gestärkt.

Warum Geschäftsleitung?

Meine Einschätzung ist, dass die Wirtschaftsinformatiker mit dem Wissen aus der BWL und der Informatik sehr gute Voraussetzungen für das Steuern eines Unternehmens haben und zukünftig immer stärker im Management vertreten sein werden. Im Management kann ich meine Kenntnisse wirksam einbringen. Weiterhin ist diese Tätigkeit sehr vielseitig und fordert breites Wissen.

Was sind die Aufgaben der Geschäftsführung eines IT-Unternehmens?

Das Management steuert das Zusammenspiel der Prozesse aller Bereiche und moderiert die kreative Arbeit der Teams. Es kommuniziert das Unternehmen nach innen und außen und vertritt dessen Interessen und Rechte. Der ständige Ausbau der Unternehmenskultur ist mir dabei sehr wichtig. Es müssen komplexe und strategische Entscheidungen vorbereitet und getroffen werden. Die IT ist ein zentrales Werkzeug zur Unterstützung der internen Prozesse, der Information und der Kommunikation.

Dipl.-Ing. Wolfgang Mathera

Direktor der SAP Business School Vienna

Dipl.-Ing. Wolfgang Mathera ist Direktor der SAP Business School Vienna und Lektor am Institut für Wirtschaftsinformatik – Information Engineering, Universität Linz.

Der Studienrichtung Wirtschaftsinformatik kommt aus heutiger Sicht eine besondere Bedeutung zu: Die Wirtschaftsinformatik vereint die Spannungsfelder betriebliche Informationssysteme, ökonomische Aspekte der Betriebswirtschaftslehre (Organisation und Kosten) sowie technische Aspekte der Informatik (Hardware und Systemprogramme).

Doch wie definiert sich das Betätigungsfeld Unternehmen im Spannungsdreieck Mensch – Aufgabe – Technik? Die zunehmende Bedeutung von IT verändert Märkte, Produkte, das Management, die Geschäftsprozesse und die Form der Zusammenarbeit zwischen Unternehmen, aber auch innerhalb von Unternehmen. Der Geschäftsprozess als neues Modell der Organisation verbindet die Geschäftsstrategie mit dem Informationssystem und wird so zur Drehscheibe neuer unternehmerischer Lösungen. Die Orientierung von Unternehmen an der effizienten Ausführung von Einzelfunktionen hat in den vergangenen Jahrzehnten zur lokalen Optimierung und Perfektionierung von Funktionsbereichen geführt. Technologische und organisatorische Entwicklungen haben beispielsweise in den Bereichen Rechnungswesen, Logistik und Produktion durch den Einsatz von neuen Informations- und Kommunikationstechnologien sowie durch Realisierung von organisatorischen Konzepten und Auslagerung von Funktionsbereichen (Outsourcing) zu signifikanten Steigerungen von Produktivität und Qualität geführt. Gleichzeitig trat durch die lokale Optimierung jedoch der Gesamtzusammenhang der betrieblichen Funktionen in den Hintergrund. Je stärker die Autonomie der Funktionsbereiche wurde, desto stärker stiegen die Kosten für die Abstimmung und Koordination zwischen den einzelnen Bereichen der Unternehmen. Auch die Nutzung moderner Informations- und Kommunikationstechnologie beseitigt dieses strukturelle Problem nicht – nur die Symptome.

Um ein Unternehmen jedoch in seiner Gesamtheit zu stärken und vorhandene Schnittstellen abzubauen, ist eine Fokussierung auf die Prozesse des Unternehmens notwendig: Schlagworte wie Business Process Reengineering bzw. Business Process Management sind nicht neu. Bereits zu Beginn der 1930er Jahre hat Fritz Nordsieck auf die Notwendigkeit einer an Prozessen ausgerichteten Unternehmensgestaltung hingewiesen. Trotz der frühen Diskussion dieser Thematik in der wissenschaftlichen Literatur dauerte es bis in die 80er-Jahre, bis auf Grund der Arbeiten von Gaitanides (1983), Scheer (1990), Porter (1989), Davenport (1993) sowie Hammer und Champy (1996) die Prozessorientierung verstärkt Einzug in die Unternehmenspraxis fand.

Genügend Beispiele zeigen uns immer wieder, dass Unternehmen, die mit ihren Produkten und Dienstleitungen schneller als andere auf dem Markt sind, letztendlich den Wettbewerbskampf für sich entscheiden. Die Faktoren **Durchlaufzeit** und **Kosten** sind letztlich aber nur einer von vielen Parametern, die in der heutigen Situation kritisch betrachtet werden müssen. Daraus leitet sich auch das Rollenbild und -verständnis der Anforderungen an Absolventen der Studienrichtung Wirtschaftsinformatik ab, die sich in manchen Bereichen verstärkt bzw. erweitert wurden – ein Beispiel aus der Praxis, welches das angesprochene Rollenverständnis ‚Wirtschaftsinformatik' näher betrachten soll:

Das sind zum einen Anforderungen hinsichtlich Funktion, Preis, Qualität und Umweltverträglichkeit – zum anderen aber auch klare Anforderungen bezüglich des Zeitpunktes, zu dem das gewünschte Produkt geliefert werden soll. Das heißt, es genügt nicht mehr, ein qualitativ hochwertiges Produkt auf den Markt zu bringen – es muss auch zum **richtigen Zeitpunkt** verfügbar sein. Um die richtigen Produkte zum richtigen Zeitpunkt auf den Markt zu bringen, ist es daher unerlässlich, den gesamten Prozess zu betrachten – von der Produktentwicklung über die Herstellung sowie das Produktumfeld. Damit ist die Prozessbetrachtung angesprochen, ein methodisches Vorgehen, um Transparenz und Logik in die verschiedensten Abläufe und Regelkreise eines Unternehmen zu bringen.

Wer anpassen will, muss aber auch wissen, was er anpassen soll! Unstrukturierte Abläufe lassen sich schon deshalb nicht sinnvoll anpassen, weil die Kontrolle über die Nebenwirkungen verloren geht. Klar strukturierte Prozesse zeigen ihre Interdependenzen und können damit in Teilabschnitten verändert werden, ohne dass der Gesamtzusammenhang verloren gehen muss. In einer unternehmensübergreifenden, ganzheitlichen Betrachtungsweise ist letztlich die Gesamtheit aller Geschäftsprozesse eines Unternehmens an der Zufriedenstellung des Kunden beteiligt. Darüber hinaus unterstützt die Wirtschaftsinformatik Bereiche des Rechtes (z. B. Datenschutz, digitale Signaturen, Arbeitsrecht, Urheberrecht), der Soziologie (z. B. gesellschaftlicher Wandel), der Psychologie (z. B. Auswirkungen auf Personen), Operations Research (z. B. Lineare Optimierung, Wegoptimierung), Statistik (z. B. Trends, Prognose) und Mathematik (z. B. Verschlüsselung). Genau diese interdisziplinären Zusammenhänge beschreiben die enorme Bedeutung der Studienrichtung Wirtschaftsinformatik für die heutige Wirtschaft – in alter und neuer Form.

Mag. Andreas Schaumberger

Wissenschaftlicher Mitarbeiter an der Höheren Bundeslehr- und Forschungsanstalt für Landwirtschaft Raumberg-Gumpenstein

Mag. Andreas Schaumberger, Jahrgang 1970, studierte Geoinformationstechnologie – ein Studium, das das Wirtschaftsinformatik-Studium um Elemente der Geoinformatik ergänzt – am Universitätszentrum Rottenmann (Johannes Kepler Universität Linz und Technische Universität Graz). Sein gesamtes Studium absolvierte er neben der beruflichen Tätigkeit an der Höheren Bundeslehr- und Forschungsanstalt für Landwirtschaft (HBLFA) Raumberg-Gumpenstein. Mit der engen Verknüpfung von Studium und Beruf war eine schrittweise Integration seiner neu erworbenen Kompetenz in das Forschungsumfeld der HBLFA Raumberg-Gumpenstein möglich und fand insbesondere mit der Bearbeitung seiner Diplomarbeit einen fließenden Übergang von der bisherigen Tätigkeit auf neue Aufgabenbereiche. So entstand bereits während des Studiums die Organisationseinheit „Geoinformation im ländlichen Raum", die er nach seinem Universitätsabschluss als Leiter übernahm. Mit dem anschließenden Studium „Geographical Information Science & Systems" an der Universität Salzburg setzte er einen weiteren Ausbildungsschwerpunkt im Bereich der Geoinformatik.

Warum Wirtschaftsinformatik mit dem Schwerpunkt Geoinformationstechnologie?

Die Informationsverarbeitung spielt in der hoch technisierten Welt von heute zweifellos eine zentrale Rolle. Ein zunehmend stärkeres Augenmerk wird dabei auf den räumlichen Aspekt von Information gelegt und drückt sich unter anderem in der wachsenden Beliebtheit von Geo-Browsern sowohl für die private als auch wirtschaftliche und wissenschaftliche Nutzung aus. Routenplaner, Navigationssysteme, interaktive Landkarten und Stadtpläne im Internet, Google Earth, usw. sind nur einige Beispiele für die erfolgreiche Etablierung von GIS-Anwendungen in der modernen, vernetzten Gesellschaft.

Geoinformation, also jene Information, welche einen Raumbezug aufweist, bietet eine gänzlich neue Qualität der Analyse und fördert in vielen Bereichen ein besseres Verständnis von Zusammenhängen und wechselseitigen Abhängigkeiten.

Die Wirtschaftsinformatik mit dem Schwerpunkt Geoinformationstechnologie beinhaltet für mich neben der intensiven Auseinandersetzung mit den technischen Grundlagen eine stark anwendungsorientierte Komponente, welche die Vertiefung in dieses Fachgebiet so abwechslungsreich und interessant gestaltet. Dies war ein Hauptgrund für die Entscheidung zu diesem Studium. Spezielle Softwaresysteme unterstützen den Nutzer bei der Verarbeitung von Geoinformation im Rahmen Geographischer Informationssysteme (GIS). Sie setzen umfangreiche Kenntnisse in Datenmodellierung, Programmierung und Informationsmanagement voraus, welche um die speziellen Anforderungen für die Bearbeitung raumbezogener Information ergänzt werden.

Die Ausbildung am Universitätszentrum Rottenmann war in besonderer Weise darauf abgestimmt, da die Lehrinhalte von Fachleuten zweier Universitäten mit der Ausrichtung Wirtschaftsinformatik einerseits und Geoinformatik andererseits vorgetragen wurden und sich deshalb optimal ergänzten. Die Zukunftsperspektive dieses Studiums erscheint mir viel versprechend, da die Verwendung von GIS zur Dokumentation, Modellierung, Analyse und Visualisierung von Daten mittlerweile das Anwendungsspektrum moderner IT-Systeme in beinahe allen Wirtschafts- und Wissenschaftsbereichen erweitert.

Warum Geoinformationstechnologie in der landwirtschaftlichen Forschung?

Für viele wirtschaftliche Aktivitäten ist die Information über das WO und WANN von entscheidender Bedeutung. Auch im wissenschaftlichen Bereich sind raum- und zeitbezogene Fragestellungen von besonderem Interesse, vor allem dann, wenn es darum geht, wissenschaftliche Modelle praxisgerecht und anwendungsbezogen aufzubereiten. Bedingt durch mein berufliches Umfeld konzentriert sich meine Arbeit auf Anwendungen mit Bezug zur Landwirtschaft.

Die Höhere Bundeslehr- und Forschungsanstalt für Landwirtschaft (HBLFA) Raumberg-Gumpenstein, an der ich tätig bin, ist eine nach geordnete Dienststelle des Bundesministeriums für Land- und Forstwirtschaft, Umwelt und Wasserwirtschaft und eine der größten Institutionen für angewandte landwirtschaftliche Forschung in Österreich. Die Arbeitsschwerpunkte sind pflanzenbauliche und nutztierwissenschaftliche Aspekte der alpenländischen Landwirtschaft und deren ökologische und ökonomische Auswirkungen.

Die Landwirtschaft weist generell einen engen Bezug zur räumlichen Dimension auf und eignet sich deshalb hervorragend für den Einsatz von GIS. In Kombination mit anderen Wissenschaftsdisziplinen, welche ihre Schwerpunkte ebenfalls in der räumlichen Informationsrepräsentation (wie beispielsweise die Meteorologie) setzen, ergibt sich eine wesentliche Erweiterung der Analysemöglichkeiten. Ein großer Teil des in der landwirtschaftlichen Forschung gewonnenen Wissens kann mit GIS und einer entsprechenden Modellierung auf die tatsächlich bewirtschafteten Flächen angewendet werden und eröffnet damit einen ganz neuen Zugang zur Wissenstransformation. GIS trägt durch die integrierte Möglichkeit der Visualisierung dazu bei, komplexe und komplizierte Zusammenhänge anschaulich in Kartenform zu verdeutlichen. Ein interessanter Aspekt dabei ist die Erweiterungsmöglichkeit auf die vierte Dimension (z. B. Zeitreihenanalysen) und die effiziente Umsetzung von Szenariotechniken, die insbesondere im naturwissenschaftlichen Bereich von großem Interesse sind (z. B. in Hinblick auf den Klimawandel, auf Bewirtschaftungsverhältnisse und deren Veränderungen, auf Kulturlandschaftsentwicklung, usw.).

Wilhelm Alms

Ehemals Vorstandsvorsitzender der Mummert + Partner Unternehmensberatung AG und nun erfolgreicher Unternehmer

Wilhelm Alms, Jahrgang 1950, studierte Betriebswirtschaftslehre mit den Schwerpunkten Marketing, Statistik und Informatik an der Universität Hamburg. Nach einer einjährigen Assistententätigkeit am betriebswirtschaftlichen Lehrstuhl der Universität Hamburg wechselte er 1978 als Berater zur Firma Mummert + Partner. Die weiteren Stationen waren: 1985 Geschäftsführender Gesellschafter und 1994 Vorsitzender der Geschäftsführung der Mummert + Partner Unternehmensberatung GmbH. Zum 1.1.1996 wurde die Gesellschaft in die Rechtsform der Aktiengesellschaft umgewandelt und 2001 zur Mummert Consulting AG umfirmiert. Bis 2003 war Wilhelm Alms Vorsitzender des Vorstandes dieses Unternehmens, das nunmehr als steria-mummert zur französischen Steria-Gruppe gehört. Seitdem ist er als selbständiger Unternehmensberater und als Unternehmer mit verschiedenen Beteiligungen im Bereich der beratenden Dienstleistungen tätig.

Warum Betriebswirtschaftslehre mit Schwerpunkt Informatik?

Das Zusammenspiel von Fachlichkeit und technischem Wissen war der Anreiz für mich, Betriebswirtschaftslehre mit dem Schwerpunkt Informatik zu studieren. Dass diese Entscheidung richtig war, stellte sich sehr schnell bei der Tätigkeit als Mitarbeiter bei der Mummert + Partner Unternehmensberatung AG (jetzt steria-mummert) heraus.

Warum Mummert + Partner?

Mit einer ausgeprägten Branchen- und Technologiekompetenz konzentriert sich Mummert + Partner (jetzt steria-mummert) auf die Beratung von Kreditinstituten, Versicherungen, öffentlichen Verwaltungen, Energieversorgern und auf das Gesundheitswesen. Mummert + Partner (jetzt steria-mummert) ist eine der marktführenden Beratungsgesellschaften für die Dienstleistungsbranchen in Deutschland und auf dem Weg, diese Position auch in Europa zu erreichen. Die Stärke von Mummert + Partner (jetzt steria-mummert) besteht darin, branchenspezifische Prozesskompetenz mit exzellentem Technologie-Know-how zu kombinieren. Mit dem tiefen Verständnis für die Umsetzung in erfolgreiche Lösungen verschafft das Unternehmen seinen Kunden die erforderlichen Wettbewerbsvorteile. Die Unternehmensphilosophie von Mummert + Partner (jetzt steria-mummert) wird durch den ganzheitlichen Beratungsansatz geprägt.

Grundlage für eine erfolgreiche Positionierung im Wettbewerb sind exakt auf die Kunden zugeschnittene Lösungen. Die Definition neuer Prozesse bedeutet nicht gleichzeitig, dass die bestehende Systemlandschaft verworfen werden muss. Die anspruchsvolle Lösung besteht vielmehr auch darin, neue Technologien optimal mit vorhandenen Systemen zu verbinden. Folglich ist für mich die wahre unternehmerische Herausforderung, anspruchsvolle Aufgaben gemeinsam mit den Kunden zu lösen und umzusetzen. Mitarbeiter können diesem Anspruch nur gerecht werden, wenn neben betriebswirtschaftlichen Kenntnissen auch Branchen-Know-how und technischer Ausbildungshintergrund vorhanden sind, wobei das technologische Verständnis und die Fähigkeit, unternehmerische Chancen in realisierter Technologie zu erkennen, immer stärker in den Vordergrund rücken.

Dr. Thomas Auinger

Geschäftsführer des Beratungsunternehmens ProAudit

Dr. Thomas Auinger, Jahrgang 1965, studierte an der Johannes Kepler Universität Linz Betriebswirtschaftslehre mit den Schwerpunkten Organisation und Informationswirtschaft. Nach mehrjähriger Tätigkeit in der Wirtschaft kehrte er als Assistent an die Universität zurück, um am Institut für Wirtschaftsinformatik – Information Engineering der Universität Linz zum Thema Wissensmanagement zu promovieren. Anfang des Jahres 2005 wechselte er wieder in die Privatwirtschaft, zum Beratungsunternehmen ProAudit, bei dem ihm im Jahr 2006 die Geschäftsführung übertragen wurde. Neben seiner Tätigkeit als externer Lehrveranstaltungsleiter an der Universität unterrichtet er in mehreren Bildungseinrichtungen zu den Themen Informationsbeschaffung und Wissensmanagement.

Warum Betriebswirtschaftslehre mit Schwerpunkt Informationswirtschaft?

Meine erste berufliche Tätigkeit in einer IT-Abteilung eines Papiererzeugers war Ausschlag gebend für die Auswahl meiner Spezialisierungsfächer beim Studium der Betriebswirtschaftslehre. Nach dem Studium war ich im mittleren Management eines Großunternehmens tätig. Die Lektüre eines Buchs über Wissensmanagement, und damit verbunden das Erkennen der Wichtigkeit dieses Themas, war der Anlass, wieder an die Universität zurück zu kehren. Am Institut für Wirtschaftsinformatik – Information Engineering wurde mir die Möglichkeit geboten, mich umfassend, unter Einbeziehung von Unternehmen, mit diesem Thema zu beschäftigen. Nach der Fertigstellung meiner Dissertation zum Thema Wissensmanagement-Audit bin ich wieder in die Wirtschaft zurückgekehrt. Die starke Methodenorientierung der Universität und die dort erworbene Kompetenz in der Analyse komplexer Problemstellungen war für mich, neben der interdisziplinären und teamorientierten Arbeitsweise der Wirtschaftsinformatik, ein wesentlicher Schwerpunkt meiner Ausbildung.

Warum ProAudit?

Die Führungserfahrung aus einem Großunternehmen in Verbindung mit dem Methodenwissen der Universität bildet die optimale Voraussetzung für die Arbeit in einem Beratungsunternehmen. Die verhältnismäßig geringe Größe von ProAudit ermöglicht eine maximale Flexibilität und die Möglichkeit der Mitgestaltung des Leistungsportfolios, welches im Fall von ProAudit sehr stark von Themen der Wirtschaftsinformatik geprägt ist. Vereinfacht gesagt handelt es sich bei vielen unserer Projekte um die Einbindung von Informationstechnologien zur besseren Gestaltung der Prozesse und zur Entlastung der Mitarbeiter. Dieser Schwerpunkt führt dazu, dass wir bei Nach- und Neubesetzungen immer wieder nach Wirtschaftsinformatik-Abgängern suchen.

Den geringen Einsatz von Informations- und Kommunikationstechnologien mit dem Ziel Prozessverbesserung in der Praxis führen wir einerseits auf geringe Affinität von Führungskräften zu neuen Technologien, aber auch auf negative Erfahrungswerte aufgrund einer zu wenig zielorientierten und zu stark maßnahmenorientierten Einführung von Werkzeugen zurück. Der enge Kontakt zur Universität, sei es in Form der Zusammenarbeit im Rahmen von Seminaren und Diplomarbeiten oder im Rahmen von Gesprächen mit Universitätsmitarbeitern, ermöglicht uns ein regelmäßiges Update zum State of the Art. Weiters erachten wir den Dialog zwischen Wirtschaft und Universität für beide Seiten als wertvoll. Beispielhaft seien folgende Projekte mit Wirtschaftsinformatik-Schwerpunkten genannt: Evaluierung von ERP-Systemen, IT-Benchmarking, Aufbau eines Selbstevaluierungssystems im öffentlichen Bereich, Gesetzesfolgenabschätzung für Unternehmen oder Wissenslandkarten.

Dr. Andrea Weierich

IT Key Account Managerin bei Henkel KGaA

Dr. Andrea Weierich, Jahrgang 1968, studierte Betriebswirtschafts-lehre mit dem Schwerpunkt Wirtschaftsinformatik an der Univer-sität Erlangen-Nürnberg und an der California State University, Hayward. In Anschluss an eine Beschäftigung bei der IBM in Brüs-sel begann sie ihre Assistenten-Tätigkeit bei Professor Peter Mer-tens an der Universität Erlangen-Nürnberg. Dabei setzte sie sich in einem Projekt mit dem IT-Dienstleister DATEV eG mit der Integration von betriebswirtschaftlichen Softwarekomponenten verschiedener Hersteller auseinander. Nach dem Abschluss ihrer Dissertation arbeitete sie in der Information Technology Group der internationalen Management- und Technologieberatung Booz Allen Hamil-ton insbesondere im Banken- und Energieversorgungssektor an verschiedenen Themen an der Schnittstelle Business und IT, zuletzt als Mitglied der Geschäftsleitung (Principal). Seit 2006 ist sie IT Key Account Managerin bei der Henkel KGaA und betreut dort die Querschnittsfunktionen Finanzen, Personal, Einkauf, Unternehmenskommunikation, Recht und Infrastruktur-Dienstleis-tungen. In ihrer Funktion berichtet sie an den CIO von Henkel.

Was macht eine IT Key Account Managerin?

Die IT der Henkel KGaA ist eine zentrale Einheit, in der das gesamte Geschäft dieses glo-bal tätigen Unternehmens gebündelt unterstützt wird. Dabei ist das Key Account Manage-ment auf die Geschäftsbereiche ausgerichtet. Es gibt Key-Account-Management-Rollen für Waschmittel („Persil"), Kosmetik („Fa", „Schauma", „Taft"), Klebstoffe („Pritt") und die Querschnittsfunktionen, die ich betreue. Dabei leite ich ein Kernteam am Standort Düs-seldorf und ein global verteiltes Team in allen Ländern Europas und in den Regionen Nord-amerika, Zentral- und Ost-Europa, Lateinamerika, Asien-Pazifik und den Mittleren Osten und Afrika.

Es ist unsere Aufgabe, die Interessen der Querschnittsfunktionen in der IT-Einheit zu ver-treten. Wir fungieren als Mittler und Übersetzer zwischen den IT-Service-erbringenden Einheiten, also der Anwendungsentwicklung und der IT-Infrastruktur, und den Quer-schnitts-funktionen. Das ist anspruchsvoll und interessant, weil gerade an dieser Schnitt-stelle erfahrungsgemäß viele Missverständnisse und Probleme auftreten können, die mit einem guten Key Account Management vermieden oder zumindest besser gesteuert wer-den können.

Mein Team ist mit dieser Hauptaufgabe für folgende Prozesse und Themen verantwortlich:

- IT-Beauftragungsprozess insbesondere für Projekte und deren Wirtschaftlichkeitsnachweis („Business Case")
- IT-Budgetplanung und Treuhänder des IT-Budgets
- IT-Strategie und Abstimmung von Account-Strategie und IT-Bedarf
- Dokumentation und Pflege der Anwendungslandschaft des betreuten Bereichs
- Beziehungsmanagement und Wissensmanagement in Bezug auf den betreuten Bereich
- Kommunikation von wichtigen Themen in beiden Richtungen
- Zufriedenheits- und Erwartungsmanagement

An diesem Aufgabenprofil lässt sich gut veranschaulichen, warum wir Studiengänge für Wirtschaftsinformatik brauchen: Menschen mit dieser Ausbildung bringen schon aus dem Studium einen Basisstock an spezifischem Wissen mit, das sie dazu befähigt, erfolgreich an der Schnittstelle zwischen Business und IT zu arbeiten. Aus persönlicher Erfahrung kann ich diese Ausrichtung empfehlen: Es macht Spaß, es ist spannend, herausfordernd und lohnend, und dieses Tätigkeitsfeld wird nie verschwinden.

7

FINANZIERUNG DES STUDIUMS

Regine Kramer

7.1 Wie teuer ist ein Studium?

Wer sich für ein Studium entscheidet, steht zunächst vor der zentralen Frage, wie er die Studienjahre am besten finanziert. Wie viel ein Studium kostet, hängt von mehreren Faktoren ab:

- Länge des Studiums (die meisten Studenten studieren über fünf Jahre),
- Studienort (die Lebenshaltungskosten in den alten Bundesländern liegen immer noch deutlich höher),
- eigene Wohnung/Haushalt oder Wohnung bei den Eltern,
- Studiengebühren (in den meisten Bundesländern beschlossen, treten aber unterschiedlich in Kraft)
- Auslandssemester (ein Semester in den USA ist aufgrund der dort erhobenen Studiengebühren sehr teuer).

Die Lebenshaltungskosten von Studenten umfassen Miete, Essen, Kleidung, Versicherung, Arztkosten, Fahrtkosten und Bücher. Die Gesamteinnahmen der Studierenden liegen im Schnitt bei 718 € (alte Bundesländer) bzw. 608 € (neue Bundesländer). Geht man von einer Dauer von fünf Jahren bei Universitätsstudenten und von vier Jahren bei Fachhochschülern aus, so kostet ein Studium in den alten Bundesländern im Schnitt rund 43.000 € bzw. rund 34.500 €. In den neuen Bundesländern liegen die Zahlen bei rund 36.500 € bzw. 29.000 €. Hinzu kommen in den meisten Bundesländern ab 2007 Studiengebühren von in der Regel 500 € pro Semester.

 Web-Link

Die aktuellsten Informationen zum Stand der Studiengebühren-Beschlüsse sind zu finden unter: www.studis- online.de/StudInfo/Gebuehren/index.php.

Studieren ist also nicht billig, und so verwundert es nicht, dass sich die meisten Studenten über mehrere Quellen finanzieren und zusätzlich zu BAFöG oder Stipendium noch auf Zuschüsse der Eltern oder einen Zuverdienst bzw. Nebenjob angewiesen sind.

7.2 Welche Finanzierungsmöglichkeiten gibt es?

Wie oben bereits angedeutet, bieten sich den Studenten prinzipiell mehrere Möglichkeiten, ihr Studium zu finanzieren:

* Eltern

* BAFöG

* Stipendien

* Bildungsfonds

* Jobs (Uni, Wirtschaft)

* Kredite (z. B. Bildungskredit der Bundesregierung)

* Studienbeitragsdarlehen der Landesbank bzw. der KfW Förderbank.

Natürlich ist der Zugang zu diesen Einkommensquellen für jeden Studenten unterschiedlich. So ist die Vergabe von Stipendien – je nach Stiftung – von unterschiedlichen Bedingungen abhängig. Und auch die BAFöG-Erteilung ist in aller Regel von der Einkommenslage der Eltern abhängig. Zudem muss die vom Staat ausbezahlte Förderungssumme zu Teilen zurückgezahlt werden.

Auf die verschiedenen Finanzierungsarten soll nun im Folgenden näher eingegangen werden.

7.3 BAFöG

Beim BAFöG (Bundesausbildungsförderungsgesetz) handelt es sich um eine zweiteilige Zahlung staatlicher Unterstützung: eine Hälfte der Fördersumme wird als unverzinsliches Staatsdarlehen, der andere Teil als Zuschuss gewährt. Für den Studenten bedeutet dies, dass er nach dem Studienende den Darlehensanteil zurückzahlen muss.

Zunächst muss festgestellt werden, dass nicht jeder Student Anspruch auf BAFöG hat.

Die Förderungshöchstdauer beträgt für Universitätsstudien neun Semester, für Fachhochschulstudiengänge bis zu acht Semester.

7.3.1 Wer erhält BAFöG?

Förderberechtigt ist zunächst nur derjenige, der bis auf eine begrenzte Rücklage von 5.200 € über kein eigenes Vermögen verfügt (bei verheirateten Auszubildenden erhöht sich der Freibetrag sowohl für den Ehepartner als auch je Kind um jeweils 1.800 €). Die Berechnungsgrundlage bilden in der Regel das Einkommen und die Vermögensverhältnisse der Eltern.

Nur in bestimmten Fällen wird BAFöG unabhängig vom Einkommen der Eltern bewilligt.

BAFöG wird prinzipiell dann zuerkannt, wenn:

* der Student zum Zeitpunkt der Antragstellung nicht älter als 29 Jahre ist (Ausnahmen werden z. B. beim zweiten Bildungsweg bzw. bei Kindern gemacht)
* Einkommen und Vermögen der Eltern (bzw. des Ehepartners) die Bemessungsgrenzen nicht überschreiten.

Möglich ist eine Ausbildungsförderung unabhängig vom Einkommen der Eltern, wenn folgende Voraussetzungen vorliegen:

* wenn der Aufenthaltsort der Eltern im Ausland oder unbekannt ist
* wenn die Eltern verhindert sind, Unterhalt zu leisten
* wenn der Antragsteller nach Vollendung des 30. Lebensjahres das Studium aufnimmt
* wenn der Antragsteller nach Vollendung des 18. Lebensjahres mindestens fünf Jahre erwerbstätig war
* wenn der Antragsteller eine insgesamt sechsjährige berufsqualifizierende Ausbildung plus anschließende Erwerbstätigkeit nachweisen kann.

Als Erwerbstätigkeit gelten z. B. auch die Zeiten des Wehr- oder Zivildienstes.

Berechnung des BAFöG-Satzes

Die Höhe des Förderbetrages errechnet sich aus:

errechneter Bedarfssatz gemäß Bundesausbildungsförderungsgesetz
- *anrechenbares, eigenes Einkommen und Vermögen*
- *anrechenbares Einkommen und Vermögen des Ehepartners*
- *anrechenbares Einkommen der Eltern*
= **Höhe der BAFöG-Förderungsbetrags**

Die Förderungshöchstbeträge unterscheiden sich nochmals entsprechend dem Studien-/ Wohnort des Studenten (alte oder neue Bundesländer) sowie danach, ob der Student einen eigenen Haushalt führt oder bei seinen Eltern wohnt.

Die Förderungshöchstbeträge (inklusiv aller Zuschläge) stellen sich folgendermaßen dar:

Förderungshöchstbeträge

Wohnort	Höchstbetrag
eigener Haushalt	585,00 €
wohnhaft bei den Eltern	432,00 €

7.3.2   Freibeträge

Vom Einkommen der Eltern bleiben nach Abzug dieser Grundfreibeträge weitere 50 v. H. anrechnungsfrei sowie für jedes Kind, für das ein Freibetrag gewährt wird (einschließlich Antragsteller), weitere 5 v. H.

Die Freibeträge können sich von Jahr zu Jahr ändern. So ist es durchaus möglich, dass ein Student, dem im ersten Studienjahr kein BAFöG bewilligt wurde, in den darauf folgenden Jahren als förderungswürdig anerkannt wird.

Derzeit gelten die folgenden Freibeträge:

Freibeträge

Art des Freibetrags	EUR
(Eltern, verheiratet und zusammen lebend) Anrechnungsfreies Monatseinkommen	1.440 €
(alleinerziehende Eltern) Anrechnungfreies Monatseinkommen	960 €
Stiefelternteil	480 €
Freibetrag für Kinder, die nicht in einer förderungsfähigen Ausbildung stehen	435 €
Freibetrag vom Einkommen des Auszubildenden	112–215 €

7.3.3   Antrag und Studiennachweise

Die Antragsformulare erhalten Sie im Amt für Ausbildungsförderung des jeweiligen Studentenwerks – oder auf der Internetseite : www.das-neue-bafoeg.de als PDF-Dateien zum ausfüllen und ausdrucken. Reichen Sie Ihren BAFöG-Antrag möglichst frühzeitig ein. Denn zum einen wird das BAFöG grundsätzlich erst ab dem Monat der Antragsstellung bewilligt, zum anderen kommt es gerade zu Semesterbeginn zu einem Ansturm an Anträgen. Dabei müssen Sie sich auch auf längere Wartezeiten einstellen, bis der Bewilligungsbescheid und die erste (dann rückwirkende) Überweisung eintreffen.

Einmalig muss nach dem vierten Semester bzw. dem Ende des Grundstudiums ein Leistungsnachweis über den erfolgreichen Abschluss des Vordiploms oder Grundstudiums eingereicht werden. Bei Studiengängen, die keine Zwischenprüfung haben, ist die Vorlage der vorgeschriebenen Anzahl an Seminarscheinen erforderlich. Nur wenn dieser Nachweis erbracht wird, wird das BAFöG über die Förderungshöchstdauer von neun bzw. acht Semestern gewährt.

7.3.4 Verlängerung bei Schwangerschaft und Kindererziehung

Das BAFöG wird über die Förderungshöchstdauer bei Schwangerschaft und Kindererziehung hinaus weiterbezahlt. Voraussetzung ist allerdings, dass das Studium nicht länger als drei Monate unterbrochen wird.

> **TIPP** Es gibt eine ganze Reihe weiterer Unterstützungsleistungen bzw. -gelder für Studierende mit Kind. Auskunft erteilen die BAFöG-Beratungsstellen ebenso wie Familienberatungsstellen kirchlicher bzw. karitativer Einrichtungen, wie der Caritas Verband, das Diakonische Werk, Arbeiterwohlfahrt oder Pro Familia.

7.3.5 Rückzahlung

Die erste Rückzahlungsrate für den Darlehensbetrag wird fünf Jahre nach Ende der Förderungshöchstdauer fällig. Binnen 20 Jahren muss dann dieser Betrag mit einer monatlichen Zahlung von in der Regel 105 € zurückgezahlt werden. Zudem: BAFöG, das nach dem 28.02.2001 gewährt wurde, muss nur bis zu einem Gesamtbetrag von 10.000 € zurückgezahlt werden.

Die genaue Höhe der Raten richtet sich nach dem monatlichen Nettoeinkommen. Liegt dieses unter 1.040 € netto pro Monat, so wird auf Antrag die Rückzahlung ausgesetzt. Diese Einkommensgrenze erhöht sich, wenn der BAFöG-Empfänger Ehepartner und/oder Kinder versorgt. Zudem gibt es die Möglichkeit, auf Antrag einen Teil des Rückzahlungsbetrags erlassen zu bekommen. Diese Möglichkeiten eröffnen sich für Studierende, die

▪ ihr Studium mindestens zwei Monate vor Ende der Förderungshöchstdauer abschließen,

▪ zu den 30 Prozent der besten Prüfungsabsolventen gehören,

▪ das Darlehen vorzeitig ganz oder teilweise tilgen.

Es können auch mehrere Erlassgründe nebeneinander angeführt werden. Einen Teil der Rückzahlungssumme bekommen solche Antragsteller erlassen, die nicht oder nur in geringem Umfang erwerbstätig sind und:

▪ ein Kind bis zu zehn Jahren pflegen und erziehen bzw.

▪ ein behindertes Kind betreuen.

Web-Link

Ausführliche Informationen über das BAFöG bietet die Homepage des Bundesministeriums für Bildung und Forschung: www.bafoeg.bmbf.de.

7.4 Stipendien

Ein zentraler Vorteil von Stipendien ist, dass die bewilligte Förderung als Zuschüsse ausbezahlt, d. h. nicht rückerstattet werden. Ein weiterer Pluspunkt ist, dass Stipendiaten sich in der Regel nicht mehr um das Hinzuverdienen kümmern und sich voll auf ihr Studium konzentrieren können.

Es gibt eine große Vielzahl von Stipendien, für die sich Studenten bewerben können. Grob kann man unterscheiden zwischen:

- allgemeinen Stipendien von privaten Stiftungen
- Begabtenförderungen von Begabtenförderungswerken
- hochschulgebundenen Stipendien
- studienfachbezogenen Stipendien.

Die verschiedenen Stiftungen und Einrichtungen haben ihre eigenen Kriterien, nach denen sie die Aspiranten für die zu vergebenden Stipendien aussuchen. Wer sich für ein Stipendium interessiert, sollte sich genauestens über die einzelnen Stiftungen und Stipendiengeber informieren.

Lassen Sie sich nicht gleich von Zahlen abschrecken, welche die geringen Aussichten auf Stipendienerteilung zu dokumentieren scheinen. Informieren Sie sich vielmehr sehr gründlich über die Ziele der verschiedenen Stiftungen und deren Anforderungen an die Stipendienbewerber. Je mehr Ihre Interessen und Leistungen mit den Zielen einer Stiftung übereinstimmen, desto größer werden Ihre Chancen.

Eine globale Übersicht über das Thema Stipendium liefert H. H. Siewert: *Studieren mit Stipendien: Deutschland – Weltweit*, Interconnections Verlag, Freiburg 2007.

7.4.1 Begabtenförderungen

Im folgenden werden zwölf Begabtenförderungswerke aufgelistet. Sie stehen entweder einer der Parteien oder einem Interessensverband bzw. einer Konfession nahe. Lediglich die Studienstiftung des Deutschen Volkes ist gänzlich unabhängig.

Begabtenförderungswerke machen eine Förderung von mehreren Bedingungen abhängig. Zuvorderst ist eine überdurchschnittliche Studienleistung zu nennen, die jedoch kein K.o.-Kriterium ist. Wichtig ist auch, dass sich der Bewerber gesellschaftlich bzw. sozial engagiert und bereit ist, am Bildungsprogramm des Förderungswerkes aktiv teilzunehmen.

Die auf den nächsten Seiten folgende Tabelle listet die Begabtenförderungswerke auf.

7.4.2 Private Stiftungen

Allein der Stifterverband für die Deutsche Wissenschaft verwaltet 350 Stiftungen. Davon vergeben derzeit 21 dieser Stiftungen Stipendien für Studium, Promotion und Forschungsprojekte. Nähere Auskünfte zu diesen Stiftungen erhalten Sie beim:

KONTAKT

Stifterverband für die Deutsche Wissenschaft
Barkhovenallee 1
45239 Essen
Telefon 02 01 / 84 01 - 0
Fax   02 01 / 84 01 - 3 01
www.stifterverband.org

Förderungswerk	Kontakt	Besondere Bedingungen
Studienstiftung des Deutschen Volkes	Ahrstraße 41 53175 Bonn Tel. 02 28 / 8 20 96 - 0 Fax 02 28 / 8 20 96 - 1 03 www.studienstiftung.de	Bewerber werden ausschließlich von Hochschullehrern (für Studierende) bzw. Schulleitern/ Oberstudiendirektoren (Abiturienten) empfohlen; Auswahlverfahren und -seminare.
Friedrich-Ebert-Stiftung Abt. Studienförderung	Godesberger Allee 149 53175 Bonn Tel. 02 28 / 8 83 - 0 www.fes.de	Vorauswahl und persönliches Auswahlgespräch mit Stiftungsvertreter.
Konrad-Adenauer-Stiftung HA Begabtenförderung und Kultur	Rathausallee 12 53757 St. Augustin Tel. 0 22 41 / 2 46 - 0 Fax 0 22 41 / 2 46 - 25 91 www.kas.de	Vorauswahl, Auswahltagung und Probesemester; Bewerbung für Studierende bis zum 15.1. bzw. 1.7. eines Jahres.
Hanns-Seidel-Stiftung Förderungswerk	Lazarettstraße 33 80636 München Tel. 089 / 12 58 - 0 Fax 089 / 12 58 - 3 56 www.hss.de	Vorauswahl anhand der Bewerbungsunterlagen, mehrtägiges Endauswahlverfahren; Bewerbung (Universität) bis zum 15.1. bzw. 15.7. eines Jahres; Bewerbung (Fachhochschule) bis zum 15.5. bzw. 15.11. eines Jahres.
Friedrich-Naumann-Stiftung Abt. Wissenschaftliche Dienste und Begabtenförderung	Karl-Marx-Straße 2 14482 Potsdam Tel. 03 31 / 70 19 - 0 Fax 03 31 / 70 19 - 1 88 www.fnst.de	Vorauswahl anhand Bewerbungsunterlagen, Auswahlgespräch mit Auswahlausschuss; Bewerbung bis zum 31.5. bzw. 30.11. eines Jahres.

Förderungswerk	Kontakt	Besondere Bedingungen
Heinrich-Böll-Stiftung Studienwerk	Rosenthaler Straße 40/41 10178 Berlin Tel. 0 30 / 2 85 34 - 0 Fax 0 30 / 2 85 34 - 1 09 www.boell.de	Bewerbungen bis zum 1.3. bzw. 1.9. eines Jahres; besonderes Förderprogramm für Frauen.
Rosa-Luxemburg-Stiftung Studienwerk	Franz-Mehring-Platz 1 10243 Berlin Tel. 0 30 / 44 31 0 - 0 Fax 0 30 / 44 31 02 - 22 www.rosaluxemburg stiftung.de	Nach Eingang der Bewerbungsunterlagen mehrstufiges Auswahlverfahren. Vergabe der Stipendien auf Basis der Empfehlungen des Auswahlausschusses. Bewerbung bis 30.04. bzw. 31.10. eines Jahres.
Cusanuswerk Stiftung Begabtenförderung Cusanuswerk	Baumschulallee 5 53115 Bonn Tel. 02 28 / 9 83 84 - 0 Fax 02 28 / 9 83 84 - 99 www.cusanuswerk.de	Stipendien für katholische Studenten mit deutscher Staatsangehörigkeit bzw. mit BAFöG- Bezugsberechtigung; Auswahlgespräch und Entscheidung durch Auswahlgremium; Bewerbung (Universität) bis zum 1.10. eines Jahres; Bewerbung (Fachhochschule) bis zum 1.3. bzw. 1.9. jedes Jahres.
Evangelisches Studienwerk Haus Villigst	Iserlohner Straße 25 58239 Schwerte Tel. 0 23 04 / 7 55 - 1 96 Fax 0 23 04 / 7 55 - 2 50 www.evstudienwerk.de	Stipendien für evangelische Studenten; Bewerbung bis zum 1.3. bzw. 1.9. eines Jahres; Bewerbungsgrenze (Universität) ist das 5. Semester bzw. (Fachhochschule) das 2. Semester.
Stiftung der Deutschen Wirtschaft Studienförderwerk Klaus Murmann	sdw im Haus der Deutschen Wirtschaft Breite Straße 29 10178 Berlin Tel. 0 30 / 20 33 - 15 40 Fax 0 30 / 20 33 - 15 55 www.sdw.org	Bewerbung grundsätzlich über den nächsten Vertrauensdozenten der Stiftung in der entsprechenden Region; Bewerberauswahl in einem zweitägigen Assessment-Center. Studierende in Diplom-, Magister- oder Staatsexamensstudiengängen (Uni) bewerben sich bis zum Ende des 4. Semesters, Studierende in Bachelor-Studiengängen bis zum Ende des 2. Semesters.

Förderungswerk	Kontakt	Besondere Bedingungen
Hans Böckler Stiftung	Hans-Böckler-Straße 39 40476 Düsseldorf Tel. 02 11 / 77 78 - 0 Fax 02 11 / 77 78 - 1 20 www.boeckler.de	Auswahlgespräch mit Vertrauensdozenten und Entscheidung durch Auswahlausschüsse mit Zustimmung des Vorstandes Bewerbung bis zum 1.9. bzw. 1.2. eines Jahres.
Otto Benecke Stiftung	Kennedyallee 105–107 53175 Bonn Tel. 02 28 / 81 63 - 0 Fax 02 28 / 81 63 - 3 00 www.obs-ev.de	Förderung von Spätaussiedlern, Asylbewerbern und Kontingentflüchtlingen mit dem Ziel der gesellschaftlichen Eingliederung und der Fortsetzung der im Herkunftsland unterbrochenen Ausbildung.
Stiftung Deutsche Sporthilfe	Burnitzstraße 42 60596 Frankfurt/Main Tel. 0 69 / 6 78 03 - 0 Fax 0 69 / 67 65 68 www.sporthilfe.de	Förderung von Hochleistungssportlern bei der Verbindung von Studium und Leistungssport. Die Sportler können nur durch ihre Fachverbände für die Förderung vorgeschlagen werden.

7.4.3 Hochschulgebundene Förderungen

Den Studierenden an den einzelnen Hochschulen bieten sich hochschulgebundene Stipendien an, sei es von regionalen Stiftungen, sei es von Hochschulfördervereinen. Informationen erteilen die Universitäten selbst bzw. die entsprechenden regionalen Stiftungen.

Weitere Informationen zu den bundesweit bestehenden Förderungsmöglichkeiten listen die folgenden Publikationen auf:

- Die Publikation *„Die Begabtenförderungswerke in der BRD"* ist als PDF erhältlich unter: www.bmbf.de
  → Service → Publikationen → Hochschulbereich

- *Förderungsmöglichkeiten für Studierende*
  Deutsches Studentenwerk (Hrsg.)
  13. völlig neubearbeitete Auflage 2003
  Karl Heinrich Bock Verlag, Bad Honnef
  ISBN 3-87066-883-0 – 12,50 €

- *Forschungshandbuch 2006*
  Hochschul- und wissenschaftsfördernde Institutionen und Programme
  Dieter Hermann und Christian Spath (Hrsg.)
  9. Auflage
  ALPHA Informations GmbH
  ISBN 3-9803983-1-5 – 14,40 €

Web-Links

- Ausführliche Informationen über das BAFöG bietet die Homepage des Bundesministeriums für Bildung und Forschung: www.bafoeg.bmbf.de.
- Eine umfangreiche Übersicht über Stipendien aller Art bieten auch: www.studis-online.de/StudInfo/stipendien.php
- Die Möglichkeit einer gezielten Stiftungsrecherche bietet der Bundesverband Deutscher Stiftungen: www.stiftungsindex.de

7.5 Bildungskredite

Die Bundesregierung vergibt an Studenten im fortgeschrittenen Studium den so genannten Bildungskredit. Die Vorteile dieses Kredits sind:

- günstige Verzinszung,
- es müssen keine Sicherheiten gestellt werden,
- Förderung unabhängig vom Vermögen und Einkommen des Antragstellers und seiner Eltern.

Ziel des Bildungskredits ist es, das Studium zu sichern und zu beschleunigen bzw. außergewöhnliche Aufwände zu finanzieren, die nicht durch das BAFöG erfasst sind. Allerdings gibt es nur einen begrenzten Finanzrahmen, der vom Bundesministerium für Bildung und Forschung jährlich neu vorgegeben wird.

Weitere Bestimmungen für den Bildungskredit:

- der Antragsteller darf maximal 36 Jahre alt sein,
- Krediterteilung nur bis Ende des 12. Studiensemesters, es sei denn, die Ausbildung kann innerhalb der maximalen Laufzeit des Bildungskredits abgeschlossen werden,
- die Gesamtkreditsumme beträgt maximal 7.200 €,
- die Rückzahlung beginnt vier Jahre nach der ersten Ratenbewilligung (monatlich 120 €),
- verzinst wird der Kredit ab dem ersten Tag des Bewilligungszeitraums; diese Zinsen werden bis zum Beginn der Rückzahlung gestundet.

Weitere Informationen sind erhältlich bei:

⊠ KONTAKT

im Internet:
www.bildungskredit.de

Bildungskredit Hotline:
Tel. 02 28 99 / 3 58 - 44 92
Fax 02 28 99 / 3 58 - 48 50

7.6 Bildungsfonds

Bildungsfonds sind eine relativ junge Einrichtung. Ihren Ursprung haben sie in den Privathochschulen mit Studiengebühren, die auch Studierende ohne finanzkräftigem Hintergrund aufnehmen wollten. Diese Fonds sind natürlich nur für Studierende der jeweiligen Hochschule geöffnet. Mittlerweile aber gibt es neben den hochschulspezifischen auch allgemeine Bildungsfonds.

Prinzipiell gibt es zwei Bildungsfonds-Typen: die verdienstabhängigen und die verdienstunabhängigen Bildungsfonds.

7.6.1 Verdienstabhängige Bildungsfonds

Hier richtet sich die Höhe der Rückzahlungen nach dem erfolgreichen Berufseinstieg nach dem Gehaltsniveau. Über einen definierten Zeitraum muss nach Berufsende monatlich ein bestimmter Prozentsatz des Einkommens an den Fonds zurückgezahlt werden. Wer nach dem Studium nicht so gut verdient, zahlt auch wenig zurück.

7.6.2 Verdienstunabhängige Bildungsfonds

Wie der Name schon sagt, ist die Höhe der Beitragszahlungen nach dem erfolgreichen Berufseinstieg unabhängig von Gehalt. Insofern ähneln diese Bildungsfonds einem klassischen Darlehen. Auch hier ist der Rückzahlungszeitraum im Vorhinein festgelegt. Gezahlt wird in monatlichen Raten. Es gibt allerdings eine Karenzzeit – die Rückzahlung beginnt also nicht sofort nach dem Studium. Der Vorteil gegenüber einem klassischen Darlehen liegt darin, dass keine banküblichen Sicherheiten (wie z. B. eine Bürgschaft) verlangt werden. Zudem sind auch die Aus- und Rückzahlungsraten auf die individuelle Situation des Studenten abgestimmt.

7.6.3 Anforderungen und Bewerbung

In der Regel werden von den Studierenden überdurchschnittliche Schul- bzw. Studienleistungen verlangt; gerne gesehen ist aber auch gesellschaftliches, ehrenamtliches oder anderweitiges Engagement. Die Abwicklung der Bildungsfonds hat die CareerConcept AG in München übernommen. Auf der Internetseite der CareerConcept AG gibt es auch die detaillierte Informationen sowie Bewerbungsunterlagen der einzelnen Bildungsfonds zum Download: www.bildungsfonds.de

7.7 Studentenjobs

Die meisten Studenten sind erwerbstätig, weil sie zu ihren Hauptfinanzierungsquellen noch hinzuverdienen müssen, um sich vollständig zu finanzieren. Sofern diese Tätigkeiten arbeitnehmerähnlich sind, sind sie lohnsteuerpflichtig. Ob das also eine Stelle an der Uni als studentische Hilfskraft ist oder ein Praktikum in der Wirtschaft: Der Staat bittet alle zur Kasse.

Hinzu kommt die Sozialversicherungspflicht, die bei vielen nebenbei arbeitenden Studenten greift (vgl. dazu Kapitel 7.9). Von ihr befreit sind nur Studierende, die eine freiberufliche Tätigkeit ausüben oder ein Gewerbe angemeldet haben.

Sehr informativ und übersichtlich zum Thema Jobben:

>< Web-Link

www.studentenwerke.de/pdf/
JobbenFlyer2004_pdf.pdf

7.8 Auslandsstudium

Wer im Ausland studieren möchte, kann ebenfalls auf etliche Quellen der finanziellen Förderung zugreifen. In dem Maße, wie das Auslandsstudium an Bedeutung gewinnt, haben sich auch die Finanzierungsmöglichkeiten erweitert.

Man darf sich nichts vormachen: Ein Auslandssemester ist teuer. Vor allem, wenn es in die USA geht. Hinzu kommen unter Umständen teure Studiengebühren.

7.8.1 Auslandsstipendien

Eine der zentralen Anlaufstellen ist hier der Deutsche Akademische Austauschdienst (DAAD), der nicht nur selbst Förderungen in Aussicht stellt, sondern auch wichtige Informationen bereithält und über weitere interessante Förderungsmöglichkeiten informiert.

>< KONTAKT

Eine gute Einführung zum Thema Auslandsstudium samt Finanzierungsmöglichkeiten und Stipendiendatenbank finden sich unter: www.daad.de/ausland/ index.de.html

Deutscher Akademischer Austauschdienst
Geschäftsstelle Bonn-Bad Godesberg
Kennedyallee 50
53175 Bonn
Postfach 20 04 04
53134 Bonn
02 28 / 8 82 - 0
02 28 / 8 82 - 4 44
postmaster@daad.de
www.daad.de

Hingewiesen sei an dieser Stelle auch auf die Bildungsprogramme der Europäischen Union, die unter der Adresse: www.eu.daad.de vorgestellt werden. Und schließlich gibt es auch eine Reihe von Stiftungen, die Auslandsstipendien vergeben.

7.8.2   BAFöG für Auslandssemester

Auch die Hochschulausbildung im Ausland kann im Rahmen des Bundesausbildungsförderungsgesetzes finanziell unterstützt werden. Bedingungen dafür sind, dass:

- ausreichende Sprachkenntnisse nachgewiesen werden,
- der Antragsteller seit mindestens einem Jahr studiert,
- das Auslandsstudium der Ausbildung im Inland förderlich ist,
- der Auslandsaufenthalt mindestens 6 Monate dauert.

Zusätzlich zum BAFöG-Satz im Inland kommen noch Auslandszuschläge (nur außerhalb EU) hinzu:

- Ausgleich für erhöhte Lebenshaltungskosten, je nach Land zwischen 50,00 € und 315,00 € monatlich
- notwendige Studiengebühren, bis zu 4.600,00 € pro Studienjahr
- Reisekosten (eine Hin- und Rückfahrt je Studienhalbjahr)
- ggf. Zusatzbeitrag für Kosten der Krankenversicherung im Ausland.

Wichtig: Diese Auslandszuschläge werden als Zuschüsse geleistet, müssen später also nicht zurückgezahlt werden.

 TIPP Die hohen Kosten eines Auslandsstudiums können dazu führen, dass auch solche Studierende während des Auslandsaufenthaltes BAFöG erhalten, die im Inland nicht gefördert werden.

7.9   Versicherungen

Das Thema Versicherungen ist für Studierende von zentraler Bedeutung. Je nach Versicherungsart sind Studenten bei den Eltern mitversichert, teils von der Versicherungspflicht befreit, teils gelten Sondertarife und -konditionen. Da lohnt es sich, genauestens informiert zu sein.

Zu folgenden Versicherungen sollten Sie sich Gedanken machen bzw. sich informieren:

- Sozialversicherung
- Haftpflichtversicherung
- Hausratversicherung
- Unfallversicherung
- Berufsunfähigkeitsversicherung.

7.9.1 Sozialversicherung

Studierende sind von der Sozialversicherungspflicht befreit. Dies gilt allerdings mit Einschränkungen. Zunächst einmal umfasst die Sozialversicherung die folgenden Versicherungsbereiche:

- Krankenversicherung
- Rentenversicherung
- Arbeitslosenversicherung
- Pflegeversicherung.

Studierende sind dann sozialversicherungspflichtig, wenn sie monatlich über 400 € verdienen. Zwischen 400,01 € bis 800 € monatlich – im so genannten Niedriglohnsektor – steigen die Sozialversicherungsbeiträge allmählich an. Die Regelungen sind leider ziemlich kompliziert. Deshalb sei hier verwiesen auf zwei Informationsflyer des Deutschen Studentenwerks, die ein wenig Licht in den Steuerdschungel bringen:

Web-Link

www.studentenwerke.de/pdf/JobbenFlyer2004_pdf.pdf sowie
www.studentenwerke.de/pdf/Rundschreiben sozialvers.pdf

Krankenversicherung

Hier besteht in aller Regel eine Versicherungspflicht bis zum Abschluss des 14. Fachsemesters, längstens aber bis zum Ende des Semesters, in dem das 30. Lebensjahr vollendet wird. Der monatliche Krankenversicherungsbetrag liegt bei monatlich 49,40 €.

Ausnahme: Die Versicherungspflicht dauert über diesen Zeitraum hinweg an, wenn die Art der Ausbildung, persönliche oder familiäre Gründe die Überschreitung der Altersgrenze oder eine längere Fachstudienzeit rechtfertigen (z. B.: zweiter Bildungsweg).

Nicht versicherungspflichtig sind Studierende bis zum 25. Lebensjahr, wenn sie in der gesetzlichen Krankenversicherung ihrer Eltern oder Ehegatten familienversichert sind. Diese Altersgrenze erhöht sich, wenn die Ausbildung durch Wehr- oder Zivildienst unterbrochen oder verzögert wurde, und zwar für einen diesem Dienst entsprechenden Zeitraum über das 25. Lebensjahr hinaus.

> **TIPP** BAFöG-Empfänger können einen Zuschuss zur Krankenversicherung beantragen; er beträgt 47 €.

Übrigens: Studierende können sich von der gesetzlichen Versicherungspflicht befreien lassen. Das betrifft zum einen 25-jährige Studenten, deren Familienversicherung ausläuft, zum anderen Studienanfänger. Bedingung ist, dass sich der Studierende dann in entsprechendem Umfang privat versichert. Die Befreiung von der gesetzlichen Versicherungspflicht gilt für die Dauer des Studiums.

Rentenversicherung

Eine Rentenversicherungspflicht besteht, wenn der Studierende über ein bestimmtes Stundenmaß hinaus arbeitet. Das gilt in den folgenden Fällen:

- befristete Tätigkeit, die mehr als 2 Monate bzw. 50 Arbeitstage umfasst (bis zu 20 Wochenstunden im Semester bzw. 20 Wochenstunden oder mehr in den Semesterferien)
- Tätigkeit mit 20 Wochenstunden oder mehr während des Semesters oder in den Semesterferien
- Tätigkeit in den Semesterferien mit über 15 Stunden bzw. gegen ein Entgelt über 325 €.

Arbeitslosenversicherung

Arbeitslosenversicherung zahlen Studierende nur dann, wenn sie durch ihren Tätigkeitsumfang in vollem Maße sozialversicherungspflichtig sind (vgl. oben).

Pflegeversicherung

Auch die Pflegeversicherung ist für Studenten eine Pflichtversicherung. Ihr Beitrag pro Monat beträgt 7,92 € bzw. 9,09 € (für Kinderlose ab 23 Jahren).

Nicht versicherungspflichtig sind Studierende bis zum 25. Lebensjahr, wenn sie in der gesetzlichen Pflegeversicherung ihrer Eltern oder Ehegatten familienversichert sind.

> **TIPP** BAFöG-Empfänger können einen Zuschuss von 8 € zur Pflegeversicherung beantragen.

7.9.2 Haftpflichtversicherung

Bis zum Alter von ca. 25 Jahren sind Studierende bei ihren Eltern mitversichert. Der Versicherungsschutz umgreift allerdings nicht Schäden, die ein Studierender an der Hochschule verursacht. Deshalb ist es gerade Studenten der Naturwissenschaften und Studierenden anderer praxisnaher Studiengänge anzuraten, eine eigene Haftpflicht abzuschließen.

7.9.3 Hausratversicherung

Nur Studierende, die bei ihren Eltern den Hauptwohnsitz haben, d. h. am Studienort nur ein Zimmer haben, aber hauptsächlich bei den Eltern wohnen, sind bei den Eltern in der Hausratversicherung mitversichert.

Studierende mit eigener Wohnung bzw. eigenem Hausstand brauchen also eine eigene Hausratversicherung.

7.9.4 Unfallversicherung

Studierende sind prinzipiell in der gesetzlichen Unfallversicherung pflichtversichert. Diese erstreckt sich jedoch nur auf solche Unfälle, die an der Hochschule bzw. auf dem Hin- oder Rückweg dorthin passieren. Wer sich über diese Minimalabsicherung hinaus versichern möchte, muss eine private Unfallversicherung abschließen.

7.9.5 Berufsunfähigkeitsversicherung

Auch bei der Berufsunfähigkeitsversicherung gilt: Wer ihren Schutz möchte, muss sich privat versichern. Denn die Pflichtversicherung im Rahmen der gesetzlichen Rentenversicherung deckt das Risiko zwar theoretisch ab, praktisch haben Studenten aber quasi keine Chance, einen realen Anspruch geltend zu machen.

Gegen Berufsunfähigkeit versichert sind nur solche Studierende, die eine private Versicherung abschließen.

> **TIPP** Sina Gross: *Clever studieren – mit der richtigen Finanzierung,* erschienen bei der Verbraucherzentrale, 2007.

8

TIPPS FÜRS STUDIUM

Christine Haite und Christian Falz

8.1 Der richtige Start

Um in den ersten Wochen nicht von unzähligen neuen Aufgaben, Eindrücken und Fragen vollkommen überfordert zu sein, empfiehlt es sich, schon frühzeitig Vorbereitungen für das Studium zu treffen. Dazu gehören folgende Aspekte:

CHECKLISTE

Zum Studienbeginn:

- Falls Sie zum Studium den Wohnort wechseln, beginnen Sie rechtzeitig mit der **Wohnungssuche**! Zu Semesteranfang werden Sie nicht die einzigen auf der Jagd nach einer bezahlbaren Unterkunft sein, während zum Ferienbeginn einige Wochen zuvor der Wohnungsmarkt eventuell entspannter ist. Gerade wer gerne in einem Studentenwohnheim unterkommen möchte, muss zum Teil schon sehr früh einen Platz beantragen. Je nach Wohnsituation am Studienort kann es hierbei sogar zu Wartesemestern für Wohnheimplätze kommen.
- Haben Sie die **Finanzierung** Ihres Studiums schon geklärt? Überlegen Sie sich realistisch, was Sie zum Leben brauchen werden und prüfen Sie Ihr Anrecht auf BAFöG sowie die Möglichkeiten eines Stipendiums oder Bildungskredites (vgl. Kapitel 7).
- Erledigen Sie Behördengänge wie das Melden beim **Einwohnermeldeamt**.
- Informieren Sie sich durch das **Vorlesungsverzeichnis**, welches zum Großteil auch über das Internet zugänglich ist, über den Studienplan des ersten Semesters, den Lageplan des Campus und Ihre Ansprechpartner.
- Werden an Ihrer Universität **Einführungswochen und/oder Vorkurse** für Studienanfänger geboten, so nehmen Sie daran teil. Sie werden einige Ihrer künftigen Kommilitonen kennen lernen, Tutoren aus höheren Semestern geben Ihnen Hilfestellung.
- Sollte auf Ihrer Seite **weiterer Informationsbedarf** bestehen, zögern Sie nicht, im Sekretariat für studentische Angelegenheiten (o. Ä.), Ihrer Fachschaft oder bei Ihrem Studienfachbetreuer nachzufragen. Die Kontaktdaten finden Sie auch im Internet.

Erfahrungsgemäß erleben fast alle Studienanfänger die ersten Wochen wie einen Sprung ins eiskalte Wasser. In den Vorlesungen kann man kaum folgen, das Lösen der Übungsaufgaben erscheint unmöglich und trotz guter Schulnoten machen sich die ersten Zweifel breit: Bin ich wirklich für dieses Studium geeignet?

> **TIPP** Machen Sie sich klar, dass das Gros Ihrer Mitstudierenden Ähnliches erlebt und sich genauso fühlt! Tun Sie sich in Gruppen zusammen, tauschen Sie sich aus und motivieren Sie sich gegenseitig!

8.2 Teamarbeit

Der Austausch mit Kommilitonen dient nicht nur als moralische Stütze, sondern ist auch fachlich sinnvoll: Niemand kann Ihnen ersparen, die Studieninhalte erst einmal allein zu rekapitulieren, zu durchdringen und zu üben. Ab einem gewissen Punkt ist es aber hilfreich und oft sogar notwendig, Fragen und fachliche Probleme in der Gruppe zu diskutieren. Oft bedarf es nur eines kleinen Anstoßes, um den rettenden Ausweg aus den eigenen festgefahrenen Gedanken zu finden.

8.3 Vorlesungen und Übungen

Sie werden in Ihren ersten Vorlesungen schnell feststellen, dass es gar nicht so einfach ist, zum einen alles zu notieren, was der Dozent anschreibt oder gar sagt, zum anderen aber parallel schon alles zu verstehen oder zumindest dem roten Faden zu folgen. Es sollte deshalb jeder für sich herausfinden, wie er am sinnvollsten und am effektivsten die Vorlesung begleitet: durch ausführliches Mitschreiben oder durch eher stichwortartige Notizen und Nachbereiten des Stoffes anhand von Büchern (die der Dozent am Semesteranfang empfohlen hat). Vielleicht können Sie sich ja mit anderen abwechseln – dann haben Sie die vollständigen Unterlagen und können sich dennoch meist aufs Verstehen konzentrieren. Manche Dozenten stellen sogar vorab ein Skript ins Netz, so dass man sich nur noch kleinere Notizen machen muss.

Am wichtigsten ist in jedem Fall die eigene **Nacharbeit**:

- Arbeiten Sie den Stoff gründlich durch und versuchen Sie, die einzelnen Schritte nachzuvollziehen. Das Lesen komprimierter Fachtexte kann sehr lange dauern!

- Finden Sie in der Literatur Unterschiede bei Definitionen und Sätzen zu Ihrer Mitschrift? Sind das andere Aussagen oder nur andere Formulierungen?

- Notieren Sie sich Fragen, um sie in den Übungen zu stellen! Oder fragen Sie direkt Ihren Dozenten in oder nach der Vorlesung! Die meisten freuen sich sogar ausdrücklich, wenn jemand in ihrer Sprechstunde erscheint.

Neben den klassischen Vorlesungen der Präsenzlehre gibt es aber inzwischen an einigen Hochschulen auch **E-Learning-Kurse** im Angebot. Nur wer den Stoff nicht verstanden hat, hat keine Fragen! In den Übungen bietet sich noch stärker als in der Vorlesung die

Chance, Unklarheiten zu beseitigen. Fragen zum Vorlesungsstoff, zu den Übungen, zu den korrigierten Aufgaben – Ihre Tutoren und Übungsleiter waren meist nur wenige Jahre vor Ihnen in derselben Situation und können sich deshalb gut in Ihre fachlichen Probleme hineindenken. Vielleicht haben sie ja auch noch weitere Tipps für Literatur, mit der man besonders gut üben kann.

8.4   Literatur

Vielleicht gibt es einige wenige Studierende, die allein mit ihren Vorlesungsmitschriften auskommen. Empfehlenswert ist aber sicher, zum Üben, zur Prüfungsvorbereitung und als weiterführende Literatur einschlägige Fachbücher zu konsultieren (vgl. auch Kapitel 5). Die Literaturempfehlungen der Dozenten am Semesterbeginn sind da hilfreich. Gute Tipps können Sie oft von Ihren Übungsleitern, Tutoren und (älteren) Kommilitonen bekommen, und in der Bibliothek und im Fachbuchhandel können Sie Bücher prüfen, bevor Sie sich zum Kauf entschließen.

Die Standardliteratur ist natürlich meist auch in mehreren Exemplaren in der Bibliothek vorrätig. Man muss also nicht jedes Buch unbedingt selbst besitzen, aber es gilt doch folgendes zu beachten: vielleicht müssen Sie Ihr Leihexemplar gerade dann zurückbringen, wenn Sie es, vor Prüfungen z. B., am dringendsten brauchen. Zum anderen kann man in einem geliehenen Buch natürlich keine Randnotizen und Markierungen einfügen. Dies kann aber beim Arbeiten mit dem komplizierten Text sehr hilfreich sein.

Manche Vorlesungsskripte der Dozenten sind in den Fachschaften erhältlich, oft professionell gesetzt und gelayoutet. Diese können eine sinnvolle Basisvorlage sein, anhand derer man dem Stoff ohne ausführliches Mitschreiben folgen kann und Bemerkungen des Dozenten notieren sowie besonders wichtige Punkte markieren kann.

Zunehmend sind Skripten auch per Internet auf dem Uniserver zu bekommen. Für die meisten Skripten gilt aber, dass sie doch nur ein Arbeitsgerüst darstellen und kein didaktisch durchdachtes und detailliert ausgearbeitetes Lehrbuch ersetzen können! Ein weiteres Studienhilfsmittel vor den Prüfungen sind Aufgabensammlungen und Protokolle von mündlichen Prüfungen, die man ebenfalls in mancher Fachschaft erhält. Mit ihnen kann man üben und einen Eindruck von Prüfungsstil, -gebiet und -anforderungen der jeweiligen Prüfer gewinnen. Parallel zu den Lehrbüchern gibt es außerdem oft umfangreiche Aufgabensammlungen des gleichen Autors, mit deren Hilfe man zu jedem einzelnen Kapitel die passenden Aufgaben findet und so das erworbene Verständnis überprüfen kann.

8.5   Wissenschaftlich-logisches Formulieren

Ist schon das Lesen und Verstehen von komplexen Sachverhalten der Wirtschaftsinformatik schwierig, so hat der Studienbeginner meist nicht minder Mühe damit, eigene Ideen und Lösungen richtig zu Papier zu bringen. Anfänger erleiden beim Versuch, die ungewohnt knappe und formale Fachsprache zu imitieren, oft Schiffbruch und verwickeln sich schließlich in selbst für sie nicht mehr verständliche Kürzelansammlungen.

> **TIPP** Das Buch „*Das ist o.B.d.A. trivial*" von Albrecht Beutelspacher (Verlag Vieweg, 8. Auflage, 2006) richtet sich zwar vornehmlich an Mathematiker, gibt aber auch für Nachbarbereiche Hilfestellung und schärft die Aufmerksamkeit für typische Klippen.

Als grundlegende Gedanken seien hier Teile aus den einführenden Kapiteln frei zitiert:

- Auch ein wissenschftlicher Fachtext ist ein Text in deutscher Sprache! Schreiben Sie in vollständigen, überschaubaren und klaren Sätzen!

- Sie sind Ihr erster Leser und sollten selbstkritisch überprüfen, ob Ihr Text lückenlos, verständlich und richtig ist. Bei diesem Lesen können Sie herausfinden, ob Sie ehrlich und gründlich oder doch etwas schlampig gearbeitet haben: „Der oberste Grundsatz ist, dass Sie sich nichts vormachen dürfen [...] Wenn es Ihnen gelungen ist, sich selbst nichts vorzumachen, wird es Ihnen auch leichtfallen, anderen Wissenschaftlern nichts vorzumachen", sagte Richard Feynman.

- Auch die logische Fachsprache dient der Kommunikation! Sie ist ein standardisiertes Werkzeug, das Autor wie Leser beherrschen müssen, damit der gedankliche Transfer ohne Störungen oder Verluste verläuft. Halten Sie sich also präzise an die etablierten Regeln und denken Sie mitfühlend an Ihren Leser.

- Das Notieren der eigenen Gedanken geschieht in zwei Phasen. In der Explorationsphase werfen Sie Ihre Gedanken in einem kreativen Prozess aufs Papier oder kritzeln sie auf eine Tafel. In der Konsolidierungsphase strukturieren, sortieren und homogenisieren Sie Ihre Skizzen. Natürlich werden für komplexe mathematische Entwicklungen beide Phasen wiederholt durchlaufen.

8.6 Zeitmanagement

Wer kennt das nicht: vor Prüfungen wie beim Erstellen von längeren Arbeiten, z. B. der Bachelor- oder Diplomarbeit, fehlt am Anfang die rechte Motivation. Der zu erklimmende Berg erscheint als zu gewaltig, misstrauisch und ängstlich wird er umrundet, die Furcht vor den Steilhängen lähmt. Je näher aber der Abgabe- oder Prüfungstermin rückt, desto größer wird die Panik – bis man resigniert, weil die Aufgabe nicht mehr zu schaffen ist. Einige einfache Maßnahmen können da etwas helfen:

- Versuchen Sie, Ihre Arbeit in möglichst **kleine Schritte** zu teilen. Sie können sie dann besser überschauen und planen, außerdem werden Sie viel eher Erfolgserlebnisse haben und sich so positiv bestärkt an den nächsten Schritt wagen.

- Nehmen Sie einen Kalender und machen Sie sich einen **Zeitplan**. Notieren Sie möglichst konkret, was Sie sich für einen oder mehrere Tage vornehmen: Literaturrecherche, Lektüre, Üben, Gespräch mit Professor usw. Dieser Plan muss natürlich ständig aktualisiert und dem tatsächlichen Arbeitstempo angepasst werden.

- Planen Sie die für einzelne Schritte erforderliche Zeit **großzügig**, um nicht dauernd frustriert an Ihrem Plansoll zu scheitern. Erkenntnisse lassen sich nicht erzwingen!

- Überfordern Sie sich nicht! Wirtschaftsinformatik ist Kopfarbeit, es ist unrealistisch und auch nicht sinnvoll, sich mehr als sechs Stunden zu der nötigen Konzentration zwingen zu wollen. **Machen Sie Pausen** und belohnen Sie sich – mit Kino, Spaziergängen, Sport oder anderen Dingen, die Ihnen fehlen und die Sie auf andere Gedanken bringen.

- Finden Sie Ihren **individuellen Arbeitsrhythmus.** Oft muss man während der Prüfungszeiten oder Abschlussarbeit keine Veranstaltungen besuchen. Sie können Ihren Tag also selbst gestalten und herausfinden, wann Sie am effizientesten arbeiten können.

- Genauso sollten Sie den für Sie **optimalen Arbeitsplatz** suchen. Manche Studenten arbeiten lieber in der Bibliothek, in der sie sich nicht so isoliert fühlen und in der die Arbeit zurückbleibt, wenn man nach Hause geht. Vielleicht studieren Sie aber auch lieber zuhause – dann sollten Sie versuchen, sich den Arbeitsplatz so angenehm wie möglich zu gestalten. Ein unter Papierbergen sich biegender Schreibtisch in einer dunklen Zimmerecke kann auch die letzte Motivation vertreiben.

8.7 Gezielt studieren

Die Studienzeit gehört sicher zu den spannendsten und abwechslungsreichsten Lebensjahren. Studierende sollten die Zeit haben, diese Phase zu genießen, Selbstständigkeit und eigene Lebenspläne zu entwickeln, neue Interessen zu entdecken. Wer dabei auch seine Berufs- und Zukunftsperspektiven im Auge behält, wird nicht später **versäumte Chancen** bereuen: die nicht besuchten Sprachkurse, das Praktikum, das der Trägheit zum Opfer fiel, oder den Literaturkurs, der leider Montag morgens um acht Uhr war ...

Wichtig ist, nach einer ersten Eingewöhnungsphase bald damit zu beginnen, seine Vorhaben in die Tat umzusetzen. Da das Studium der Wirtschaftsinformatik doch recht anspruchsvoll ist, wird man während eines Semesters nur begrenzte Zeit für weitere Aktivitäten haben, keinesfalls lassen sich alle geplanten Kurse und Praktika auf das letzte Semester verschieben. Empfehlenswert ist, sich zu jeder Zeit bewusst zu machen, in welche Richtung man gehen möchte, welche Schwerpunkte einem wichtig sind. Je aktiver und engagierter Sie bei der Gestaltung Ihrer Studienzeit sind, desto befriedigender ist das Studium für Sie, desto überzeugender sind Sie für zukünftige Arbeitgeber. Warten Sie nicht, bis Praktikantengesuche am schwarzen Brett hängen, bis der Englischkurs zum Pflichtprogramm gehört. Suchen Sie selbst nach Wegen, Ihre Interessen und Ziele in die Tat umzusetzen.

CHECKLISTE

Berufs- und zukunftsrelevante Angebote

- **Fremdsprachen** werden in Zeiten der Globalisierung und des Zusammenwachsens von Europa immer wichtiger. Nutzen Sie das Sprachangebot Ihrer Hochschule, um Ihre Schulkenntnisse zu erweitern und zu vertiefen!

- Intensiver als jeder Sprachkurs ist natürlich ein Aufenthalt im entsprechenden **Ausland**. Sofern Sie ungebunden sind, wagen Sie das Abenteuer!
- Zusatzqualifikationen im Bereich **IT, Internet, Multimedia** und immer mehr auch Übungen in den so genannten **Soft Skills** sind stets gefragt – und als Seminar oder mehrmonatiges Weiterbildungsangebot sehr teuer. Die meisten Hochschulen bieten inzwischen eine breite Palette an Zusatzkursen an, die eingeschriebene Studenten kostenlos nutzen können.
- Natürlich muss man sich in den Semesterferien erholen, vielleicht auch Geld verdienen oder Prüfungen machen. Versuchen Sie jedoch, im Laufe Ihres Studiums mindestens einmal Zeit für ein **Praktikum außerhalb der Hochschule** zu finden. Vielleicht können Sie ja sogar eine kleine Entlohnung aushandeln. Und vergessen Sie nicht, sich am Ende ein (gutes!) **Zeugnis** ausstellen zu lassen!

✄ KONTAKT

Die internationale studentische Vereinigung AIESEC hat ein weltweites Netz geflochten, das Studenten auf paritätischer Basis ermöglicht, ein Praktikum im Ausland zu absolvieren. Jeder Praktikant wird von AIESEC rundum betreut: bei der Vorbereitung, während des Praktikums und auch nach der Rückkehr. Ein lokales Freizeit und Kulturangebot gewährleistet, dass sich die Studenten im Gastland gut integrieren und wohl fühlen können. **Deutsches Komitee der AIESEC e.V.**
Kasernenstraße 26
53111 Bonn
Tel.: 02 28/28 980-08
info@aiesec.de
www.aiesec.de

✄ Web-Links

- Eine allgemeine Praktikumsbörse finden Sie auch unter www.praktikum.info.

- **IAESTE**, die **International Association for the Exchange of Students for Technical Experience**, bietet Praktika für technische Gebiete und Studienrichtungen an. Nähere Informationen hierzu erhält man persönlich beim Lokalkommitee an der eigenen Hochschule und unter: www.iaeste.de.

GPSR Compliance
The European Union's (EU) General Product Safety Regulation (GPSR) is a set
of rules that requires consumer products to be safe and our obligations to
ensure this.

If you have any concerns about our products, you can contact us on

ProductSafety@springernature.com

In case Publisher is established outside the EU, the EU authorized
representative is:

Springer Nature Customer Service Center GmbH
Europaplatz 3
69115 Heidelberg, Germany